Uni-Taschenbücher 1959

Eine Arbeitsgemeinschaft der Verlage

Wilhelm Fink Verlag München
Gustav Fischer Verlag Jena und Stuttgart
A. Francke Verlag Tübingen und Basel
Paul Haupt Verlag Bern · Stuttgart · Wien
Hüthig Fachverlage Heidelberg
Leske Verlag + Budrich GmbH Opladen
Lucius & Lucius Verlagsgesellschaft Stuttgart
J. C. B. Mohr (Paul Siebeck) Tübingen
Quelle & Meyer Verlag · Wiesbaden
Ernst Reinhardt Verlag München und Basel
Schäffer-Poeschel Verlag · Stuttgart
Ferdinand Schöningh Verlag Paderborn · München · Wien · Zürich
Eugen Ulmer Verlag Stuttgart
Vandenhoeck & Ruprecht in Göttingen und Zürich

Willi Oelmüller – Ruth Dölle-Oelmüller

Grundkurs
Religionsphilosophie

Wilhelm Fink Verlag, München

Die Deutsche Bibliothek – CIP-Einheitsaufnahme

Grundkurs Religionsphilosophie / Willi Oelmüller;
Ruth Dölle-Oelmüller. – München: Fink, 1997
  (UTB für Wissenschaft: Uni-Taschenbücher; 1959)
  ISBN 3-8252-1959-3 (UTB)
  ISBN 3-7705-3166-3 (Fink)
NE: Oelmüller, Willi; Dölle-Oelmüller, Ruth: UTB für Wissenschaft /
  Uni-Taschenbücher

© 1997 Wilhelm Fink Verlag GmbH & Co. KG
Ohmstraße 5, 80802 München
ISBN 3-7705-3166-3

Das Werk einschließlich aller seiner Teile ist urheberrechtlich geschützt.
Jede Verwertung außerhalb der engen Grenzen des Urheberrechtsgeset-
zes ist ohne Zustimmung des Verlages unzulässig und strafbar. Das gilt
insbesondere für Vervielfältigungen, Übersetzungen, Mikroverfilmungen
und die Einspeicherung und Verarbeitung in elektronischen Systemen.

Printed in Germany
Einbandgestaltung: Alfred Krugmann, Freiberg am Neckar
Herstellung: Ferdinand Schöningh GmbH, Paderborn

UTB-Bestellnummer: ISBN 3-8252-1959-3

Vorwort

Menschen stellen in der Geschichte und Gegenwart sowie in der eigenen Lebensgeschichte in verschiedenen Situationen kritische und selbstkritische Fragen an Mythen und Religionen, an Götter, an übermenschliche Mächte und Geister sowie an den einen Gott. Sie fragen, wenn ihre durch Traditionen vermittelten oder selbst geschaffenen religiösen sowie ihre nichtreligiösen Grundannahmen, Vorstellungen und Institutionen zerbrechen oder fragwürdig werden. Auch heute geraten Menschen in Schrecken und Angst, wenn sie direkt mit Tod und Untergang konfrontiert werden oder wenn ihre vertrauten Vorstellungen von Transzendenz und Immanenz, von Jenseits und Diesseits zerbrechen. Sie suchen dann glaubwürdige Antworten, mit denen sie leben und sterben können.

Solche religionsphilosophische Fragen und Antwortversuche, die in den geschichtlichen und lebensgeschichtlichen Situationen der Menschen sehr verschieden sind, lauten in der europäischen Geschichte seit der griechischen und jüdischen Aufklärung etwa: Sind Mythen und Religionen, Götter und übermenschliche Mächte sowie der eine Gott nur von uns geschaffene und durchschaubare Projektionen, Vergegenständlichungen und Vergöttlichungen unserer anthropologisch oder geschichtlich erklärbaren Wünsche und Hoffnungen, unserer Utopien und Illusionen? Warum haben Menschen, die Herrschenden und die Beherrschten, ihre selbstgeschaffenen menschlich – allzu menschlichen Vorstellungen von den Göttern und von Gott zu menschlichen Zwecken mißbraucht? Sind Mythen und Religionen nur Selbst- und Fremdbetrug, ja „Trug für Gott" (Hiob)? Gibt es für Menschen glaubwürdige Antworten auf die „Ungeheuerlichkeit" der Welt und des Menschen (Sophokles) sowie auf die grauenhaften Leiden und Katastrophen in der Natur, in der Geschichte und im menschlichen Zusammenleben?

Viele in den vergangenen Jahrhunderten in Europa von Wissenschaftlern, neuen Propheten und Ideologen entwickelte religiöse Gegenwartsdiagnosen und Zukunftsprognosen haben am Ende des 20. Jahrhunderts ihre Überzeugungskraft verloren. Die neue Mythenfreundlichkeit auf allen Ebenen und die harmlosen und gefährlichen Arbeiten an alten und neuen Mythen zeigen, daß der Prozeß der Entmythologisierung und Säkularisierung anders als erwartet verläuft. Die bürgerlichen und sozialistischen Gegenwartsdiagnosen und Fortschrittsutopien von Comte und Marx beschreiben nicht unsere gegenwärtigen Lebens- und Überlebensbedingungen. Die beiden bisherigen geschichtlichen Stadien der Religion und der Metaphysik sind nicht einfach durch das Stadium des atheistischen Humanismus überwunden, wie Comte meinte. Die Analysen der Religionen am Ende dieses Jahrhunderts gehen nicht mehr wie Marx einfach vom Ende der Religion und der Religionskritik aus. Nach dem Ende der Überzeugungskraft der modernen Geschichtsphilosophien wissen wir, daß wir in den Gang der Geschichte „nicht eingeweiht" (Burckhardt) sind.

Wir leben gegenwärtig nicht nur weltweit, sondern auch in unseren überschaubaren Lebenswelten sowie in den sozialen und politischen Institutionen Europas nicht mehr mit einer einzigen, allen gemeinsamen Religion, auch nicht mit einer sog. Zivilreligion, die die Einheit aller Bürger in einem Staat ausdrückt. Wir leben neben-, ja zum Teil gegeneinander mit Religionen mit Gott und Religionen ohne Gott, mit harmlosen und gefährlichen Religionen und Sekten. Die modernen aus Religionskriegen hervorgegangenen Rechts- und Verfassungsstaaten stehen wie bisher vor der Aufgabe, durch Institutionen und Verfahren die schlimmen Folgen der Religionen zu beseitigen oder zu mildern und die guten Folgen zu ermöglichen und zu sichern.

Wenn der Grundkurs von Religionsphilosophie spricht, versteht er diesen Begriff geschichtlich und sachlich in der angedeuteten weiten Bedeutung. Zumindest in Europa gehört seit dem Beginn der europäischen Kultur bis heute Religionsphilosophie in dieser Bedeutung zu kritischen und selbstkritischen Reflexionen und Diskussionen. Eine so verstandene Religionsphilosophie verwendet den Begriff sehr viel weiter als den erst am Ende des 18. Jahrhunderts gebildeten Begriff Religionsphilosophie, der seitdem in der Begriffsgeschichte, zur Bezeichnung einer Teildisziplin der Philosophie und Theologie und im öffentlichen Sprachgebrauch in der Regel in einer engeren Bedeutung verwendet wird. Zu dem weiter gefaßten Begriff gehört konstitutiv beides, was oft entgegengesetzt wird, zusammen: Religionsphilosophie und Religionskritik. Die Trennung einer bloß positiven Religionsphilosophie, die auf Verteidigung und Bewahrung von Religion/Religionen zielt, von einer bloß negativen Religionskritik, die auf Totalkritik und Destruktion von Religion/Religionen zielt, ist, wie wir sehen werden, weder zur Beschreibung noch zur Diskussion der religionsphilosophischen Fragen und Antwortversuche von Menschen in der Geschichte und Gegenwart differenziert genug und hilfreich. Oder gibt es keine berechtigte Kritik an unglaubwürdigen religiösen Grundannahmen, Vorstellungen und Institutionen, keine rettende Kritik? Religionsphilosophische Fragen und Antwortversuche unterscheidet der Grundkurs ferner, wie heute üblich, von persönlichen Glaubensakten sowie von Glaubensbekenntnissen, Symbolen, Kulten, Institutionen und Traditionen der einzelnen Glaubensgemeinschaften.

Der ‚Grundkurs: Religionsphilosophie' möchte Lernenden (Studenten der Philosophie und Theologie, aber auch anderer Studienfächer) in Seminaren und im Selbststudium, Lernenden und Lehrenden an Schulen (im Philosophie-, Ethik-, Religions- und Pädagogikunterricht) und in anderen Bildungsinstitutionen Zugänge zu oft verdrängten religionsphilosophischen Fragen und Antworten auf sie aus der Geschichte und Gegenwart eröffnen sowie einige Anregungen für die Behandlung solcher Fragen geben. Der erste Teil stellt religionsphilosophische Fragen und Antwortversuche aus unserer europäischen Geschichte auf verschiedenen Ebenen und zu verschiedenen Zeiten dar: am Beginn der europäischen Geschichte, am Beginn der europäischen Modernisierungsprozesse sowie angesichts einiger gegenwärtiger religionsphilosophischer Herausforderungen am Ende des 20. Jahrhunderts. Der zweite Teil erläutert diese Fragen und Antwortversuche an exemplarischen Texten. Die Thesen und Überlegungen haben wir in den letzten Jahren so oder ähnlich in West- und Ostdeutschland an Universitäten, im Philosophie- und Ethikunterricht, bei Ausbildungs- und Weiterbildungstagungen von Lehrern, in Akademien zur Erwachsenenbildung sowie bei philosophischen Kolloquien zur Diskussion gestellt.

Münster, im August 1996

                                          Willi Oelmüller   Ruth Dölle-Oelmüller

Inhalt

Erster Teil: Einführung in die Religionsphilosophie (Willi Oelmüller)

I.1.	Religionsphilosophie als Fragen und Antwortversuche angesichts frag-würdig gewordener religiöser oder nichtreligiöser Grundannahmen, Vorstellungen und Institutionen	15
I.2.	Religionsphilosophie der griechischen und jüdischen Aufklärung am Beginn der europäischen Geschichte	20
I.2.1.	Die griechische Aufklärung (Xenophanes, Protagoras, Sokrates, Kritias, Platon)	22
I.2.2.	Die jüdische Aufklärung (Schöpfungsbericht der Priesterschrift [1. Mose 1, 1–2,4], das Jesajabuch [44,9–20], das biblische Bilderverbot, das Buch Hiob)	35
I.3.	Religionsphilosophie der bürgerlichen und sozialistischen Aufklärung am Beginn der europäischen Modernisierungsprozesse	40
I.3.1.	Totale Religionskritik (Drei Betrüger, Comte, Marx)	43
I.3.2.	Neue Denkmodelle (Hobbes, Pascal, Lessing, Kant)	45
I.4.	Religionsphilosophische Herausforderungen am Ende des 20. Jahrhunderts	65
I.4.1.	Neue Mythen Begrenzte Mythen. Neue entgrenzte Mythen. Arbeiten an neuen Mythen (Blumenberg, Schmitt)	66

I.4.2.	Religionen in modernen real existierenden Rechts- und Verfassungsstaaten	75
I.4.2.1.	Alte und neue Religionen, Religionen mit Gott und Religionen ohne Gott	75
I.4.2.2.	Die Zivilreligion, die andere ausschließt	79
I.4.2.3.	Religiöse und nichtreligiöse Menschen in real existierenden Rechts- und Verfassungsstaaten	82
I.4.3.	Leiden und Katastrophen, Tod und Untergang	88
I.4.3.1.	Widerfahrnisse von Leiden	88
I.4.3.2.	Erste Reaktionen	89
I.4.3.3.	Erste Bewältigungsversuche	90
I.4.3.4.	Der eine Gott und die unvermeidliche allgemeine Theodizeefrage	91
I.4.3.5.	Gegenwärtige Denk- und Sprechversuche über Widerfahrnisse von Leiden (Levinas, Ricœur, Wiesel, Bonhoeffer)	94
I.5.	Ergebnisse und offene Fragen	97
I.5.1.	Die beiden Bedeutungen von Religionsphilosophie und Aufklärung heute	97
I.5.2.	Sechs Thesen zu einer negativen Theologie in der Philosophie	99
I.5.3.	Zwei Voraussetzungen des Grundkurses	109

Zweiter Teil: Zugänge zur Religionsphilosophie (Ruth Dölle-Oelmüller)

II.1.	Voraussetzungen und Ziele der Zugänge	115
II.2.	Texte und Hinweise für die Arbeit mit Texten zur Religionsphilosophie	122
II.2.1.	Die Entstehung der Welt und des Menschen – Antworten von Mythen im Vorderen Orient und in Griechenland (Aus dem altbabylonischen Atramchasis-Epos, Der Schöpfungsbericht der Priesterschrift, Hesiod, Die Weltalter)	122

II.2.2.	Religionsphilosophie der griechischen und jüdischen Aufklärung am Beginn der europäischen Geschichte	134
II.2.2.1	Die griechische Aufklärung (Xenophanes aus Kolophon, Sokrates [Platon, Apologie], Kritias aus Athen, Platon, „Richtlinien für die Götterlehre", Epikur)	135
II.2.2.2.	Die jüdische Aufklärung (Das Bilderverbot der Bibel, Jesaja 44, Hiob)	148
II.2.3.	Die zwei Formen der Religionsphilosophie in der Moderne	154
II.2.3.1.	Totale Religionskritik (Comte, Feuerbach, Marx, Nietzsche, Freud)	154
II.2.3.2.	Neue Denkmodelle (Pascal, Lessing, Kant)	174
II.2.4.	Religionsphilosophische Herausforderungen am Ende des 20. Jahrhunderts	192
II.2.4.1.	Neue Mythen (Blumenberg, Sorel)	192
II.2.4.2.	Religionen im modernen Staat	205
II.2.4.2.1.	Zivilreligion (Hobbes, Rousseau)	205
II.2.4.2.2.	Totalitärer Fundamentalismus – das Beispiel: Islamischer Gottesstaat (Khomeini)	211
II.2.4.2.3.	Pseudowissenschaft als Religionsersatz – das Beispiel: Scientology	214
II.2.4.3.	Leiden und Katastrophen, Tod und Untergang (Camus, Jonas)	221
II.2.5.	Negative Theologie (Rahner, Chassidische Erzählung)	232
III	Literaturhinweise	237
IV.	Namensregister	241

Willi Oelmüller

Erster Teil:

Einführung in die
Religionsphilosophie

I.1. Religionsphilosophie als Fragen und Antwortversuche angesichts frag-würdig gewordener religiöser oder nichtreligiöser Grundannahmen, Vorstellungen und Institutionen

Weder in der Geschichte noch in der Gegenwart, weder in allen Kulturen unserer Erde noch innerhalb Europas gab und gibt es *die* geschichtsfreie Religionsphilosophie, die auf letzte religiöse Fragen *die* Antwort besitzt. Nicht alle Menschen stellten und stellen mit Staunen und Schrecken im Blick auf ihr Leben und die Welt die gleichen letzten Fragen. Letzte Fragen und Antworten sind sehr voraussetzungsreich und begrenzt verallgemeinerungsfähig. Die **Mythen** der einfachen schriftlosen Gesellschaften, aber auch die schriftlich formulierten Mythen entwickelterer Gesellschaften unterscheiden z. B. die vertraute diesseitige Welt der Menschen von der jenseitigen Welt des Unvertrauten und Unheimlichen. Trotzdem gehört zu der ‚Weltanschauung' und zu den ‚Wirklichkeitsannahmen' der Mythen in diesen Gesellschaften selbstverständlich die Annahme, daß gute und böse übermenschliche Mächte und Geister in ihr Leben eingreifen. Immer mehr Menschen in sogenannten differenzierten und säkularisierten Gesellschaften orientieren sich im Denken und Handeln in anderer Weise.

Heute unterscheidet die institutionalisierte Philosophie auch beim Sprechen über das Thema Religion etwa **historische, hermeneutische, sozialphilosophische, transzendentalphilosophische, phänomenologische oder analytische wissenschaftliche Methoden und Arbeitsweisen der Religionsphilosophie.** Jeder Besuch einer größeren Buchhandlung oder eines philosophischen und wissenschaftlichen Instituts kann hierüber informieren. Jedes Wörterbuch und jedes wissenschaftliche Lexikon, das den Begriff Religionsphilosophie enthält, geht, ob es das ausdrücklich sagt oder nicht, von sehr voraussetzungsreichen letzten religiösen oder nichtreligiösen Grundannahmen und Vorstellungen aus und arbeitet mit wissenschaftlichen Methoden, die nicht für alle überzeugend oder üblich sind. Wer behauptet, seine Aussagen über die Religion und die Religionsphilosophie seien wissenschaftlich wertfrei oder für alle verbindlich, sollte daher zuerst sagen, was er mit seinen Begriffen meint.

Auch der im folgenden verwendete Begriff Religionsphilosophie ist natürlich sehr voraussetzungsreich und unterscheidet sich dadurch von anderen. Wie andere unterscheiden wir ferner religionsphilosophische Fragen und Antwortversuche etwa von persönlichen Glaubensakten sowie von Glaubensbekenntnissen, Symbolen, Kulten, Institutionen und Traditionen der einzelnen Glaubensgemeinschaften.[1]

> Unter **Religionsphilosophie** versteht dieser Grundkurs in einer allgemeinen Bedeutung dies:
>
> Menschen stellen in der Geschichte und Gegenwart sowie in der eigenen Lebensgeschichte in verschiedenen Situationen kritische und selbstkritische Fragen an Mythen und Religionen, an Götter, an übermenschliche Mächte und an den einen Gott. Sie fragen, wenn ihre durch Traditionen vermittelten oder selbst geschaffenen religiösen sowie ihre nichtreligiösen Grundannahmen, Vorstellungen und Institutionen zerbrechen oder ‚frag-würdig' werden. Auch heute geraten Menschen in Schrecken und Angst, wenn sie direkt mit Tod und Untergang konfrontiert werden oder wenn ihre vertrauten Vorstellungen von Transzendenz und Immanenz, von Jenseits und Diesseits zerbrechen. Sie suchen dann glaubwürdige Antworten, mit denen sie leben und sterben können.

Der Abschied von Vorstellungen einer angeblich geschichtsfreien universalen Religionsphilosophie und der Ausgang des Denkens und Sprechens von der geschichtlichen Bedingtheit religionsphilo-

---

[1] Wie Philosophen und Theologen heute ihre Gemeinsamkeiten und Unterschiede sehen beim Sprechen über gegenwärtige Religionsprobleme, zeigen die Ergebnisse einiger interdisziplinärer Kolloquien: Oelmüller (Hrsg.) 1984, 1986 (1), 1986 (2), ²1994; Olivetti (Hrsg.), 1988, 1994, 1996.

sophischer Fragen und Antwortversuche bedeutet, wie wir sehen werden, nicht Abschied von Wahrheit in dem Sinn einer verbindlichen letzten religiösen Orientierung, die Menschen nicht beliebig zur Disposition stellen. Dies bedeutet auch nicht ein Plädoyer für historischen Relativismus und eine postmoderne Beliebigkeit in dem Sinne: Ich stehe hier, aber ich kann auch ganz anders.

Der Grundkurs, der einen ersten Zugang zu religionsphilosophischen Fragen und Antworten eröffnen will, **muß sich selbstverständlich beschränken:**

– Er beschränkt sich auf einige Fragen, Antwortversuche und Autoren der europäischen Geschichte. Dies ist für uns kein Eurozentrismus, der unterstellt, Europa sei auch heute noch, selbst für alle Europäer, das Zentrum ihrer Welt, ihrer Lebens- und Überlebensbedingungen, ihrer letzten Orientierungen. Wir leben auch in Europa immer mehr auf allen Ebenen mit Menschen zusammen aus anderen Kulturen mit anderen Vorstellungen von Mythen und Religionen, Göttern und übermenschlichen Mächten. Wie für Europäer so sind auch für diese Menschen in ihrer alten Heimat und bei uns viele durch Traditionen vermittelte religiöse Vorstellungen, Institutionen und Lebensformen durch die weltweiten Modernisierungsprozesse zerbrochen. Wenn Europäer mit diesen Menschen gewaltlos zusammenleben und sie verstehen wollen, müssen sie selbst zunächst einmal ihre eigenen Traditionen kennen. Nicht wenige Nichteuropäer fragen uns auch danach.

– Wenn wir im folgenden beim Sprechen über den einen und einzigen, nicht von Menschen gemachten Gott der Juden, Christen und Muslime im Gegensatz zu den vielen Göttern und übermenschlichen Mächten der alten Mythen sowie im Gegensatz zu der neuen Mythenfreundlichkeit und dem gegenwärtigen „*Lob des Polytheismus*" (Odo Marquard [geb. 1928]) nach dem unterstellten Tod Gottes **von Monotheismus sprechen** und vom Denkansatz einer neuen philosophischen Aufklärung aus für diesen Begriff plädieren, **so unterscheiden wir** diesen erst im 17. Jahrhundert gebildeten Begriff, der seitdem sehr verschieden gebraucht wird, **von drei oft verwendeten und kritisierten Monotheismusvorstellungen:**

a) **vom Monotheismus des Deismus in der frühen europäischen Neuzeit,** der Wesensaussagen über Gott vergegenständlicht und vergöttlicht, die er, wie er vorgibt, allein aus der allen Menschen gemeinsamen ‚gesunden Vernunft' und ‚natürlichen Religion' entwickelt und begründet hat;

b) **vom Monotheismus bestimmter politischer Theologen**, die den einen Gott und seinen Namen mißbrauchen zur Rechtfertigung politischer Herrschaftssysteme, Ziele und Handlungen;

c) **von theologischen und philosophischen Trinitätsspekulationen** über drei Personen in Gott und ihre Beziehungen zueinander. Diese Spekulationen stellen die gemeinsamen Grundannahmen des Monotheismus der Juden, Christen und Muslime infrage, und sie blockieren Gespräche zwischen ihnen. Diese Trinitätsspekulationen führen beim Theodizeeproblem zu einer „*Stillegung der Theodizeefrage*", die Johann Baptist Metz (geb. 1928) bei seinem ‚Plädoyer für mehr Theodizee-Empfindlichkeit' scharf kritisiert: „*Heute wissen eine Reihe meiner katholischen und evangelischen Kollegen mehr darüber (sc. „das Innenleben Gottes") als über das Innenleben der nächsten Angehörigen. Ich verstehe das nicht, und deshalb regt mich das auf.*"[2] Klaus Berger (geb. 1940) zeigt, wie man vom Neuen Testament aus überzeugender als aktuelle theologisch-philosophische Trinitätsspekulationen über „das Leiden und die Trinität" sprechen kann.[3]

– **Der Grundkurs muß sich beschränken auf** einen ersten Zugang zu einigen Fragen und Antwortversuchen einiger **Autoren der europäischen Religionsphilosophie. Er beschränkt sich auf drei Wendepunkte**, die heute nicht nur in Europa bei religionsphilosophischen Diskussionen von großer Bedeutung sind: **die griechische und jüdische Aufklärung am Beginn der europäischen Kultur, die bürgerliche und sozialistische Aufklärung am Beginn der europäischen Modernisierungsprozesse, neue Herausforderungen am Ende des 20. Jahrhunderts**. Das letzte Kapitel formuliert **drei Ergebnisse und offene Fragen**.

– Auch **auf direkte Hinweise zur wissenschaftlichen Forschung oder gar auf die Diskussion von Forschungsergebnissen**

---

[2] J. B. Metz, Plädoyer für mehr Theodizee-Empfindlichkeit in der Theologie, in: Oelmüller (Hrsg.) ²1994, 125–137; s. vor allem Abschnitt 2. Die Stillegung der Theodizeefrage im Rahmen der Trinitätstheologie: aktuelle Positionen, ebd. 135–137.

[3] K. Berger 1996; s. vor allem hierzu: Das Leiden und die Trinität, ebd. 184–189: „Mehr denn je scheint es geboten, die Rede von der Dreifaltigkeit an das Neue Testament zurückzubinden und von dorther verständlich zu machen. Das erfordert auch der sich anbahnende Dialog zwischen Judentum, Islam und Christentum, in dem das Christentum sich zu seiner ‚dreifaltigen Denkweise' bekennen muß." (ebd. 184)

muß ein Grundkurs, der einen ersten Zugang zum Philosophieren über den Problemkomplex Religion eröffnen will, leider weithin verzichten. So wird der Grundkurs z. B. die gegenwärtig sehr kontrovers diskutierte Religionsphilosophie des Mittelalters, des nachkantischen deutschen Idealismus sowie der analytischen Philosophie, vor allem in den angelsächsischen Ländern, nicht behandeln. Wer sich heute bei einem ersten Einstieg in die Philosophie in dem unübersichtlichen Wald von wissenschaftlichen Ergebnissen und Büchern über die internationale Forschung nicht verirren will und wer nicht je nach Reklame wahllos Informationen und Bücher konsumieren will, der sollte sich zunächst auf einige zentrale Fragen der Religionsphilosophie beschränken und mit erfahrungsgemäß leichteren Texten auseinandersetzen. Andere Fragen und die Auseinandersetzung mit dem gegenwärtigen Stand der Forschung können und sollen nach unserer Erfahrung bei einer späteren und differenzierteren Beschäftigung mit der Religionsphilosophie erörtert werden.

I.2. Religionsphilosophie der griechischen und jüdischen Aufklärung am Beginn der europäischen Geschichte

> Zur Religionsphilosophie gehört von Anfang an das Projekt Aufklärung, der Versuch von Menschen, die Projektionen eigener Wünsche, Hoffnungen und Ängste zu durchschauen, sich von selbst gemachten Göttern und übermenschlichen Mächten und Geistern zu befreien und neues religiöses oder nichtreligiöses Orientierungswissen für das eigene Leben sowie für das soziale und politische Zusammenleben zu entwickeln. Wissenschaftler, Philosophen und auch einige Theologen sprechen heute zu Recht in positivem Sinne von griechischer und jüdischer Aufklärung am Beginn der europäischen Geschichte nach der sogenannten Achsenzeit um 500 v. Chr.

Aufklärung nennen Menschen auch heute, wo die Illusionen und Schwierigkeiten bisheriger Aufklärungsversuche deutlicher zu erkennen sind, die schmerzhaften und befreienden Versuche der Ent-Täuschungen und Neuorientierungen. Aufklärung muß sich heute jedoch nicht nur über Traditionen anderer, sondern auch über ihre eigene Tradition aufklären. Der Begriff Aufklärung im positiven Sinne meint daher nicht eine um 1800 beendete geistesgeschichtliche Epoche der frühen europäischen Neuzeit, auch nicht die unaufgeklärten sozialistischen Illusionen und Geschichtsideologien sowie ihre zu simplen Grundannahmen über Gott und Welt, Natur und Geschichte, die Größe und das Elend des Menschen, die in den beiden Weltkriegen und am Ende des 20. Jahrhunderts zerbrochen, zumindest aber unglaubwürdig sind.

Innerhalb der **griechischen und der jüdischen Aufklärung** und zwischen beiden gab es, auch bei der Kritik der ihnen in ihrer Welt und Umwelt vorgegebenen Götter sowie bei ihren Sprechversuchen über den einen Gott große Unterschiede. Man kann deshalb jedoch nicht einfach ohne Differenzierung von einem Gegensatz zwischen *dem* griechischen und *dem* jüdischen Denken sprechen, etwa zwischen *der* griechischen Metaphysik und *dem* jüdischen Geschichtsdenken, die bis heute das europäische Denken bestimmen. Ein Vergleich der griechischen und jüdischen Aufklärung zeigt, daß ihre Argumente gegen die Götter nicht notwendig, wie oft von der bürgerlichen und sozialistischen Aufklärung (z. B. von Ludwig Feuerbach [1804–1872], Auguste Comte [1798–1857], Karl Marx [1818–1883] und Sigmund Freud [1856–1939]) behauptet, in Richtung Atheismus führen, sondern auch zu Mutmaßungen und Sprechversuchen über den einen nicht von Menschen gemachten Gott geführt haben.

Jürgen Ebach[4] deutet die **Zusammengehörigkeit von Religionsphilosophie und Religionskritik in Griechenland und Israel und bis heute** so: *„Im Argumentationspotential des Altertums scheinen Elemente neuzeitlicher Religionskritik vor. Von Xenophanes zu Feuerbach, von Kritias zum Vorwurf des ‚Priesterbetrugs'[5] in der französischen Aufklärung lassen sich Linien ziehen. Solche Verbindungen betreffen Elemente der jeweiligen Argumentationen, weniger deren Intention. Für das Altertum läßt sich festhalten: Die Zurückführung der Religion und des Götterglaubens auf ihren Ursprung entzieht ihnen nicht die Legitimation, sondern sichert sie durch ihre Begründung. Wo Religionskritik radikal ist, wie bei Xenophanes und in Jes. 44, zielt sie nicht auf Atheismus, sondern auf Monotheismus. Auch diese Linie setzt sich fort bis zu Entwürfen der prinzipiellen Anerkennung der Geltung von Religionskritik bei gleichzeitiger Immunisierung des Christentums, wie sie im Gefolge der Dialektischen Theologie[6] anzutreffen sind. Der Diskurs über Religion wird mit reichhaltigem Argumentationspotential im Altertum eröffnet. Es zeigt sich, daß sich die Reichweite der Argumente*

---

4 Jürgen Ebach (geb. 1945), Professor für Biblische Exegese und Theologie an der Universität Bochum.
5 These, z. B. in der ‚Encyclopédie', daß die Priester kein Mittel scheuen, die Vernunft der Menschen zu betrügen, um die Menschen zu unterwerfen. Deshalb erklären sie, Gott spreche aus ihrem Mund. Ihr Bild von Gott ist das eines grausamen, unversöhnlichen Rächers. S. hierzu: R. Dölle, Artikel ‚Betrugstheorie', in: Historisches Wörterbuch der Philosophie, 1, 861–863.
6 Eine von dem protestantischen Theologen Karl Barth begründete bis heute einflußreiche Richtung der Theologie.

des Diskurses auf Dauer nicht durch die jeweiligen Intentionen begrenzen läßt. Religion kann, sobald sie der Begründung bedarf, vor Bestreitung nicht bewahrt werden."[7]

I.2.1. Die griechische Aufklärung

Die griechische Aufklärung beginnt mit der kritischen Auseinandersetzung mit dem Mythos. Auch in Griechenland war der Mythos vor dem Beginn der Aufklärung die letzte Orientierung für das Denken und Handeln der Menschen. Für die griechische Welt waren die Vorstellungen von der Welt und den Göttern leitend, die **Homer** und **Hesiod**[8] in ihren Werken dargestellt hatten. Welche Konsequenzen die Kritik dieser Vorstellungen für die Weltanschauung und das Selbstverständnis der Menschen, ihre sittlichen und politischen Überzeugungen sowie für ihre Mutmaßungen über den einen und einzigen Gott am Beginn der europäischen Geschichte hatte, zeigen die Argumentationen von **Xenophanes aus Kolophon (ca. 570–475/70 v. Chr.), Protagoras von Abdera (ca. 481–411**

---

[7] In: W. Oelmüller, R. Dölle-Oelmüller, J. Ebach, H. Przybylski, Diskurs: Religion, UTB 895, Paderborn u. a. ³1995, 21.
Zur Erläuterung dieser und der folgenden Hinweise s. im ‚Diskurs: Religion' die Texte aus: Atramchasis-Epos, Pestgebete des Mursilis, Jesajabuch, Xenophanes, Prodikos von Keos, Kritias, Euhemeros von Messene, Homer, Schöpfungsbericht der Priesterschrift, Protagoras von Abdera, Platon, Aristoteles, Paulus, Augustinus, Thomas von Aquin, Luther, Hobbes, Pascal, Rousseau, Kant, Hegel, Kierkegaard, Feuerbach, Marx/Engels, Nietzsche, Durkheim, Weber, Freud, Luckmann, Luhmann, Gehlen, Bloch, Lübbe (93–333), ferner den ‚Bibliographisch-biographischen Anhang', in dem Lexika, Allgemeine Darstellungen, Text- und Aufsatzsammlungen kommentiert werden und Angaben zur Biographie der ausgewählten Autoren und zur Diskussion ihrer Positionen gegeben werden, (334–366), sowie die Einleitung I ‚Historisch-systematische Orientierungshilfen für einen Diskurs: Religion (13–49) und Einleitung II ‚Zur Verwendung dieses Buches als Arbeitsbuch' (50–92). (Einfache Zahlenangaben im folgenden Text beziehen sich auf die Seitenzahlen dieses Bandes.)
Begriffe und Fremdwörter, die der Rechtschreibduden erklärt, werden in der Regel nicht erläutert.
Ausführlichere Textauszüge zu den in diesem Ersten Teil entwickelten Zusammenhängen sind im Zweiten Teil abgedruckt.

[8] Homer (um 800 v. Chr.), Werke: ‚Ilias' und ‚Odyssee'; Hesiod (um 700 v. Chr.), Werke: ‚Theogonie' und ‚Werke und Tage'.

v. Chr.), **Sokrates (469–399 v. Chr.), Kritias aus Athen (ca. 460–403) und Platon (427–347)**.

Xenophanes reiste nach seinen eigenen Worten bis in sein hohes Alter durch Griechenland, Sizilien, Unteritalien, hielt Vorträge, trug eigene Dichtungen vor und diskutierte mit den Leuten. Ihn trieb, wie er sagte, seine „Sorge durch das Hellenische Land auf und ab" (Fragment 8); vor allem waren es religiöse Fragen nach dem Zerbrechen zu einfacher mythisch-religiöser Vorstellungen. Wer reist, lernt andere Menschen kennen, und wenn er über seine Erfahrungen nachdenkt, erkennt er, wie eng seine bisherige Welt, auch die religiösen Vorstellungen seiner Herkunftswelt sind. Die Erfahrungen der Vielheit und Verschiedenheit der Göttervorstellungen und das Nachdenken über sie und die Gründe für die Vielheit und Verschiedenheit führte Xenophanes zu **drei Ergebnissen**:
– **Die verschiedenen Göttervorstellungen der Menschen und Völker sind abhängig von ihren anthropologischen und kulturellen Lebensbedingungen:** „*Die Äthioper behaupten, ihre Götter seien stumpfnasig und schwarz, die Thraker, blauäugig und rothaarig.*" (Fragment 16) Sie sind auch abhängig von sozialen, politischen und geschichtlichen Bedingungen und Konflikten der Menschen und ihren jeweiligen Vorstellungs- und Darstellungsmöglichkeiten, „*etwa Kämpfen der Titanen ... oder der Giganten oder auch der Kentauren – Erfindungen der Vorzeit – oder tobendem Bürgerzwist*" (Fragment 1). Göttervorstellungen sind ferner abhängig von den jeweiligen sittlich-vernünftigen Vorstellungen der Menschen über das richtige Leben und Zusammenleben. Deshalb kritisiert Xenophanes radikal die von den Dichtern Homer und Hesiod geschaffenen und zu seiner Zeit für alle Griechen gemeinsamen Vorstellungen von den Göttern auf dem Olymp unter der Herrschaft des Zeus: „*Alles haben den Göttern Homer und Hesiod angehängt, was nur bei Menschen Schimpf und Tadel ist: Stehlen und Ehebrechen und einander Betrügen.*" (Fragment 11)

Ein Vergleich der Vielheit und Unterschiede menschlicher Göttervorstellungen und ein Erklärungsversuch dieser Vielheit und Unterschiede durch einige natürliche und geschichtliche Ursachen führen Xenophanes zu zwei Ergebnissen:

1. Die „Sterblichen" können grundsätzlich nur ihrer Art gemäße Mutmaßungen („sie wähnen") über die Welt der über-

> menschlichen Götter und Mächte besitzen: „*Doch wähnen die Sterblichen, die Götter würden geboren und hätten Gewand und Stimme und Gestalt wie sie.*" „*Doch wenn die Ochsen und Rosse und Löwen Hände hätten oder malen könnten mit ihren Händen und Werke bilden wie die Menschen, so würden die Rosse roßähnliche, die Ochsen ochsenähnliche Göttergestalten malen und solche Körper bilden, wie jede Art gerade selbst ihre Form hätte.*" (Fragmente 14 und 15)
>
> 2. Wenn Menschen kritisch und selbstkritisch unglaubwürdige Göttervorstellungen „enthüllen" und durchschauen, finden sie allmählich „suchend das Bessere": „*Wahrlich nicht von Anfang an haben die Götter den Sterblichen alles enthüllt, sondern allmählich finden sie suchend das Bessere.*" (Fragment 18)

— **Aufklärung und Ent-Täuschung**, Freiwerden von falschen und unwürdigen Vorstellungen der Mythen und Götter **führten für Xenophanes nicht zum Atheismus, zur Verneinung Gottes und zum Abschied von Gott, sondern zum Fragen und Suchen in Richtung Monotheismus.** Die Welt ist für ihn noch nicht wie für viele moderne Menschen total entmythologisiert, entzaubert, zu ihr gehören noch Götter. Das Nachdenken über letzte religiöse Fragen führt ihn zu Mutmaßungen über den „einzigen Gott": „*Ein einziger Gott, unter Göttern und Menschen am größten, weder an Gestalt den Sterblichen ähnlich noch an Gedanken.*" (Fragment 23)

— **Menschliche Mutmaßungen über den einen Gott, Sprechen über ihn führen nach Xenophanes nicht zu einem sicheren Wissen, das „Genaues" weiß.** Im Gegenteil, zum Wissen des sterblichen Menschen über den nicht von Menschen gemachten Gott gehört notwendig das Wissen, daß es Nichtwissen, „Schein" ist: „*Und das Genaue freilich erblickte kein Mensch und es wird auch nie jemand sein, der es weiß (erblickt hat) in bezug auf die Götter und alle Dinge, die ich nur immer erwähne; denn selbst wenn es einem im höchsten Maße gelänge, ein Vollendetes auszusprechen, so hat er selbst trotzdem kein Wissen davon: Schein (meinen) haftet an allem.*" (Fragment 34)

Der Sophist (Weisheitslehrer)[9] **Protagoras** lehrte mit großem Er-

---

[9] Die Sophisten (von griech. sophoí – die Weisen) waren im Griechenland des

folg in Athen und anderen Städten Griechenlands sowie in Sizilien und Unteritalien. Die durch die Götter der traditionellen Mythen gerechtfertigten Anschauungen, Sitten und Lebensformen können, wie er seine Zuhörer lehrte, gegenwärtig weder das Denken noch das Handeln orientieren: *„Über die Götter allerdings habe ich keine Möglichkeit zu wissen (festzustellen?), weder daß sie sind noch daß sie nicht sind, noch, wie sie etwa an Gestalt sind; denn vieles gibt es, was das Wissen (Feststellen?) hindert: die Nichtwahrnehmbarkeit und daß das Leben des Menschen kurz ist."* (Fragment 4) Auch eine an und für sich bestehende letzte Wirklichkeit, der Logos (Vernunft) sowie das Sein, die orientieren könnten, ist für Protagoras nicht erkennbar. Wer sich daher im Leben und Zusammenleben der Menschen bewähren und durchsetzen wolle, müsse von Jugend an lernen und die Rede- und Streitkunst beherrschen: *„Begabung und Übung braucht die Lehrkunst und von der Jugend anfangend muß man lernen."* (Fragment 3) *„Über jede Sache gibt es zwei einander entgegengesetzte Aussagen (Meinungen). Es gilt die schwächere Meinung zur stärkeren zu machen."* (Fragment 6a+b)

> Die Konsequenz aus all diesen Überlegungen formuliert der berühmte Satz des Protagoras, der bis heute immer wieder zitierte, interpretierte und kritisierte Satz:
> *„Aller Dinge Maß ist der Mensch, der seienden, daß (wie) sie sind, der nicht seienden, daß (wie) sie nicht sind. – Sein ist gleich jemandem Erscheinen."* (Fragment 1)

Man kann diesen Satz sehr verschieden lesen, und man hat ihn verschieden gelesen:
– Man kann ihn lesen als Einsicht in das begrenzte Wesen des Menschen und als Anerkennung dieser Grenzen: Sinnliche Wahrnehmungen von Menschen unterscheiden sich von denen der Tiere. **Wenn Menschen die Welt und die Dinge, den Mitmenschen und Gott erkennen, über sie sprechen und sie darstellen, besitzen sie**

---

5. und 4. Jahrhunderts v. Chr. Wanderlehrer, die (bes. in Athen) gegen Bezahlung unterrichteten. Sie vermittelten vor allem die rhetorisch-praktische und formale Bildung. Gegen die bekanntesten (Protagoras, Gorgias, Hippias, Prodikos) wandte sich Platon in seinen Dialogen.

nur menschliche Erkenntnisse, Aussagen und Darstellungen, keine Erkenntnisse, die uns zeigen, wie das Erkannte selbst wirklich, an sich und für sich ist. Selbst wenn Götter oder Gott uns Menschen etwas offenbaren wollen, müssen sie das Maß, die Erkenntnisgrenzen endlicher Menschen respektieren.

– Man kann den Satz des Protagoras jedoch auch so lesen: Ein gemeinsames den Menschen und menschlichen Gemeinschaften vorgegebenes Maß des Denkens und Handelns gibt es nicht, ist jedenfalls nicht zu erkennen. Menschen besitzen nur verschiedene und entgegengesetzte subjektive Meinungen und Ansichten. Daher kann sich im Leben und Zusammenleben nur der Stärkere und rhetorisch Geschicktere bewähren und durchsetzen. Es ist konsequent, daß all die Theologen und Philosophen, die davon ausgehen, daß Gott das Maß aller Dinge ist und nicht der Mensch oder daß die menschliche Vernunft die den Menschen vorgegebene gemeinsame wahre Instanz und Norm des Guten erkennen kann, den Satz des Protagoras in dieser Lesart als Plädoyer für einen Relativismus der Meinungen und Ansichten sowie für Beliebigkeit und Subjektivismus kritisieren.

Nach den ‚Vorsokratikern‘[10], deren Lehrmeinungen nur in einigen Fragmenten, Zitaten in späteren philosophischen Werken, überliefert sind, beginnt nach allgemeiner Einschätzung erst mit **Sokrates** im eigentlichen Sinne die Philosophie, zumindest die europäische. Sokrates lebte und lehrte in seiner Vaterstadt Athen und wurde dort zum Tode verurteilt. Er reiste nicht lehrend und diskutierend wie viele seiner sogenannten ‚vorsokratischen‘ Vorgänger durch Griechenland, durch Jonien in Kleinasien, durch Sizilien und Unteritalien. Als Bürger erfüllte er in Krieg und Frieden seine Bürgerpflichten. Der Stadtstaat Athen – wirtschaftlich, politisch und kulturell ein bedeutendes Zentrum griechischen Lebens – befand sich zu seiner Lebenszeit in einer Krise. Der Peloponnesische Krieg (431–404 v. Chr.) zwischen den Stadtstaaten Athen und Sparta und den mit ihnen Verbündeten – eine gesamtgriechische politische

---

[10] ‚Vorsokratiker‘ ist die Sammelbezeichnung für die griechischen Denker vor Sokrates, die zum Teil aus den griechischen Kolonien in Kleinasien und Unteritalien stammten. Sie umfaßt so Verschiedenes wie die gesamte ältere und neuere Naturphilosophie bis Sokrates und die Sophistik, die zum Teil als ‚Aufklärung‘ gerade gegen jene wirkte. (Zitiert werden die Fragmente der Vorsokratiker nach der Ausgabe von Hermann Diels.)

Einheit gab es nicht – endete 404 mit der Niederlage Athens. Die dann von 404 bis 403 unter dem Schutz einer spartanischen Besatzung in Athen herrschende Oligarchie der ‚Dreißig Tyrannen' zeigte, wie bedroht und brüchig inzwischen die Demokratie in Athen geworden war.

Von Sokrates selbst besitzen wir keine Schriften, auch keine Fragmente. Über sein Leben und seine Lehre berichten viele Anekdoten des Altertums, auch der Komödiendichter Aristophanes (ca. 450–385 v. Chr.) in ‚Die Wolken', vor allem aber in verschiedener Weise sein Schüler Platon in seinen Dialogen, in denen sehr oft ‚Sokrates' Platons Lehre vertritt, und der Historiker Xenophon (430/25–358/57 v. Chr.) in den ‚Memorabilien', den ‚Erinnerungen an Sokrates'.

> Besonders durch Platon wissen wir einiges über zwei Fragen zu dem religionsphilosophischen Thema ‚Sokrates und die griechische Aufklärung':
> – Was ist das Ziel des sokratischen Philosophierens mit seinen Mitbürgern?
> – Warum wurde Sokrates zum Tode verurteilt?

Sokrates lehrte nicht wie sein Schüler Platon in der ‚Akademie' oder dessen Schüler Aristoteles im ‚Lykeion' oder später die Stoiker in der ‚Stoa', der Wandelhalle auf der Agora in Athen. Sokrates lehrte und diskutierte mit anderen Menschen, mit erfahrenen Bürgern, Handwerkern, Dichtern, Politikern auf dem Marktplatz der Stadt. **Sein Ziel war dabei, das Scheinwissen seiner Mitbürger durch Fragen und ‚sokratische Ironie' zu entlarven und die Zeitgenossen mit ungelösten letzten sittlichen, rechtlichen, politischen und religiösen Fragen zu konfrontieren, auf die ihnen weder die von den Dichtern geschaffenen Götter und Mythen noch die von Sophisten gelehrten Nutzen und Vorteil kalkulierenden Lebenspraktiken eine überzeugende Antwort geben konnten.** Natürlich war – und ist bis heute – diese Form des Philosophierens für die Entlarvten nicht nur angenehm und befreiend sowie für den Philosophierenden, wie das Todesurteil des Sokrates zeigt, nicht ungefährlich. Bei Sokrates selbst führten seine kritischen Fragen an die in Athen anerkannten Götterborstellungen, die

Entlarvungen der vorgetäuschten Weisheit der Politiker, Dichter und Handwerker sowie seine neuen Antwortversuche, die er zur Diskussion stellte, zu der Erkenntnis: *„Ich scheine doch wenigstens um ein Kleines weiser zu sein [...], weil ich, was ich nicht weiß, auch nicht zu wissen glaube." „Wirklich weise [...] mag der Gott sein und er mag in seinem Orakel dies meinen: die menschliche Weisheit ist wenig wert oder nichts."*[11] Diese Erkenntnis bedeutet für Sokrates kein Denk- und Sprechverbot über letzte Fragen, z. B. über das, was Menschen nach ihrem Tod erwartet, und hierüber diskutierte er mit seinen Mitmenschen. Es war für Sokrates ein *„schönes Wagnis"*[12], glaubwürdige Aussagen zu suchen.

An Sokrates wird auch deutlich, daß kritische Fragen an die anerkannten Göttervorstellungen und Religionen nicht nur etwas Privates sind, das sich nur in der Innerlichkeit des Herzens und innerhalb der eigenen vier Wände ereignet. **Wer bis heute die herrschenden Götter bzw. die Herrschenden, die sich gern als Götter verehren lassen, kritisiert, riskiert oft sein Leben.** Sokrates wurde 399 v. Chr. in Athen von einem Gericht durch das Urteil der 501 ausgelosten Richter zum Tode verurteilt. Die Anklage lautete: *„Sokrates tut Unrecht; denn er verdirbt die Jugend und glaubt nicht an die Götter, welche die Stadt verehrt, sondern an neue, dämonische Wesen."*[13] Sokrates hätte leicht mit Hilfe seiner Schüler und Freunde aus dem Gefängnis ins Exil fliehen können. Er lehnte eine Flucht jedoch mit der Begründung ab: Der Bürger müsse den „Gesetzen" der Stadt gehorchen, da der Mensch ihnen sein Leben verdanke. Die Begründung des Todesurteils gegen Sokrates war sicher für viele, wie Urteile der Geschichte zeigen, ein Fehlurteil. Eine gewaltlose Lösung der Konflikte zwischen Staat und Religion ist jedoch auch für moderne Rechts- und Verfassungsstaaten, wie wir sehen werden, ein Grundproblem beim Nachdenken über gute und schlimme Folgen der gegenwärtigen Religionen.

Die Argumente von **Kritias** und **Platon** sind zwei verschiedene Reaktionen auf das Ende des Mythos und die Krise der Demokratie.

---

[11] Platon, Apologie 21 D, 23 A, in: Sämtliche Werke in acht Bänden, eingeleitet von O. Gigon, übertragen von R. Rufener, Zürich, München 1974. (Stellenangaben: Stephanus-Paginierung)

[12] Platon, Phaidon 114 D.

[13] Platon, Apologie 24 B.

Kritias war zuerst ein Anhänger des Sokrates und gehörte dann nach dem Zerbrechen der attischen Demokratie am Ende des Peloponnesischen Krieges im Jahr 404 unter dem Schutz der spartanischen Besatzungsmacht zu der Oligarchie der ‚Dreißig Tyrannen'. Die Oligarchie übte ein Jahr lang in Athen eine blutige Herrschaft aus und verfolgte die Aufklärer und Lehrer der Rhetorik. 403 fiel Kritias im Kampf. **Platon** war der berühmteste Schüler von Sokrates. Seine philosophischen Argumente waren und sind bis heute für die europäische Philosophie, auch für die philosophische Auseinandersetzung mit Fragen des Mythos und der Religion der Götter und des einen Gottes im Blick auf die Politik und das Denken und Handeln der Menschen von großer Bedeutung.

Kritias und Platon ist vieles gemeinsam, nicht nur ihr gemeinsamer Lehrer Sokrates. **Gemeinsam sind ihnen auch die beiden Erfahrungen ihrer Zeit:**
– **Die traditionellen olympischen Götter können nicht mehr das Denken über Menschliches und Übermenschliches orientieren sowie sittliche und rechtliche Normen und soziale Lebensformen und Institutionen legitimieren.**
– **Aber auch die Demokratie,** die sich nach langen Auseinandersetzungen mit der mythischen Welt als eine wirtschaftliche, soziale und politische Institution und Lebensform durchgesetzt hatte und von vielen Bürgern anerkannt wurde, **war jetzt aus vielen Gründen in eine Krise geraten**: Was einige Sophisten zum Teil gegen Geld durch Aufklärung und Unterricht in Rhetorik an lebenspraktischen Techniken anboten und was nicht nur junge Leute begeisterte, war für viele Bürger keine überzeugende Antwort mehr nach dem Ende des Mythos. Der Peloponnesische Krieg und die Oligarchie der ‚Dreißig Tyrannen' machten die Krise der attischen Demokratie deutlich. Für Platon wurde vor allem auch durch das Todesurteil gegen Sokrates die Schwäche der Demokratie deutlich.

Kritias und Platon suchten daher eine Alternative zu Mythos und Demokratie. Ihre Alternativen zur Gegenwart unterscheiden sich freilich in einigen Punkten, obwohl es auch dabei Vergleichbares gibt.

Im Anschluß an die von Kritias und Platon überlieferten Schriften und Aussagen können ihre Reaktionen kurz so gekennzeichnet werden:

Kritias, der erbitterte Gegner der Demokratie und Freund der Spartaner, vertrat nach dem berühmten Fragment 25 folgende These: Am Anfang *„war der Menschen Leben ungeordnet und tierhaft und der Stärke untertan"*. Um das ungeordnete und gefährliche Leben sicher zu machen, haben die Menschen Gesetze erfunden und durchgesetzt, damit *„das Recht Herrscherin sei"*. Da Gesetze jedoch nur wirksam waren, indem sie die Menschen *„hinderten, offen Gewalttaten zu begehen"*, *„hat (zuerst) ein schlauer und gedankenkluger Mann die [Götter]furcht den Sterblichen erfunden, auf daß ein Schreckmittel da sei für die Schlechten, auch wenn sie im Verborgenen etwas täten oder sprächen oder dächten."*

> Götter und Götterfurcht sind also Erfindungen von Menschen. Beides ist in der Politik ein Mittel zur Disziplinierung der „Schlechten".

Religion ist nicht eine Form der Anerkennung und Verehrung übermenschlicher Götter bzw. eines einzigen Gottes, sondern ein erfolgreicher Betrug an den dummen Menschen zur Sicherung und Erhaltung von Rechts- und Machtverhältnissen. Das Argument des Priesterbetrugs in der radikalen Religionskritik der modernen Aufklärung unterstellt der Religion, wie wir sehen werden, die gleiche Funktion.

Wenn man **Platons** Werke und Argumente als Antwort auf seine Gegenwartsprobleme liest und nicht bzw. nicht nur als Entwicklungsstufen einer sogenannten philosophischen Position oder gar eines stimmigen Systems in der Geschichte der Philosophie, so **kann man seine religionsphilosophischen Thesen nach dem Ende des Mythos und angesichts der Krise der Demokratie in drei Punkten zusammenfassen**:

> – Platon kritisiert die Götter der Mythen.
>
> – Platon entwickelt die Utopie eines von Philosophenkönigen beherrschten und durch die richtige Götterlehre stabilisierten Idealstaates als Alternative zur Demokratie.
>
> – Platon sucht nach der Erkenntnis der letzten Wirklichkeit, die den Denkrahmen der Politik übersteigt. Er sucht:
>   – das Reich der Ideen, des Seins, des Wesens,
>   – das, was jenseits des Seins und des Wesens ist.

– **Platon kritisiert seit seinen frühen Dialogen (z. B. ‚Ion') die Mythen und die Dichter.** Im Unterschied zu seinen philosophischen Vorgängern schätzt und beherrscht er jedoch bei seinen Dialogen mythische und dichterische Darstellungsmittel und -formen. Er stimmt dabei mit vielen seiner Vorgänger darin überein, daß für ihn selbst und seine Zeitgenossen die mythischen Weltbilder und die olympischen Götter keine überzeugende Orientierung für das Denken sowie für das sittliche und politische Handeln sein können und dürfen.

– **Platon entwickelt in seinem Buch ‚Der Staat' die Utopie eines von Philosophenkönigen gegründeten und geleiteten gerechten Idealstaates, der als Alternative zu der sittlich und politisch gefährdeten attischen Demokratie gedacht ist.** Die herrschenden Philosophen schreiben den Bürgern dieses Staates nicht nur in einer rigiden Weise Stand und Lebensformen vor, sondern auch, was sie über die Götter glauben müssen bzw. nicht glauben dürfen; sie geben die *„Richtlinien für die Götterlehre"*. Auch hier wie in anderen Werken hat für Platon der Götterglaube die Funktion, den unbedingten Gehorsam der Bürger vor den Gesetzen und Ordnungen des Staates zu garantieren. Schon im ‚Kriton' ließ Platon Sokrates zur Begründung seines unbedingten Gehorsams gegen die Gesetze der Stadt, auch wenn in ihrem Namen zu Unrecht das Todesurteil gegen ihn ergangen war, sagen: Der Mensch hat kein Recht zum Widerstand gegen Gesetze, und er ist nicht fromm, wenn er den Gesetzen nicht gehorcht. Das Gesetz des Staates sei *„ehrwürdiger als Mutter und Vater und alle Ahnen"*. Man müsse *„tun, was es auch befiehlt; ohne Widerspruch"*[14]. Platons religiöse Legitimation der von Menschen geschaffenen Gesetze wird auch daran erkennbar, daß er sie *„Brüder"* der *„Gesetze im Hades"*[15] nennt.

Dienen bei dieser Argumentation im Denkrahmen des Idealstaates als Alternative zur sittlich und politisch gefährdeten attischen Demokratie Religion und Götterglaube nicht, ähnlich wie bei Kritias, nur als Mittel zur Disziplinierung der Bürger? Hat Georg Wilhelm Friedrich Hegel (1770–1831) nicht Recht, wenn er Platon vorwirft, er habe in seiner Republik bei seiner Bestimmung des

---

[14] Platon, Kriton 51 A.
[15] Platon, Kriton 54 C.

Menschen und der Sittlichkeit das *„tiefere Prinzip"* der Subjektivität des Menschen *„nur als Verderben"*[16] gedacht? Platon war bei seinem Versuch, seinen Idealstaat in Syrakus zu verwirklichen, total gescheitert und konnte sich nur mit Mühe selbst retten. Hat Immanuel Kant (1724–1804) nicht Recht, wenn er – auch im Blick auf die Trennung von Staat und Religion in einem modernen Staat – schrieb: *„Daß Könige philosophieren, oder Philosophen Könige würden, ist nicht zu erwarten, aber auch nicht zu wünschen; weil der Besitz der Gewalt das freie Urteil der Vernunft unvermeidlich verdirbt"*[17]? Die Kritik an den totalitären Zügen des Idealstaats von Platon und seines Mißbrauchs der Religion zur Rechtfertigung des Politischen gehört auch heute zur Platonforschung und Platondiskussion.

– **Platon verfolgt bei der Suche nach der Erkenntnis der letzten Wirklichkeit zwei Ziele, die den Denkrahmen des Idealstaates der Philosophenkönige übersteigen:**

1. Die Suche nach dem Reich der Ideen, des Seins, des Wesens. – Vor und nach dem Leben der Menschen und unabhängig von Menschen gab und gibt es die übermenschliche letzte Wirklichkeit des Unwandelbaren und Immerseienden. Platon benennt diese letzte Wirklichkeit mit verschiedenen Begriffen (und die Übersetzungen verwenden für die einzelnen Begriffe noch einmal verschiedene Worte): das Reich der Ideen, z. B. der Ideen des Wahren, Guten Schönen, Einen, das Reich des Seins oder des Wesens. Ideen sind für Platon keine subjektiven und wandelbare Ideen oder gar ‚Ideen', d. h. Einfälle im Kopf eines einzelnen Menschen, sondern objektive, allen Menschen vorgegebene und ihnen gemeinsame Ordnungen des Seins, an denen sich Menschen in ihrem Denken und Handeln orientieren können und sollen. Die Vernunft, die nicht als eine subjektiv-private, sondern als eine allen Menschen gemeinsame Vernunft gedacht ist, kann nach Platon diese immerseienden Ideen und ihr Wesen erkennen, weil die Seele diese vor ihrer Verbindung mit dem sterblichen Leib des einzelnen Menschen, d. h. vor der Menschwerdung, im Reich der Ideen geschaut hat. Erkennt-

---

[16] G. W. F. Hegel, Grundlinien der Philosophie des Rechts (1821). Vorrede, in: Werke in zwanzig Bänden, hrsg. von E. Moldenhauer, K. M. Michel (Theorie Werkausgabe), Frankfurt a.M. 1971, 7,24.

[17] I. Kant, Zum ewigen Frieden (1795), in: Werke in sechs Bänden, hrsg. von W. Weischedel, Darmstadt 1966, 6,228.

nis ist, platonisch gedacht, Anamnesis, Wiedererinnerung an früher Geschautes. Die europäische Metaphysik[18] unterstellt – später ohne die Wiedererinnerungslehre –, daß die menschliche Vernunft ein Wissen davon besitzt, was – modern gesprochen – jenseits des empirisch Beobachtbaren und jenseits des wissenschaftlich Erklärbaren liegt, d. h. in der ‚Über-‘ oder ‚Hinter-Welt‘.

2. Die Suche nach dem, was jenseits des Seins und des Wesens ist. – Auch Platon weiß wie seine Vorgänger Xenophanes, Protagoras und Sokrates beim Nachdenken über die letzte Wirklichkeit, die auch er nicht selten wie andere Gott nennt, um die Grenzen der menschlichen Erkenntnis und des menschlichen Sprechens. **Auch für ihn sind Verneinungen daher ein Weg zur Erkenntnis der letzten Wirklichkeit. Platon spricht von „jenseits des Seins", „jenseits des Einen".** In der ‚Politeia‘ schreibt er z. B.: *„So gib auch zu, daß das Erkannte vom Guten nicht nur das Erkanntwerden bekommt, sondern daß es ihm auch sein Dasein und sein Wesen verdankt. Und doch ist das Gute nicht Wesen, sondern es steht noch jenseits des Wesens und übertrifft es an Würde und Macht."*[19] Im Dialog ‚Parmenides‘ heißt es: *„Auf keine Weise also ist das Eins. – Offenbar nicht. – Nicht einmal dergestalt ist es also, daß es Eins ist; sonst wäre es nämlich schon seiend und würde am Sein teilhaben; aber, wie es scheint, ist das Eins weder Eins noch ist es, wenn man unserer Beweisführung Glauben schenken soll. – Ja, es wird wohl so sein. – Was aber nicht ist, könnte da diesem Nichtseienden irgend etwas zugehören oder etwas von ihm stammen? – Wie wäre das möglich? – So gehört ihm also weder ein Name noch eine Aussage, und es gibt von ihm auch kein Wissen und keine Wahrnehmung und keine Meinung. – Offenbar nicht. – Somit läßt es sich weder benennen noch läßt sich von ihm eine Aussage machen noch läßt sich eine Meinung darüber bilden oder eine Erkenntnis davon gewinnen noch irgend etwas wahrnehmen, was zu ihm gehört. – Es scheint nicht."*[20]

---

[18] Metaphysik (von griech. metá ta physiká – nach der ‚Physik‘) zunächst bibliothekarische Bezeichnung für die Schriften des Aristoteles (384–322 v. Chr.), die den ‚physikalischen‘ über die Natur folgten. Später Bezeichnung für die denkende Betrachtung oder die rationale Argumentation, die sich mit der letzten das Ganze bestimmenden Wirklichkeit jenseits der physischen Welt beschäftigt.

[19] Platon, Politeia 509 A–B.

[20] Platon, Parmenides 141 E–142 A.

Neuplatoniker und die patristische Theologie[21] haben in den ersten Jahrhunderten n. Chr. Platons Denk- und Sprechversuche über Gott weiter entwickelt, die durch Verneinungen menschlich – allzu menschlicher Gedanken einen Weg zu Gott suchen. **Dionysios Areopagita**[22] **hat im 5. Jahrhundert den Begriff ‚negative Theologie' gebildet, der bis heute zu sagen versucht, wie man nicht bzw. wie man über den einen Gott sprechen kann.** Über Gott und das Eine, den letzten Grund aller Dinge, schreibt er durch Verneinungen: *„Und so ist undenkbar für alles Denken das über dem Denken stehende Eine, und ist unaussprechlich für jederlei Wort das über alle Worte erhabene Gute, [...], der unaussprechbare Geist, das unaussprechbare Wort, das Unsagbare, Undenkbare, Unnennbare, das nicht so ist wie irgendein Wesen, und doch allen Wesen Grund ihrer Wesenheit ist, selbst nichts seiend, weil es jenseits alles Seienden ist, wie es selbst sich wohl am zutreffendsten und am verständlichsten bezeichnen würde."*[23] Eine Konsequenz

---

Parmenides aus Elea (Unteritaliten) (ca. 540–470 v. Chr.), Schüler des Xenophanes. Die letzte Wirklichkeit bezeichnet er als „Sein"; dieses „Sein" ist „Eins".

[21] Neuplatonismus – philosophisch-religiöse Bewegung der Spätantike des 3.–6. Jahrhunderts, die, sich auf Platon und insbesondere dessen Ideenlehre berufend, fast alle geistigen, religiösen und mystischen Strömungen der Antike aufnimmt. Hauptvertreter: Plotin (205–270) und Proklos (410–485).
Patristische Theologie und Philosophie – Bezeichnung für die Lehren der Kirchenväter (patres) des frühen Christentums (2.–8. Jahrhundert).

[22] Angeblich vom Apostel Paulus in Athen bekehrtes Mitglied des Rates (Areopag) der Stadt; die unter seinem Namen tradierten Schriften, die im Mittelalter nach der Heiligen Schrift als die wichtigsten und heiligsten Werke galten, sind aber erst um 500 in Syrien entstanden (darum auch ‚Pseudo-Areopagita' oder ‚Pseudo-Dionysios').

[23] Dionysios Areopagita, Von den Namen Gottes 1, in: Dionysios Areopagita. Von den Namen zum Unnennbaren, Auswahl und Einleitung von E. von Ivanka, Einsiedeln 1957.
Zur Geschichte des Begriffs ‚negative Theologie' siehe den 1. Teil der Arbeit von J. Hochstaffl, Negative Theologie. Zur Geschichte des patristischen Begriffs der negativen Theologie, München 1976.
Ein Bild, das die Unähnlichkeit Gottes mit dem Menschen zeigt, d. h. figürlich darstellt, ist für Dionysios überzeugender als ein täuschendes Bild, das eine Ähnlichkeit von Gott und Mensch unterstellt. Es ist daher für ihn der Weg über die Unähnlichkeit, die „unwahrscheinliche" oder „unvernünftige" Bilder erzeugt, „die unseren Geist besser emporführen als jene, die man nach der Ähnlichkeit mit ihrem Gegenstand gestaltet" (Dionysios Areopagita, Über die himmlische Hierarchie, übers. von G. Heil, Stuttgart 1986, 32). Daher kann ein christlicher Maler zwischen der Bildlosigkeit und dem Idol ein Bild kon-

aus diesen Überlegungen zu Sprechversuchen über Gott lautet für Dionysios Areopagita: *„So kommt der über allem seienden Ursache von allem sowohl die Namenlosigkeit zu als auch alle Namen."* (ebd. 7)

Zur späteren Geschichte der negativen Theologie gehören z. B. auch folgende Aussagen von Thomas von Aquin (1225–1274): *„Die göttliche Wesenheit übersteigt kraft ihrer Unermeßlichkeit jegliche Form, an die unser erkennender Geist hinanreicht. Und so vermögen wir sie nicht zu erfassen, erkennend, was sie sei; wir haben vielmehr nur eine gewisse Kunde von ihr, erkennend, was sie sei." „Einzig dann erkennen wir Gott in Wahrheit, wenn wir glauben, daß er über alles hinausliegt, was Menschen über Gott zu denken vermögen."*[24] *„Denn mehr wird für uns offenbar von ihm, was er nicht ist, denn was er ist."*[25]

Zum Verständnis der negativen Theologie und ihrer Geschichte gehören bis heute Erkenntnisse der jüdischen Aufklärung und vor allem des biblischen Bilderverbots beim Sprechen über den einen monotheistischen Gott.

I.2.2. Die jüdische Aufklärung

Die jüdische Aufklärung sucht wie die griechische Aufklärung nach ihrer Kritik unglaubwürdig gewordener mythischer Vorstellungen von übermenschlichen guten und bösen Mächten und Geistern in ihrer Welt und Umwelt im Vorderen Orient **nach Möglichkeiten, wie Menschen über den einen nicht von Menschen gemachten Gott sprechen bzw. nicht sprechen können und dürfen.**

---

zipieren, das nicht zum Götzendienst verleitet; s. hierzu: G. Didi-Huberman, Fra Angelico. Unähnlichkeit und Figuration, übers. von A. Kopp, München 1995.

[24] Thomas von Aquin, Summe gegen die Heiden I,14; I,5.
[25] Thomas von Aquin, Summa theologica I,1 9 ad 3.

Dafür vier Beispiele:

In dem **Schöpfungsbericht der Priesterschrift** (1 Mose 1,1–2,4) über **die Erschaffung der Welt und des Menschen durch den weltunabhängigen Gott** sind Sonne und Mond nicht mehr wie für die Umwelt Israels mächtige Gestirnsgötter, sondern bloße „Lichtträger" zur Erleuchtung von Tag und Nacht, und die mächtigen Seeungeheur sind keine dämonischen Chaosmächte, Feinde Gottes, sondern seine Geschöpfe.

Das **Jesajabuch (44, 9–20) entlarvt den Selbsttrug der Menschen ohne „Einsicht und Verstand", die vor selbstgemachten Göttern niederfallen und ihren Selbstbetrug nicht durchschauen.** Sie handeln wie der Holzschnitzer, der den einen Teil seines Holzes für seinen Unterhalt zum Backen von Brot und Braten von Fleisch gebraucht und der aus dem anderen Teil sich *„einen Gott [macht] und fällt vor ihm nieder, macht einen Götzen und beugt sich vor ihm." „Keiner denkt darüber nach, / keiner hat so viel Einsicht und Verstand, daß er sagt: / ‚Die Hälfte habe ich im Feuer verbrannt / und habe auf den Kohlen Brot gebacken, / habe Fleisch gebraten und gegessen, / und den Rest habe ich zum Greuelbild gemacht, / vor einem Holzklotz beuge ich mich!' / Wer Asche weidet, / den hat sein betrogenes Herz verleitet. / Er wird sich nicht retten / und sich nicht sagen können: ‚Es ist doch Trug in meiner Hand!'"* Wenn Feuerbach (1804–1872) und Freud (1856–1939) wie der Jesajatext Menschen über die religiösen Projektionen und Illusionen kritisch und selbstkritisch aufklären wollen, sollten sie sich und anderen angesichts der Erfahrungen der Ungeheuerlichkeit des Menschen keine neuen Illusionen machen über die ‚Gattung Mensch' und den ‚Gott Logos'.

Das **Bilderverbot**, das zuerst von Juden formuliert und später auch von Christen und Muslimen anerkannt wurde, das von allen jedoch in ihrer Geschichte oft vergessen oder verharmlost wird, ist bis heute lebendig, auch in der Kunst, Literatur und Philosophie. **Das Bilderverbot des Alten Testaments lautet:** *„Du sollst dir kein Gottesbild machen, keinerlei Abbild, weder dessen, was oben im Himmel, noch dessen, was unten auf Erden, noch dessen, was in den Wassern unter der Erde ist; du sollst sie nicht anbeten und ihnen nicht dienen; denn ich, der Herr, dein Gott, bin ein eifersüchtiger Gott"* (2 Mose 20, 4–5). Und: *„Ihr sollt euch keine Götzen machen, und Gottesbilder und Malsteine sollt ihr euch nicht aufrichten, auch keine Steine mit Bildern hinstellen in eurem Lande, um* *euch davor niederzuwerfen; denn ich bin der Herr, euer Gott"* (3 Mose 26, 1). Das Bilderverbot verbietet Juden, Christen und Muslimen, sich von dem unbegreiflichen Gott ein Bild zu machen, Gott und seinen Namen zu mißbrauchen, z. B. zum Zaubern und zur Rechtfertigung von Gewalt und heiligen Kriegen, sowie andere Götter zu verehren und sie um Hilfe und Rettung zu bitten. Bilderverbot heißt nicht Bildersturm und Bilderzerstörung, Denk- und Sprechverbot, sondern: **Wenn Menschen den nicht darstellbaren und nicht erkennbaren Gott darstellen und über ihn sprechen, weil sie über ihn nicht immer nur schweigen und verstummen können, dann müssen sie dabei zugleich um die Nichtdarstellbarkeit und Namenlosigkeit dieses Gottes wissen, um seine Abwesenheit in seiner Anwesenheit.**

> Das Bilderverbot sprengt durch Verneinungen menschliche, geschichtliche, weltliche Darstellungs- und Sprechversuche über die Anwesenheit Gottes in seiner Abwesenheit sowie über die Abwesenheit Gottes in seiner Anwesenheit als Stückwerk.

Das zeigen auch die gegenwärtigen theologischen und philosophischen Diskussionen sowie Diskussionen in der Kunst und Literatur nach Auschwitz. Adornos bekanntes Wort: *„Nach Auschwitz ein Gedicht zu schreiben ist barbarisch, und das frißt auch die Erkenntnis an, die ausspricht, warum es unmöglich ward, heute Gedichte zu schreiben."*[26] dieses Wort war auch für Adorno selbst nicht das letzte Wort.[27]

Ein von Anfang bis heute entscheidender Anlaß zu religionsphilosophischen und religionskritischen Rückfragen an Gott, zumal, wenn man Gott als einen weltunabhängigen, mächtigen und guten Schöpfer denkt, ist die erschreckende Erfahrung der grauenhaften Widerfahrnisse von Übel und Leiden, Tod und Untergang. Das ist auch die Situation **Hiobs**. Seine theologisierenden Freunde denken sich das Verhältnis von Mensch und Gott entsprechend üblichen re-

---

[26] Th. W. Adorno, Prismen. Kulturkritik und Gesellschaft, München 1963, 26. Theodor W. Adorno (1903–1969), Vertreter der Kritischen Theorie der Frankfurter Schule.
[27] S. hierzu: Oelmüller 1994, 26–29, 87–118.

ligiösen Tun-Ergehens-Vorstellungen als ein Tauschgeschäft. Wenn sich der Mensch wohl verhält, wird es ihm gut gehen, wenn er leidet, muß er vorher gesündigt haben. Hiob kann in seinem schuldlosen Leiden so nicht aufrichtig sprechen vor sich, vor anderen und vor Gott, wenn er sich, die anderen und Gott nicht täuschen will („Trug für Gott" [Hiob 13, 7]). **Gott gibt Hiob auf seine drängenden Fragen keine Erklärung für seine Leiden. Er lobt Hiob jedoch, weil er auch in seinem Fragen und Klagen über die Abwesenheit Gottes auf Gott setzt, und er tadelt wie Hiob dessen Freunde.**

Hiobs Leiden in einer Welt, als ob es Gott nicht gäbe, und seine Rückfragen an Gott werden von Philosophen und Theologen, von Dichtern und Schriftstellern bis heute immer wieder behandelt.[28]

Ein Ergebnis der bisherigen Überlegungen lautet:

> Schon in der griechischen und jüdischen Aufklärung am Beginn der europäischen Geschichte gab es für alle Menschen, wenn die zu einfachen Grundannahmen, Vorstellungen und Institutionen der Mythen über die Götter und Menschen, die Natur und die Formen des menschlichen Zusammenlebens zerbrachen, nicht *den* einlinigen, unumkehrbaren und gemeinsamen Weg vom „Mythos zum Logos".

Als einen solchen einlinigen Weg haben einige Aufklärer, Philosophen und Wissenschaftler zumindest die Entwicklung der griechischen Philosophie und des Denkens verstanden im Anschluß an Nestles Buch ‚Vom Mythos zum Logos'[29] Schon bei dem **Verständnis des Logos, der Vernunft**, trennen sich die Wege:

– Meint Vernunft die subjektive, verschiedene, beliebige Vernunft des einzelnen Menschen, oder meint sie die gemeinsame Vernunft aller Menschen?

---

[28] S. hierzu: Oelmüller 1994, Kap. 7. Wie sprechen über Widerfahrnisse von Leiden, wenn man darüber nicht schweigen kann? (119–145); Kap. 8. Wie sprechen über und zu Gott in einer Welt, als ob es Gott nicht gäbe? (146–167); ders., Über das Leiden nicht schweigen. Philosophische Antwortversuche, in: Metz (Hrsg.) 1995, 56–80; J. B. Metz, Theodizee-empfindliche Gottesrede, ebd. 81–117; G. Langenhorst, Hiob unser Zeitgenosse. Die literarische Hiob-Rezeption im 20. Jahrhundert als theologische Herausforderung, Mainz 1994.

[29] W. Nestle, Vom Mythos zum Logos. Die Selbstentfaltung des griechischen Denkens, Stuttgart 1940.

– Ist Vernunft der Name für die göttliche Macht, die die immerseiende Welt schön gestaltet und leitet (Kosmos) oder der Name für den einen weltunabhängigen göttlichen Schöpfer, der das vorgegebene Chaos und Unheil in seiner Schöpfung überwinden will?

– Sucht Aufklärung eine Neuorientierung des Denkens und Handelns bei dem einen Gott, der innerhalb der Welt unter den vielen Göttern der erste ist, oder sucht sie den einen und einzigen Gott, der die Welt überhaupt erst erschaffen hat und der daher auch für Unheil, Katastrophen, Leiden, Tod und Untergang allein zuständig und verantwortlich ist?

– Denkt Aufklärung in Richtung Atheismus oder in Richtung Monotheismus

> Schon am Beginn der europäischen Geschichte gab es bei religionsphilosophischen Fragen nur den mühsamen, enttäuschenden und befreienden Weg, sich und andere sowie das Zusammenleben mit anderen durch Selbstdenken und Gespräche mit anderen neu zu orientieren. Das gilt auch für die folgende europäische Geschichte. Das gilt erst recht heute, wenn die letzten religiösen Grundannahmen, Vorstellungen und Institutionen der vorgegebenen oder selbstgemachten Mythen und Religionen, der Götter und des einen Gottes, aber auch, wenn die bisherigen letzten nichtreligiösen Selbstverständlichkeiten nicht mehr glaubwürdig sind.

I.3. Religionsphilosophie der bürgerlichen und sozialistischen Aufklärung am Beginn der europäischen Modernisierungsprozesse

Modernisierungsprozesse nenne ich (1.) in Übereinstimmung mit dem üblichen Sprachgebrauch solche Prozesse, die sehr ungleichzeitig in Europa seit dem 17. und 18. Jahrhundert und inzwischen weltweit zu guten oder schlimmen radikalen Veränderungen führen bei den Überlebens- und Lebensbedingungen der Menschen, bei den wirtschaftlichen, gesellschaftlichen, politischen, kulturellen und religiösen Lebensformen und Institutionen sowie bei den letzten religiösen oder nichtreligiösen Orientierungen der Menschen. Modernisierungsprozesse sind z. B. solche der modernen Wissenschaften und der Technik, der Wirtschaft und Gesellschaft, der Trennung von Staat und Religion in modernen Staaten sowie der Anerkennung und Durchsetzung von Religionsfreiheit, Toleranz und Menschenrechten. Heute gehören zu diesen Modernisierungsprozessen weltweit auch neue Technologien, das Fernsehen, das Internet, die ‚CocaCola-McDonald-Gesellschaft'. Modernisierungsprozesse in dieser ersten Bedeutung deutet man bisher oft als Faktoren eines einlinigen Fortschrittsprozesses, der am Ende zu einer völlig säkularisierten, entmythologisierten und religionslosen Gesellschaft führe.

Modernisierungsprozesse nenne ich (2.) auch solche Prozesse, die seit dem Beginn der Moderne und heute immer mehr auf die nicht intendierten schlimmen Folgen der Veränderungen und die neuen Herausforderungen der Risikogesellschaft reagieren. Solche Prozesse signalisieren ungelöste Probleme der jeweiligen geschichtlichen Gegenwart und versuchen sie zu bewältigen.

Die Unterscheidung dieser beiden Formen von Modernisierungsprozessen ermöglicht notwendige Differenzierungen in einer modernen Religionsphilosophie.

Der Begriff **Religionsphilosophie** und die Disziplin **Religionsphilosophie** innerhalb der Philosophie und Theologie wurden in Deutschland erst seit dem Ende des 18. Jahrhunderts gebildet. Die moderne Religionsphilosophie hat seitdem, vereinfacht formuliert, zwei verschiedene, ja entgegengesetzte Ziele: Die **affirmative und apologetische Religionsphilosophie** will die in der Moderne nicht mehr glaubwürdige Religion verteidigen und neu begründen; die **Religionskritik** will die Religion als durchschaute Projektion menschlich – allzu menschlicher Bedürfnisse, Ängste und Wünsche ins Jenseits kritisieren und abschaffen. **Als Alternative** zu diesen beiden Zielen der Religionsphilosophie arbeiten vor allem seit dem Ende des 19. Jahrhunderts in West- und Nordeuropa und in Amerika verschiedene Religionswissenschaften mit einem ‚**wertfreien**‘ **Religionsbegriff**, den sie durch Abstraktion von den verschiedenen geschichtlichen Religionen gewonnen haben. Sie untersuchen historisch, soziologisch, phänomenologisch, psychologisch oder sprachanalytisch die verschiedenen religiösen Lehren und Institutionen und suchen dabei z. B. nach solchen Strukturen, die allen Religionen in allen Gesellschaften gemeinsam sind.[30]

Eine Religionsphilosophie heute kann sich nicht nur wie die Konzepte der Religionsphilosophie am Ende des 18. Jahrhunderts beschränken auf erkenntnistheoretische und ethische Fragen sowie allein auf die Auseinandersetzungen kritischer Philosophen und Intellektueller mit dem in Europa vorgegebenen Christentum der christlichen Kirchen. **Eine moderne Religionsphilosophie kann und muß heute differenzierter zeigen, wie die guten und schlimmen Folgen der modernen Veränderungen auf verschiedenen Ebenen auch die kritischen und selbstkritischen Fragen der Menschen zu Mythen und Religionen, zu Göttern und zum einen Gott verändern.**

Einige Beispiele: Die neuen wissenschaftlichen Erkenntnisse von Kopernikus (1473–1543) über das Universum, die von Darwin (1809–1882) über die biologische Evolution sowie die neuen Methoden bei der Exegese historischer Texte und ‚heiliger Schriften‘ erzeugten zu ihrer Zeit sowohl das Pathos und die Illusionen bürgerlicher und sozialistischer Aufklärer: Die moderne Wissenschaft wird die Menschheit vom religiösen Aberglauben befreien, als auch

---

[30] S. hierzu meinen Artikel ‚Religionsphilosophie‘ in: Herders theologisches Taschenlexikon, 6, 253–265.

das Pathos und die Illusionen der religiösen und kirchlichen Gegenaufklärer: Nur der Kampf der Parteien, der Religionen und Kirchen gegen die moderne Wissenschaft und gegen die Aufklärung kann die religiöse Wahrheit und das christliche Abendland retten. Natürlich lesen auch heute Menschen wie die Zeugen Jehovas, die Kreationisten Amerikas sowie Fundamentalisten bei den Juden, Christen und Muslimen den biblischen Schöpfungsbericht und die Bibel wortwörtlich als das, was Gott direkt geoffenbart hat und von den Menschen zu denken und zu glauben verlangt. Viele, auch gläubige Juden, Christen und Muslime, lesen die biblischen Texte heute jedoch kritisch und selbstkritisch im Wissen um die großen Unterschiede zwischen den biblischen und modernen Wirklichkeitsannahmen. Vielleicht sollte man auch Fundamentalisten aus dieser Perspektive nicht nur als Terroristen oder altmodische Menschen verstehen, die vormoderne religiöse Lebens- und Glaubensformen wieder-holen wollen. Zeigen ihre Worte und Taten nicht, daß heute nach den Desillusionierungen der bürgerlichen und sozialistischen Illusionen und Ideologien Menschen auf ungelöste soziale und politische sowie religiöse Gegenwartsprobleme und -konflikte glaubwürdige Antworten suchen?

Wenn wir von bürgerlicher und sozialistischer Aufklärung sprechen, geht es uns nicht um ideenpolitische oder ideologische Freund-Feind-Festschreibungen oder um historische und sozialwissenschaftliche Darstellungen, sondern um eine erste kritische Distanz zu solchen Gegenwartsdiagnosen und Zukunftsprognosen seit dem 17. und 18. Jahrhundert in Europa im Namen der Aufklärung, deren Grundannahmen über Gott und Welt, über Geschichte und Natur sowie über die Größe und das Elend des Menschen selbst nicht aufgeklärt waren.

An einigen Beispielen erläutern wir die totale Religionskritik sowie die neuen religionsphilosophischen Denkmodelle in der bürgerlichen und sozialistischen Aufklärung, die erste Reaktionen von Menschen auf die ungelösten Religionsprobleme waren, die auch durch die Veränderungen der Modernisierungsprozesse bedingt waren. Dabei ist die Bandbreite sehr groß zwischen Verteidigern und Kritikern der Religion, vor allem zwischen Verteidigern und Kritikern des Christentums und der verschiedenen christlichen Kirchen.

I.3.1. Die totale Religionskritik

> Die These der totalen Religionskritik, vor allem die der Gegenwartsdiagnosen und Zukunftsprognosen vieler bürgerlicher und sozialistischer Aufklärer **ist: Die Religionen werden absterben, und die Entmythologisierung und Entzauberung der Welt durch die modernen Wissenschaften werden weiter fortschreiten.**

Seitdem um 1700 ein **Anonymus** den ‚Traktat über die drei Betrüger'[31] veröffentlichte, wurde die moderne radikale Aufklärung nicht nur auf der Ebene der Wissenschaften wirksam. **Diese radikale Aufklärung wollte nicht nur die Grundannahmen der Metaphysik über Gut und Böse, Teleologie der Natur und Freiheit des Menschen als Produkt der menschlichen Einbildungskraft entlarven, sondern vor allem die drei Betrüger Moses, Jesus, Mohamed sowie ihre Nachfolger und die Synagogen, Kirchen und Moscheen als herrschaftssüchtige Lügner.** Diese hätten mit den *„Wörtern Dämon, Satan, Teufel"* (ebd. 137) sowie mit der *„Rede von Teufel und Hölle"* (ebd. 139) beim einfachen Volk Angst und Furcht erzeugt, um ihre eigene Herrschaft zu legitimieren und durchzusetzen.

Bei allen Unterschieden zwischen **Auguste Comte (1798–1857)** und **Karl Marx (1818–1883)** gehen die Deutung der Gegenwart und ihre Fortschrittsutopien am Anfang des 19. Jahrhunderts von drei Voraussetzungen aus:

1. **Das Stadium der Religion, auch das der Religionskritik, ist für beide im wesentlichen beendet.** Nach **Comtes** ‚Dreistadiengesetz' gehört die Religion zu dem ersten theologisch fiktiven Stadium der Kindheit der Menschheit, das durch das zweite metaphysisch abstrakte der Jugend und jetzt durch das wissenschaftlich positive des Erwachsenseins überwunden ist. Nach **Marx** hat die Religion ihre Doppelfunktion verloren, Ausdruck und Verschleie-

---

[31] Anonymus, Traktat über die drei Betrüger, kritisch hrsg., übers., kommentiert und mit einer Einleitung versehen von W. Schröder, Philosophische Bibliothek Bd. 452, Hamburg 1992.

rung des Elends sowie Protestation gegen das Elend zu sein: „*Es ist also die Aufgabe der Geschichte, nachdem das Jenseits der Wahrheit verschwunden ist, die Wahrheit des Diesseits zu etablieren.*"[32]

2. **Auch der moderne Staat**, der bisher mit seinen Institutionen das Überleben und Leben der Menschen gegen den gesetzlosen Naturstand und Religionskriege sichern sollte, **stirbt für Comte und Marx allmählich ab**. Mit den wissenschaftlichen, technischen und ökonomischen Grundlagen der Gesellschaft „*wälzt sich der ganze ungeheure Überbau* [zu dem auch Religion, Recht, Staat gehören] *langsamer oder rascher um*"[33].

3. **Der neue Denkrahmen ist für Comte und Marx die Gesellschaft**, die sie als einen geschichtlichen Prozeß des Fortschritts aller sog. Basis- und Überbauphänomene denken. Die zentrale Triebkraft des gegenwärtigen Gesellschaftsprozesses sind für Comte die positiven Wissenschaften, die, nicht im Blick auf Gott oder auf Abstraktionen wie das Sein im ersten und zweiten Stadium, sondern gestützt auf empirische Beobachtungen und logische Gesetze sehen und vorhersehen.[34] Für Marx ist eine entscheidende Triebkraft des Fortschritts der Klassenkampf, der jetzt das Ende der Geschichte herbeiführt. Das Ziel des gesellschaftlichen Fortschritts ist für Comte die von den positiven Wissenschaftlern sowie von Finanz-, Technik- und Wirtschaftsmanagern geschaffene neue Ordnung des atheistischen Humanismus. Marx' Revolutionäre versprechen die klassenlose Gesellschaft am Ende der gesamten bisherigen „*Vorgeschichte der menschlichen Gesellschaft*"[35]

---

[32] K. Marx, Zur Kritik der Hegelschen Rechtsphilosophie, in: Werke in vierzig Bänden, hrsg. vom Institut für Marxismus-Leninismus beim ZK der SED, Berlin 1957 ff., 1, 379.

[33] K. Marx, Zur Kritik der politischen Ökonomie, a. a. O., 13, 8.

[34] A. Comte, Rede über den Geist des Positivismus, hrsg. von I. Fetscher, Hamburg 1956, 35: „*So besteht der wahre positive Geist vor allem darin zu sehen um vorauszusehen, zu erforschen was ist, um daraus auf Grund des allgemeinen Lehrsatzes von der Unwandelbarkeit der Naturgesetze – das zu erschließen, was sein wird.*"

[35] K. Marx, Zur Kritik der politischen Ökonomie, a. a. O., 9. Für Marx ist „*nicht die Kritik, sondern die Revolution die treibende Kraft der Geschichte auch der Religion, Philosophie und sonstigen Theorie*" (Die deutsche Ideologie, a. a. O., 3,38).
Nach Marx ist die reale Basis die Gesamtheit der Produktionsverhältnisse, die ökonomische Struktur der Gesellschaft. Der Überbau besteht in den juristischen, politischen, religiösen, künstlerischen oder philosophischen, d. h. ideologischen Formen, den Bewußtseinsformen.

Seit dem Ende des 19. Jahrhunderts wächst bei immer mehr Menschen – wie wir sehen werden – die Kritik an den zunächst gefeierten Fortschritts- und Emanzipationsbewegungen, die auf die Vollendung der von der Religion befreiten Menschen und ihrer von allen Fesseln befreiten Gesellschaft gehofft hatten.

I.3.2. Neue Denkmodelle

Neue religionsphilosophische Denkmodelle im 17. und 18. Jahrhundert wollen nach der Ausbildung der modernen Wissenschaften, den Erfahrungen der konfessionellen Bürgerkriege sowie angesichts der vielfältigen Formen von Unfreiheit, Unmündigkeit und Unterdrückung **zwei Ziele erreichen durch Aufklärung der Menschen sowie durch die Schaffung neuer rechtlicher und politischer Institutionen des Staates:**

Neue religionsphilosophische Denkmodelle im 17. und 18. Jahrhundert haben **zwei Ziele**:

- **die Verhinderung oder wenigstens Eindämmung der schlimmen Folgen der Religionen;** dazu gehören etwa: Unfreiheit, Unterdrückung, Religionskriege, ‚heilige Kriege'.
- **die Ermöglichung und die Sicherung der guten Folgen von Religionen:**
  - dazu gehören etwa, wie einige meinen, die Beschaffung von Legitimitätsglauben für die sozialen, rechtlichen und politischen Institutionen sowie für den Souverän, den Führer, die Herrschenden und die Beherrschten;
  - zu den guten Folgen von Religionen gehören für viele auch Antwortversuche auf letzte Fragen.

Thomas Hobbes' (1599–1679) Modell des ‚Leviathan'[36] war eine erste unmittelbare Reaktion auf die grauenhaften Erfahrungen und Leiden des konfessionellen Bürgerkriegs in England. Religions-

---

[36] Leviathan im Alten Testament mächtige Gewalt unter Gott (vgl. Hiob, Kap. 40 ff.). Bei Hobbes Symbol für die weltliche und geistliche Macht in sich vereinigende Staatsautorität.

kriege sind für Hobbes keine historisch kontingenten, vermeidbaren Fehlentwicklungen. In ihnen zeige sich vielmehr die wahre Natur des Menschen: homo homini lupus [der Mensch ist für den Menschen ein Wolf], der Kampf aller gegen alle. Was Aristoteles (384–322 v. Chr.) und die theologisch-philosophischen Spekulationen des Mittelalters über die Freiheit und Vernunft des Menschen und die Möglichkeiten des guten sozialen und politischen Zusammenlebens gesagt hatten, war für Hobbes angesichts der Erfahrungen der Religionskriege Utopie der Vergangenheit. Selbsterhaltung und Sicherheit kann es nach Hobbes nur dann geben, wenn die Menschen bereit sind, den rechtlosen Naturstand[37] des Kampfes aller gegen alle unter folgenden Bedingungen zu verlassen: Weil der Dualismus zwischen sacerdotium und imperium [Priestertum und Herrschaft], zwischen geistlicher und weltlicher Macht, die Quelle religiöser Bürgerkriege ist, muß jeder Bürger dem Souverän eines Staates in einem unterstellten fiktiven Urvertrag alle Rechte übertragen, auch alle weltlichen *und* religiösen Rechte. **In Religionsfragen und in der Religionspraxis darf in der Öffentlichkeit, im Recht und im politischen Zusammenleben nur das gelten, was der Souverän festlegt und festschreibt. In Religionsfragen kann der Bürger frei nur in seinem Kopf und in seinen privaten Wänden denken sowie tun und lassen, was er will.**

Blaise Pascal (1623–1662), der ein bedeutender Mathematiker, Logiker und Erfinder war, geht bei seinen Aussagen über Gott und den Menschen in seinen Fragment gebliebenen ‚Pensées' [Gedanken][38] von neuen Erfahrungen des Denkens aus, die bei all seiner Hochschätzung und Anerkennung der Logik und Vernunft zugleich deren Grenzen sichtbar machen.

---

[37] Mit Naturzustand wird z. B. von Thomas Hobbes und Jean-Jacques Rousseau (1712–1778) der vom gesellschaftlich-politischen Kulturzustand unterschiedene ursprüngliche Zustand gedacht, in dem die Menschen so leben, wie es ihrer jeweils verschieden unterstellten bösen oder guten Natur entspricht. Der Kulturzustand kommt nach diesen Theorien durch einen sog. Gesellschaftsvertrag zustande, den alle Menschen miteinander schließen, um einen Staat mit einem Souverän zu schaffen, und zugleich mit dem Souverän schließen. In der Theologie ist der ‚Naturzustand' der paradiesische Zustand vor dem Fall des Menschen.

[38] B. Pascal, Über die Religion und über einige andere Gegenstände (Pensées), übers. von E. Wasmuth, Heidelberg ⁷1972. (Stellenangaben im Text: Nummern der Pensées nach dieser Ausgabe)

> Was bisher Prämissen philosophisch-theologischen Redens über Gott und den Menschen waren, ist für Pascal angesichts dieser neuen Erfahrungen des Denkens **„unbegreifbar"**.
> *„Unbegreifbar ist, daß Gott ist, und unbegreifbar, daß er nicht ist: daß die Seele dem Körper vereint ist und daß wir keine Seele haben; daß die Welt geschaffen ist und daß sie es nicht ist; daß es die Erbsünde gibt und daß es sie nicht gibt."*
> (230)

Was in diesen Antinomien [Widersprüchen] unbegreifbar ist, ist damit für Pascal ähnlich wie für Kant nicht etwa aus der Perspektive eines reduzierten Vernunftbegriffs einfach sinnlos, irrational, bloßes subjektives Gefühl. Im Gegenteil, Pascal verlangt, wo es um die letzten Fragen des Menschen geht, Annäherungen in vernünftig begründeten Denkmodellen. Ausdrücklich warnt er vor *„zwei Übertreibungen: Ausschluß der Vernunft. – Nur die Vernunft gelten lassen"* (253).

Diese neuen Erfahrungen des Denkens zwingen zu einer **Revision traditioneller theologisch-philosophischer Denkansätze**. Während man bisher z. B. die Welt als einen Staunen hervorrufenden Makrokosmos bewunderte und von ihm aus den Menschen als Mikrokosmos interpretierte – oder umgekehrt –, erfährt die Neuzeit die Welt als *„grauenvolle Räume des Universums"* (194), die dem Menschen auf seine Frage, wer er sei, keine Antwort geben. Das **sinnleere Weltall** in seiner unermeßlichen raum-zeitlichen Ausdehnung *„verschlingt mich wie einen Punkt"* (348). **Die Würde des Menschen liegt jedoch darin, daß er dieses Weltall denken kann.** Der Mensch ist zwar das zerbrechlichste Schilfrohr, aber er ist eines, das denken kann.

Auch den Fall des Menschen kann Pascal weder wie die Schöpfungsberichte der ‚Genesis' durch eine mythische Erzählung noch wie Augustinus[39] durch das rationale Konstrukt *„Mißbrauch des freien Willens"* erklären. Beide Erklärungen haben ja auch nicht, wie intendiert, Gott wegen der Übel in der Welt entlastet und den Menschen belastet, und sie haben so in der Geschichte oft mehr

---

[39] Aurelius Augustinus (354–430), Philosoph, einer der bedeutendsten Theologen und Kirchenlehrer.

neue Fragen geschaffen als alte beantwortet. Auch wenn wir nach Pascal keine die Vernunft befriedigende Erklärung der **Schöpfung und des Falls des Menschen haben: Wir können uns die Größe und das Elend des Menschen ohne diese beiden ‚Mysterien' nicht verständlich machen**: *„denn die Natur ist derart, daß sie überall sowohl im Menschen als außerhalb des Menschen auf einen verlorenen Gott hinweist und auf eine verderbte Natur"* (441).

Pascals ‚Wette' (Pensée 233) ist ein Gedankenspiel einer Nutzen und Nachteil kalkulierenden Vernunft. Diese ist auch für Pascal nicht die höchste Form der menschlichen Vernunft. Sie kann für ihn jedoch wie für uns im Zeitalter der modernen Logik und Wissenschaften Menschen nachdenklich machen. Das **Gedankenspiel** geht von den **beiden Möglichkeiten** aus, vor denen der Mensch in diesem Leben steht: **Entweder setzt er darauf, daß Gott existiert, oder er setzt darauf, daß er nicht existiert.** Setzt der Mensch darauf, daß Gott nicht existiert, und er existiert tatsächlich auch nicht, dann hat der Mensch natürlich von Gott weder in diesem Leben noch nach seinem Tode Gutes oder Schlimmes zu erwarten. Setzt der Mensch darauf, daß Gott nicht existiert, während Gott aber tatsächlich existiert, so hat der Mensch nach seinem Tode schlimme Ent-Täuschungen zu erwarten. Setzt der Mensch darauf, daß Gott existiert, und dieser existiert tatsächlich nicht, so hat das für sein Leben weder jetzt noch später schlimme Folgen. Setzt der Mensch darauf, daß Gott existiert, und er existiert tatsächlich, so kann das für ihn sowohl in diesem Leben als auch nach seinem Tode gute Folgen haben.

Gotthold Ephraim Lessing (1729–1781) setzt sich kritisch und selbstkritisch mit überlieferten religiösen Traditionen, vor allem mit denen des Christentums, sowie mit den zeitgenössischen *„Modeschriften"* der Kritiker und Verteidiger von Religion und Christentum auseinander. Die literarischen Formen seiner Auseinandersetzungen waren kritisch-ironische Streitschriften und Fragmente, Dokumentationen, öffentliche Diskussionen sowie Denkmodelle, die keinen Systemanspruch erheben, sondern durch *„Hypothesen"*, *„Fingerzeige"* sowie durch Fragen Gegner und Gesprächspartner mit den Konsequenzen ihrer Argumente konfrontieren und nachdenklich machen wollen. Sein *„eigenes Glaubensbekenntnis"*[40] hat

---

[40] G. E. Lessing, Gesammelte Werke, hrsg. von P. Rilla, 10 Bde., Berlin 1954–

er dabei nicht vorgetragen, weil „*niemand davon etwas weiter zu wissen verlangt. Vermutlich weil es noch zu orthodox war, und hierdurch weder der einen noch der andern Partei gelegen kam*" (9, 853).

> Nach Lessings Selbstverständnis müssen Zweifel und Kritik der Religion nicht notwendig zur Abschaffung der Religion führen, sondern das Ergebnis kann auch ein glaubwürdigeres Christentum sein.

Dieses Selbstverständnis seiner religionsphilosophischen Auseinandersetzungen und Reflexionen versucht bereits der 20jährige Lessing seinem besorgten Vater verständlich zu machen.[41] Ausdrücklich kritisiert er stets diejenigen, die jeden „*Zweifel für Unglauben*" (7, 814) erklären sowie kurzschlüssig die Bibel, das Christentum sowie das Zentralgebot der Gottes- und Nächstenliebe der monotheistischen Religionen für erledigte Vergangenheit halten.

Ausgangspunkt der religionsphilosophischen Reflexionen sind für Lessing nicht wie für Hobbes und Pascal sowie für englische und französische Zeitgenossen **die Totalkritik der Religion und der Atheismus, sondern die Frage: wie können Menschen die Bibel so lesen, daß deren Aussagen über Gott und Welt, über Offenbarung, Schöpfung und Erlösung für Menschen heute glaubwürdig sind, wenn durch die historisch-kritischen Wissenschaften die Unterschiede zwischen den biblischen und den modernen Wirklichkeitsannahmen überdeutlich sind.** Die Bibelexegese und Theologie arbeiten bis heute an diesem Problem.

1958 (im folgenden mit Band- und Seitenzahl im Text zitiert), hier: 9, 852. Zu Lessings Religionsphilosophie s.: Oelmüller 1979, 35–102.

[41] „*Die Zeit soll lehren, ob der ein beßrer Xst [Christ] ist, der die Grundsätze der christlichen Lehre im Gedächtnisse, und oft, ohne sie zu verstehen, im Munde hat, in die Kirche geht, und alle Gebräuche mit macht, weil sie gewöhnlich sind; oder der, der einmal klüglich gezweifelt hat, und durch den Weg der Untersuchung zur Überzeugung gelangt ist, oder sich wenigstens noch dazu zu gelangen bestrebet. Die Xstliche [christliche] Religion ist kein Werk, das man von seinen Eltern auf Treu und Glaube annehmen soll. Die meisten erben sie zwar von ihnen eben so wie ihr Vermögen, aber sie zeugen durch ihre Aufführung auch, was vor rechtschaffne Xsten [Christen] sie sind.*" (9, 22)

Der junge Lessing hatte seinem Vater von der Überzeugung geschrieben, durch Zweifel und kritische Untersuchungen einen Weg zu einem rechtschaffenen Christen zu finden. **Zwei Jahre vor seinem Tod schreibt er, seine Lektüre der zeitgenössischen „Modeschriften" der Verteidiger und Kritiker des Christentums hätten ihn immer zweifelnder gemacht, so daß er sich geneigt fühle, das Christentum** *„wenigstens in meinem Herzen aufrecht zu erhalten"*.[42]

> Was Lessing so oder mit anderen Begriffen zu beschreiben versucht, ist am Beginn der modernen Geschichte eine durch das Christentum und den Monotheismus möglich gewordene neue Deutung des Menschen von Gott aus.

Welche Antworten stellen Lessings viel zitierten und viel kritisierten religionsphilosophischen Hauptschriften ‚Die Erziehung des Menschengeschlechts' und das Drama ‚Nathan der Weise' den zweifelnden und suchenden Zeitgenossen zur Diskussion?

Viele lasen ‚*Die Erziehung des Menschengeschlechts*' als Plädoyer für einen religionslosen Humanismus nach dem Ende des Christentums und des Monotheismus oder als eine Rechtfertigung des säkularen Fortschrittsglaubens. Schon der *„Vorbericht des Herausgebers"* und die Häufung von Fragen im letzten Teil der Schrift zeigen, daß es sich bei dieser Schrift **nicht** um einen **geschichtsphilosophischen oder gar geschichtsideologischen Fortschrittsglauben** handelt, der suggeriert, er kenne das Ziel und Ende oder

---

[42] *„Der bessere Teil meines Lebens ist – glücklicher- oder unglücklicher Weise? – in eine Zeit gefallen, in welcher Schriften für die Wahrheit der christlichen Religion gewissermaßen Modeschriften waren. [...] Was Wunder also, daß meine Lektüre ebenfalls darauf verfiel, und ich gar bald nicht eher ruhen konnte, bis ich jedes neue Produkt in diesem Fache habhaft werden und verschlingen konnte. [...] Je zusetzender die Schriftsteller von beiden Teilen wurden – und das wurden sie so ziemlich in der nämlichen Progression: der neueste war immer der entscheidendste, der hohnsprechendste – desto mehr glaubte ich zu empfinden, daß die Wirkung, die in jeder auf mich machte, diejenige gar nicht sei, die er eigentlich nach seiner Art hätte machen müssen. War mir doch oft, als ob die Herren wie dort in der Fabel: der Tod und Liebe, ihre Waffen vertauscht hätten! Je bündiger mir der eine das Christentum erweisen wollte, desto zweifelhafter ward ich. Je mutwilliger und triumphierender mir es der andere ganz zu Boden treten wollte: desto geneigter fühlte ich mich, es wenigstens in meinem Herzen aufrecht zu erhalten."* (8, 488–489)

die nächsten Schritte der Geschichte. **Die Schrift formuliert vielmehr ein Denkmodell, Hypothesen, Fragen, die nachdenklich machen und zur Diskussion anregen sollen.** Ich beschränke mich auf einige Bemerkungen zu Lessings Ansatz in dieser Schrift.

Lessing hat sich nach dem ‚Vorbericht des Herausgebers' der ‚Erziehung des Menschengeschlechts', der bei der Interpretation oft nicht berücksichtigt wird, in dieser Schrift nur *„auf einen Hügel gestellt, von welchem er etwas mehr, als den vorgeschriebenen Weg seines heutigen Tages zu übersehen glaubt"*. Er verlangt nicht, *„daß die Aussicht, die ihn entzückt, auch jedes andere Auge entzücken müsse"* (8, 590). Die anderen Menschen brauchen ja nicht „den nämlichen Begriff" (7, 834) von der seligmachenden Religion und der Offenbarung zu haben, um selig und glücklich zu werden. Lessing möchte daher, daß man ihn da stehen und staunen läßt, wo er steht und staunt.

> Nach Lessings Selbstverständnis, das er deutlich formuliert hat, muß man auch ‚Die Erziehung des Menschengeschlechts' lesen als einen Denkversuch, der nach dem Zerbrechen unglaubwürdig gewordener Offenbarungsvorstellungen auf die moderne Spannung von Vernunft und Glauben eine neue überzeugende Antwort sucht.

Wenn sich Glaubende und Glaubenwollende Gottes Offenbarung nicht bzw. nicht mehr vorstellen können als einen biblischen Bericht über Wunder und unglaubwürdige Geschehnisse, die Gott den Autoren in einer Vision diktiert hat, bzw. wenn Glaubende und Glaubenwollende bei den Aussagen der Menschen in biblischen Texten auf zeitbedingte Wirklichkeitsannahmen treffen und daher nicht jedes menschliche Wort buchstäblich als geoffenbartes Wort Gottes verstehen können – dürfen sie dann **Gottes Offenbarung** nicht denken als einen **Plan, der zunächst Juden und Christen und dann alle Menschen erziehen will?** Lessing kann bei einem solchen Denkversuch die göttliche Offenbarung so verstehen, daß dabei nicht nur Gemeinsamkeiten und Unterschiede zwischen Juden und Christen deutlich werden und Gegenwart und Zukunft nicht durch einen Bruch mit der religiösen Vergangenheit gedacht werden, sondern bei allen neuen Entwicklungen eine Kontinuität mit ihr besteht. Er ist überzeugt, daß ein solcher Denkversuch, den er in positivem Sinn auch eine Spekulation oder eine Hypothese nennt, *„bei weitem so heterodox nicht"* ist, als es dem flüchtigen Leser *„bei dem ersten Anblicke scheinet"* (7, 835).[43] Ausdrücklich betont Lessing, daß die ‚Erziehung des Menschengeschlechts' *„das Ziel gewaltig verrücken"* wird, das Reimarus im Auge hatte.[44]

In einer Situation, in der durch die modernen Wissenschaften zu einfache Gottesvorstellungen frag-würdig geworden sind und eine Spannung zwischen Vernunft und Glauben besteht, **führen nach Lessing eigene neue Reflexionen, Denk- und Sprechversuche über Gottes Offenbarung nicht notwendig zu bloß subjektiven Meinungen. Sie können auch zu neuen verläßlichen religiösen Orientierungen führen, die Menschen nicht beliebig zur Disposition stellen, wenn sie die unaufhebbare Grenze zwischen einer bloß menschlichen und der göttlichen Wahrheit anerkennen.** Dieses Wissen verhindert nach Lessings Überzeugung auch den sektiererischen Umgang mit der Wahrheit: *„Ich hasse alle die Leute, welche Sekten stiften wollen, von Grund meines Herzens. Denn nicht der Irrtum, sondern der sektierische Irrtum, ja sogar die sektierische Wahrheit machen das Unglück der Menschen; oder würden es machen, wenn die Wahrheit eine Sekte stiften wollte."* (9, 606)

Die berühmte Ringparabel in Lessings *‚Nathan der Weise'* kann man – wie die Literatur zum Stück und zu Aufführungen zeigen – sehr verschieden interpretieren, etwa: Wie verwendet Lessing das literarische Motiv der Ringparabel in dem Drama im Unter-

---

[43] *„Nicht den Spekulationen: dem Unsinne, der Tyrannei, diesen Spekulationen zu steuern; Menschen, die ihre eigenen hatten, nicht ihre eigenen zu gönnen"*, sei der Vorwurf zu machen, daß sie Unheil stiften. Spekulationen über theologische Fragen seien vielmehr *„unstreitig die schicklichsten Übungen des menschlichen Verstandes überhaupt"* (8, 611).

[44] *„Diese Hypothese nun würde freilich das Ziel gewaltig verrücken, auf welches mein Ungenannter [gemeint ist Reimarus] im Anschlage gewesen. Aber was tuts? Jeder sage, was ihm Wahrheit dünkt, und die Wahrheit selbst sei Gott empfohlen."* (9, 775–776)
Hermann Samuel Reimarus (1694–1768), Vertreter des Deismus, schrieb u. a. ‚Abhandlung von den vornehmsten Wahrheiten der natürlichen Religion'. Lessing veröffentlichte einen Teil von dessen ‚Apologie oder Schutzschrift für die vernünftigen Verehrer Gottes' als ‚Fragmente eines Ungenannten' und übte scharfe Kritik an den damaligen Verteidigern des *„vernünftigen Christentums: Schade nur, daß man so eigentlich nicht weiß, weder wo ihm die Vernunft, noch wo ihm das Christentum sitzt"* (7, 671).

schied z. B. zu Boccaccios[45] Geschichte von den drei Ringen? Warum antwortet der reiche Nathan dem Saladin, der in Geldnot ist, mit einer Parabel, also indirekt und nicht direkt? Wie liest man die Parabel des Juden Nathan, wenn man seine grauenhafte Lebensgeschichte kennt: seine Frau und seine sieben Kinder wurden von Christen bei einem Pogrom von Christen verbrannt, und er hatte deshalb mit sich, der Welt und mit Gott drei Tage und Nächte gerungen?

> Ich beschränke mich im Anschluß an Lessings Selbstverständnis auf das religionsphilosophische Problem:
> – Kann der Mensch mit Argumenten seiner Vernunft entscheiden, welche von den drei monotheistischen Offenbarungsreligionen der Juden, Christen und Muslime die wahre ist?
> – Ist die menschliche Vernunft der Gerichtshof zur Entscheidung bei einem Konflikt der drei großen Religionen?

Saladin erwartet in dem Gespräch mit Nathan dies: Nathan soll ihm seinen jüdischen Glauben, den er durch „Zufall der Geburt" ererbt hat, mit Argumenten der Vernunft rechtfertigen. Er solle die Vernünftigkeit seiner Offenbarungsreligion dem Anhänger einer anderen Offenbarungsreligion so einsichtig machen, daß dieser sie aufgrund von rationalen Gründen zu der seinen machen kann. Dies meint Saladin, wenn er sagt: *„Ein Mann, wie du, bleibt da / Nicht stehen, wo der Zufall der Geburt / Ihn hingeworfen: oder wenn er bleibt, / Bleibt er aus Einsicht, Gründen, Wahl des Bessern. / Wohlan! so teile deine Einsicht mir / Dann mit, Laß mich die Gründe hören, denen / Ich selber nachzugrübeln, nicht die Zeit / Gehabt. Laß mich die Wahl, die diese Gründe / Bestimmt, – versteht sich, im Vertrauen – wissen, / Damit ich sie zu meiner mache."* (2, 401)

Nathan kann und will zumindest aus drei Gründen Saladins Frage nicht direkt beantworten:

---

[45] Giovanni Boccaccio (1313–1375); unter den hundert durch eine Rahmenerzählung verbundenen Novellen des ‚Decamerone' ist auch die Geschichte ‚Die drei Ringe'.

— **Die Wahrheit einer geschichtlichen Offenbarungsreligion ist für Nathan nicht, wie die Frage Saladins impliziert, eine Wahrheit im Sinne eines objektivierbaren Systems von Sätzen, über das man allein mit der Vernunft entscheiden kann, das allein den „Kopf" angeht.** Man kann nach Nathans Überzeugung nicht wie Saladin über die Wahrheit einer Offenbarungsreligion so verfügen wie ein Kaufmann über sein Geld: *„So bar, so blank, – als ob / Die Wahrheit Münze wäre! [...] / Wie Geld in Sack, so striche man in Kopf / Auch Wahrheit ein?"* (2, 402) Saladins Verhältnis zur Wahrheit ist nach der Überzeugung Nathans falsch, und die indirekte Mitteilung der Ringparabel hat auch die Funktion, Saladin dies zu zeigen. Die indirekte Mitteilung erreicht ihr Ziel; denn Saladin erkennt am Ende der Erzählung *„betroffen"* (2, 405) und erschüttert, daß seine Frage auch deshalb von Nathan nicht beantwortet wird und nicht beantwortet werden kann, weil Nathan sich hierzu auf den *„Richterstuhl"* (2, 408) Gottes setzen müßte. Den Streit der Religionen vor dem Richterstuhl der Vernunft entscheiden zu wollen, wäre für Nathan Hybris. Der Gerichtshof der Vernunft, vor dem die neuere Religionsphilosophie sich anheischig macht, den Streit der Offenbarungsreligionen in positiver oder negativer Weise entscheiden zu können, ist für Nathan nicht zuständig. **Der einzig zuständige Gerichtshof ist der *„Richterstuhl"* Gottes, auf dem Gott den Streit der Religionen nicht jetzt, sondern am Ende der Geschichte entscheiden wird.** Als Saladin die Vermessenheit seiner Frage erkennt, stürzt er Nathan zu Füßen und will demütig als *„Staub"* und *„Nichts"* (2, 408) wie Nathan die Entscheidung der Frage dem Richter am Ende der Geschichte überlassen.

— Ein zweiter Grund liegt für Nathan in dem gegenwärtigen Zustand der Offenbarungsreligionen. **Was die wahre Offenbarungsreligion ist, ist für Nathan gegenwärtig von der Vernunft deshalb nicht mehr erkennbar und vor allem nicht allgemein und verbindlich bestimmbar, weil die Offenbarungsreligionen in der Gesellschaft nur noch durch äußere Zeichen** – *„Bis auf die Kleidung; bis auf Speis' und Trank!"* (2, 405) – **voneinander unterscheidbar sind und weil sie nicht mehr durch den *„Beweis des Geistes und der Kraft"* ihre Wahrheit selbst allgemein bezeugen und offenbaren:** *„Ja, wenn noch / Uralte Münze, / Die nur der Stempel macht, die man aufs Brett / Nur zählen darf, das ist sie doch nun nicht!"* (2, 402) Wenn die wahre Religion nicht mehr an den in der Bibel angegebenen Früchten: der *„von Vorurteilen freien Lie-*

be" erkennbar ist, wenn keine Religion mehr die Wunderkraft besitzt, den Menschen *„vor Gott und Menschen angenehm"* zu machen, wenn im Gegenteil die Ringe nur zurück und nicht nach außen wirken, so daß ein jeder *„sich selber nur am meisten"* liebt, **wenn die Religionen selbst Grund des Streites unter den Menschen, ja unmenschlicher Handlungen geworden sind, dann könnte man in der Tat die Frage stellen, ob der echte Ring nicht vermutlich verlorengegangen sei und die Anhänger der geschichtlichen Religionen nicht *„betrogene Betrüger"* seien** (2, 407).

– Nathan kann und will noch aus einem dritten Grunde – und das ist für ihn der entscheidendste – Saladins Frage nicht direkt beantworten: *Das „Märchen" soll ihn „bloß entschuldigen, wenn ich die Ringe, / Mir nicht getrau' zu unterscheiden, die / Der Vater in der Absicht machen ließ, / Damit sie nicht zu unterscheiden wären".* (2, 405) **Nathan geht angesichts des Faktums der drei von Menschen in ihrem Wesen nicht unterscheidbaren Offenbarungsreligionen davon aus, daß dies von Gott so gewollt ist, daß Gott dies zumindest zugelassen hat. Die auf Geschichte verwiesene Vernunft maßt sich angesichts dieses Faktums jedenfalls keinen Urteilsspruch an.** Nathans Antwort zeigt eindeutig, daß er sich der Verwiesenheit der Vernunft auf die Geschichte und insofern der Grenze der Vernunft bewußt ist. Er geht davon aus, daß die Religionen in vieler Hinsicht und in vielem unterscheidbar sind – *„Bis auf die Kleidung; bis auf Speis' und Trank!"* – nur nicht in einem, *„nur von Seiten ihrer Gründe nicht, – / Denn gründen alle sich nicht auf Geschichte? / Geschrieben oder überliefert! – Und / Geschichte muß doch wohl allein auf Treu / Und Glauben angenommen werden?"* (2, 405) Für die Vernunft gibt es daher prinzipiell keinen anderen Weg zu dem Ursprung der Offenbarungsreligion als den durch die geschichtliche Überlieferung, die „allein auf Treu und Glauben angenommen" werden muß. Es gibt für Nathan im Ernst keinen Grund, diese Überlieferung als Ganzes bei sich und bei den anderen als Täuschung und als Lüge zu bezweifeln: *„Wie kann ich meinen Vätern weniger, / Als du den deinen glauben? Oder umgekehrt. – / Kann ich von dir verlangen, daß du deine / Vorfahren Lügen strafst, um meinen nicht / Zu widersprechen? Oder umgekehrt. / Das Nämliche gilt von den Christen."* (2, 406)

Für Nathan wäre es daher Vermessenheit, wenn die Vernunft durch Stiftung einer neuen Vernunftreligion den als Anfechtung und Ärgernis erfahrenen Streit der Offenbarungs-

religionen beseitigen wollte. Saladins Frage ist für Nathan nicht nur nicht entscheidbar; sie überhaupt beantworten zu wollen, wäre Vermessenheit.

Nathan gibt daher auch aus diesen drei in der Sache liegenden Gründen angesichts des Streits der Religionen keinen „*Spruch*", sondern nur einen „*Rat*", keine für alle Menschen verbindliche und verpflichtende Entscheidung vor dem Gerichtshof der Vernunft, sondern eine Maxime, nach der der Mensch in einer Gesellschaft, die durch den Streit der Religionen gekennzeichnet ist, leben und handeln kann: *„Mein Rat ist aber der: ihr nehmt / Die Sache völlig wie sie liegt. Hat von / Euch jeder seinen Ring von seinem Vater: / So glaube jeder sicher seinen Ring / Den echten."* (2, 407) Das heißt, **ein jeder hat im Glauben an seine durch die Überlieferung vermittelte Offenbarungsreligion die Spannung zwischen den Religionen und den Streit der Religionen zunächst einmal anzunehmen.** In seiner von den Vätern übernommenen Religion hat ein jeder die Möglichkeit, der echten Gottesbeziehung teilhaftig zu werden. Der Stein hat die *„geheime Kraft, vor Gott [!] / Und Menschen angenehm zu machen"* wenn man in *„dieser Zuversicht"* (2, 403) ihn trägt und wenn man der Kraft des Steins durch sein Handeln *„zu Hülf!"* (2, 408) kommt.

Wenn dem Menschen auch nicht das Ganze und das Ziel der Religionen bekannt ist, so ist ihm nach Lessing doch der Maßstab bekannt, nach dem der Richter am Ende der Geschichte das Handeln der Anhänger einer jeden Religion und aller anderen Menschen beurteilen wird. Zum konkreten Handeln braucht der Mensch keine Geschichtsphilosophie oder Geschichtstheologie, die die Totalität, den Weg und das Ende der Geschichte erkennt und begreift. **Der Maßstab für sein Handeln ist dem Menschen bekannt. Es ist die *„von Vorurteilen freie"* helfende Liebe, die sich auf den Nächsten richtet, es ist *„die christliche Liebe"*** (8, 22), von der Lessing sagt: Dies *„allein, das allein, wenn es geschieht [ist] genug, hinlänglich genug"* (8, 20). Wie der Mensch diese Liebe im Streit der Religionen in der modernen Gesellschaft konkret realisieren kann, wie er mit seinem Handeln der ihm in der Religion angebotenen Gnade Gottes zu Hilfe kommen kann, zeigt z. B. Nathans Handeln. An seinem Handeln Gott und dem Menschen gegenüber, nicht an dem Handeln des Patriarchen und der in der Gesellschaft etablierten Institution der Kirche, erkennt der Klosterbruder, wer in Wahrheit Christ ist.

Die in der Lessingforschung immer wieder erörterte und verschieden beantwortete Frage nach Lessings Urteil über den echten Ring, d. h. über die allein wahre Offenbarungsreligion, ist nach dieser Interpretation eine ‚Saladinfrage‘, auf die die ‚Ringparabel‘ keine Antwort geben kann und geben will.

Immanuel Kants (1724–1804) Deutung seiner Gegenwart lautet: „*Unser Zeitalter ist das eigentliche Zeitalter der Kritik*", der sich niemand, auch nicht die Religionen und Kirchen – gemeint sind vor allem die geschichtlich vorgegebenen christlichen – entziehen können und dürfen, wenn sie von nun an „*unverstellte Achtung*" beanspruchen wollen.[46] Die „*freie und öffentliche Prüfung*" hat für ihn **zwei zusammengehörende Ziele:**

– Das kritische und selbstkritische Durchschauen und Entlarven solcher religiösen Grundannahmen und Institutionen, bei denen sich für die Menschen vor sich selbst, vor ihren Mitmenschen und vor Gott der Verdacht bestätigt, sie seien nichts anderes als Mittel zur Unterdrückung, unbegründbare Annahmen und unaufrichtige Heucheleien;

– Die „*unverstellte Achtung*" und Verteidigung der religiösen Einsichten, die sich bei der Prüfung als glaubwürdig erwiesen haben.

Die religionsphilosophischen Ergebnisse von Kants kritischen Prüfungen kann man in vier Punkten zusammenfassen, die immer wieder diskutiert, kritisiert und weiterentwickelt wurden:

– Kant ist davon überzeugt, daß die **Unterscheidung zwischen biblischer Theologie und philosophischer Theologie und der öffentliche Streit zwischen ihnen** den Weg der Aufklärung zum Selbstdenken des Einzelnen in Religionsfragen und zum verantwortlichen Handeln weiterfüh-

---

[46] „*Unser Zeitalter ist das eigentliche Zeitalter der <u>Kritik</u>, der sich alles unterwerfen muß. <u>Religion</u> durch ihre <u>Heiligkeit</u>, und <u>Gesetzgebung</u> durch ihre <u>Majestät</u>, wollen sich gemeiniglich derselben entziehen. Aber alsdenn erregen sie gerechten Verdacht wider sich, und können auf unverstellte Achtung nicht Anspruch machen, die die Vernunft nur demjenigen bewilligt, was ihre freie und öffentliche Prüfung hat aushalten können.*" (Kritik der reinen Vernunft (1781), Vorrede zur ersten Auflage, a. a. O. (Anm. 17), 2, 13)

ren wird. Er kritisiert nicht wie die radikale Religionskritik den Monotheismus und die Religionen als Priesterbetrug, Aberglauben und erledigte Vergangenheit.

- Kant begründet, warum **die endliche Vernunft, wenn sie über den einen Gott spricht, den unendlichen Gott weder durch Gottesbeweise der alteuropäischen Metaphysik noch durch wissenschaftliche Erkenntnisse beweisen kann.** Er ist daher kein „Alleszermalmer der Metaphysik" (Heinrich Heine [1797–1856]), der jedes Sprechen über Gott und die letzten Dinge für unmöglich erklärt.

- Kant begründet, daß **der Mensch auf das Reich Gottes und auf den Beistand Gottes hoffen darf,** wenn er *„so viel, als in seinen Kräften ist",* getan hat, mit dem *„Grundsatz": „Es ist nicht wesentlich, und also nicht jedermann notwendig zu wissen, was Gott zu seiner Seligkeit tue, oder getan habe; aber wohl, was er <u>selbst zu tun habe,</u> um dieses Beistandes würdig zu werden."* (Die Religion innerhalb der Grenzen der bloßen Vernunft, a. a. O., 4, 704)

- Kant **entkoppelt die Möglichkeit eines Menschen, freier Bürger eines Staates zu sein, von der Zugehörigkeit zu einer bestimmten Religion oder Zivilreligion.** Er verlangt daher nicht wie Hobbes und Rousseau, daß jeder Bürger eines Staates die Religion oder Zivilreligion öffentlich anerkennen muß, die der Souverän für alle Bürger festlegt.

- Wie für Lessing und andere Zeitgenossen sind auch für Kant die bisher tradierten und üblichen Umgangsformen mit der Bibel und die Lehren und Institutionen der zeitgenössischen christlichen Kirchen nicht mehr selbstverständlich. Angesichts der durch die historisch-kritischen Wissenschaften geschaffenen Unsicherheiten **unterscheidet er wie viele seiner Zeitgenossen bei der Bibellektüre zwischen der göttlichen Offenbarung und der menschlichen** *„Denkungsart der damaligen Zeiten"* **und den** *„irrigen Meinungen"* (164–165) **der damaligen Zeiten.** Er und seine Zeitgenossen wissen gleichzeitig auch, daß sie ihre eigenen Vorstellungen von Vernunft und Sittlichkeit, Religion und Kirche nicht einfach den Aposteln und Evangelisten der Bibel unterstellen dürfen. **Daher arbeitet Kant mit der Unterscheidung von biblischer Theologie und philosophischer Theologie.**

Eine seiner Unterscheidungen lautet: *„Daß ein Gott sei, beweiset der biblische Theolog daraus, daß er in der Bibel geredet hat, worin dieser auch von seiner Natur (selbst bis dahin, wo die Vernunft mit der Schrift nicht Schritt halten kann, z. B. vom unerreichbaren Geheimnis seiner dreifachen Persönlichkeit) spricht. Daß aber Gott selbst durch die Bibel geredet hat, kann und darf, weil es eine Geschichtssache ist, der biblische Theolog, als ein solcher nicht beweisen; denn das gehört zur philosophischen Fakultät. Er wird es also als Glaubenssache auf ein gewisses (freilich nicht erweisliches oder erklärliches) <u>Gefühl</u> der Göttlichkeit derselben, selbst für den Gelehrten, gründen."* (162) Bei seinen Überlegungen zum Beitrag des ‚Streits der Fakultäten' (1798) für die Aufklärung in Religionssachen unterscheidet Kant in dieser Schrift auch *„verschiedene Glaubensarten"*, z. B. den Geschichtsglauben, Kirchenglauben und Vernunftglauben.

> Auch wenn Philosophen und Theologen heute mit der Unterscheidung Kants zwischen biblischer und philosophischer Theologie ebenso wie mit anderen historischen Unterscheidungen zwischen Philosophie und Theologie Schwierigkeiten haben, auch schon wenn sie mit anderen Begriffen von Geschichte, Kirche, Vernunft und Glauben arbeiten, so dürfte über eins Einigkeit bestehen: **Nach Kants Selbstverständnis sollte seine Religionskritik rettende Kritik sein.**

– **Kants Kritik der zeitgenössischen und allgemeiner: der vorkritischen alteuropäischen Metaphysik und der in ihr entwickelten Gottesvorstellungen und Gottesbeweise** setzt (1.) noch vor allen Aussagen über das, was jenseits der sinnlichen Wahrnehmungen und des durch Erfahrungen Erklärbaren ‚wirklich' ist, voraus seine grundsätzliche **Prüfung der Leistungsfähigkeit und Grenzen der endlichen menschlichen Erkenntnisfähigkeiten.** Das Ergebnis dieser Prüfung lautet vereinfacht: **Der endliche Mensch kann mit seinen spezifischen Erkenntnisfähigkeiten grundsätzlich nicht erkennen und beweisen, wie die letzte ‚Wirklichkeit' jenseits des sinnlich Wahrnehmbaren und des durch Erfahrungen Erklärbaren, zu der auch der unendliche Gott und das Göttliche gehören, an sich und für sich ist.** Diesen Bereich nennt Kant den Bereich des *„Ding an sich".* Was der

Mensch mit seinen endlichen Erkenntnisfähigkeiten überhaupt erkennen kann, ist das, was uns unseren Erkenntnisfähigkeiten gemäß zugänglich ist, erscheint. Diesen Bereich nennt er daher den Bereich der *„Erscheinungen"*.

Kants Kritik der Gottesvorstellungen und Gottesbeweise der bisherigen unkritischen Metaphysik geht jedoch nicht nur von einer sog. Erkenntnistheorie aus. Für Kants neue Vermessung der Grenzen der menschlichen Vernunft beim Sprechen über Gott war auch **das biblische Bilderverbot von entscheidender Bedeutung**: *„Vielleicht gibt es keine erhabenere Stelle im Gesetzbuche der Juden, als das Gebot: Du sollst dir kein Bildnis machen, noch irgendein Gleichnis, weder dessen, was im Himmel, noch auf der Erden, noch unter der Erden ist."*[47]

An der 1791 von Kant veröffentlichten kleinen Schrift ‚Über das Mißlingen aller philosophischen Versuche in der Theodizee' lassen sich die beiden zusammengehörenden Ziele seiner Religionsphilosophie verdeutlichen: Kant lehnt auf der einen Seite um der Glaubwürdigkeit Gottes und des Menschen willen radikal jedes Räsonieren und Spekulieren über Gott ab, bei dem die menschliche Vernunft sich *„anmaßt"*, jenseits ihrer Grenzen Gott wegen der Leiden, Übel und Katastrophen in der Welt vor dem *„Gerichtshof der Vernunft"* in einer von Leibniz zuerst so genannten Theodizee[48] verteidigen, rechtfertigen und entlasten zu können: *„Man nennt dieses, die Sache Gottes verfechten; ob es gleich im Grunde nichts mehr als die Sache unserer anmaßenden, hiebei aber ihre Schranken verkennenden, Vernunft sein möchte."* (158) Auf der anderen Seite zeigt Kant in dieser Schrift an der biblischen Gestalt des Hiob, wie der Mensch in seinem unschuldigen Leiden zu Gott sprechen soll: *„aufrichtig und nicht erheuchelt"* (159). Hiob kritisiert

---

[47] I. Kant, Kritik der Urteilskraft, a. a. O. (Anm. 17), 5, 365.
[48] Theodizee [Rechtfertigung Gottes] – ein von G. W. Leibniz (1646–1716) geschaffener Begriff.
Zu der gegenwärtigen Diskussion über die Leistungsfähigkeit und Grenzen solcher Rechtfertigungsversuche Gottes angesichts der grauenhaften Leiden in der Natur, in der Geschichte und im menschlichen Zusammenleben s. die Kapitel: Wie sprechen über Widerfahrnisse von Leiden, wenn man darüber nicht schweigen kann? Kant und die nicht erledigte Theodizeefrage. Wie sprechen über und zu Gott in einer Welt, als ob es Gott nicht gäbe? Jonas' Suche nach einer glaubwürdigen Gottesvorstellung nach Auschwitz in: Oelmüller 1994, 119–167.

zu Recht, wie ihm Gott in dem Hiobbuch bestätigt, seine theologisierenden Freunde, die ein Wissen über Gott und seine Strafen und Ziele sowie *„eine Überzeugung [...] heucheln, die sie in der Tat nicht hatten"* (160). Hiob wendet sich klagend und fragend ohne Selbst- und Fremdbetrug und ohne *„Trug für Gott"* an Gott, *„wo diese List ohne das ungereimt ist"* (162).

> Kants **Kritik der bisherigen Metaphysik** und ihrer Gottesvorstellungen und Gottesbeweise zeigt zunächst auf dem Weg der Negation, wie Menschen nicht über Gott sprechen können, und zeigt dann auf verschiedene Weise, wie endliche Menschen innerhalb der Grenzen ihrer Erkenntnismöglichkeiten aufrichtig über den unendlichen Gott sprechen können.

– **Kants Aussagen über das Christentum bei der Begründung des sittlichen Handelns sind für viele heute nicht mehr so selbstverständlich und einleuchtend wie zu Kants Zeiten.** Zu einer philosophischen Anthropologie[49], Ethik und Religionsphilosophie gehören daher heute für viele kritische Rückfragen an zu einfache Aufklärungsvorstellungen, auch an solche von Kant. Hierzu gehört **der immer wieder erhobene Vorwurf, Kant reduziere die Religion allein auf Moral**, genauer: auf eine individuell, ja individualistisch und subjektivistisch gedachte religionslose Privatmoral, die in einer säkularisierten modernen Gesellschaft weder zur Beschreibung noch zur Orientierung des Handelns ausreiche. **Bei einer Diskussion dieses Vorwurfs sollte man etwa folgende Aussagen Kants berücksichtigen**: Kants Begründung der Autonomie, der Freiheit und Selbstbestimmung des menschlichen Handelns zielt nicht auf die eigene Selbsterhaltung oder gar auf die *„sich in sich verhausende Subjektivität"* (Hegel) und die subjektive Beliebigkeit des Handelns. Sittliches Handeln hat die unbedingte Achtung und den Schutz der Würde des Menschen in der eigenen Person und *„in der Person eines jeden andern"* zur Absicht. Ein solches Verhalten gebietet *„unmittelbar"* der *„kategorische Imperativ"*. *„Der praktische Imperativ wird also folgender sein: <u>Handle so, daß du die Menschheit, sowohl in deiner Person, als in der Per-</u>*

---

[49] S. hierzu: Oelmüller, Dölle-Oelmüller 1996.

*son eines jeden andern, jederzeit zugleich als Zweck, niemals bloß als Mittel brauchest."*⁵⁰ *„Hiermit stimmt aber die Möglichkeit eines solchen Gebots, als: Liebe Gott über alles und deinen Nächsten als dich selbst,* ganz wohl zusammen. Denn es fordert doch, als Gebot, Achtung für ein Gesetz, das Liebe befiehlt und überläßt es nicht der beliebigen Wahl, sich diese zum Prinzip zu machen. (*Mit diesem Gesetze macht das Prinzip der eigenen Glückseligkeit, welches einige zum obersten Grundsatz der Sittlichkeit machen wollen, einen seltsamen Kontrast: Dieses würde so lauten: Liebe dich selbst über alles, Gott aber und deinen Nächsten um dein selbst willen.)"*⁵¹

Für Kants Begründung einer unbedingten sittlichen Forderung gehört jedenfalls das Christentum nicht zur erledigten Vergangenheit, und das Christentum ist für ihn auch keine im Namen der Freiheit abzulehnende Fremdbestimmung des Menschen, d. h. Heteronomie.

„Die Lehre des Christentums [...] gibt in diesem Stücke einen Begriff des höchsten Guts (des Reichs Gottes), der allein der strengsten Forderung der praktischen Vernunft ein Gnüge tut." (156) Für Kant *„hat die Vernunft wohl Gründe"* zu glauben, *„daß, wenn wir uns nicht selbst der Glückseligkeit unwürdig machen, welches durch Übertretung unserer Pflicht geschieht, wir auch hoffen können, ihrer teilhaftig zu werden."*⁵²

– **Kants religionskritische Auseinandersetzungen mit den bestehenden Religionen und Kirchen und ihren zeitgenössischen Kritikern und Verteidigern zielt auf die Unterscheidung von Staat und Religion.** In größerer Distanz zu den Erfahrungen der konfessionellen Bürgerkriege glaubt er anders als Hobbes (1.) daß **das Volk** *„unverlierbare Rechte gegen das Staatsoberhaupt habe, obgleich diese keine Zwangsrechte sein können"*⁵³, und (2.) daß man dem **einzelnen Bürger auch in Religionsfragen und in**

---

⁵⁰ I. Kant, Grundlegung zur Metaphysik der Sitten, a. a. O. (Anm. 17), 4, 61.
⁵¹ I. Kant, Kritik der praktischen Vernunft, a. a. O., 4, 205.
⁵² I. Kant, Metaphysik der Sitten, a. a. O. 4, 623.
⁵³ I. Kant, Über den Gemeinspruch: Das mag in der Theorie richtig sein, taugt aber nicht für die Praxis, a. a. O., 6, 160.

der **Religionspraxis mehr Freiheiten und Rechte** sowie den öffentlichen Gebrauch seiner Vernunft zutrauen darf. Bei all seiner Religions- und Vernunftkritik gewährt Kant der endlichen menschlichen Vernunft auch in Religionsfragen mehr Freiheiten als Hobbes.

> Die Entkoppelung der Bürgerrechtsfähigkeit von der Zugehörigkeit zu einer bestimmten Religion ist für Kant das erste Kennzeichen eines modernen Rechtsstaates.

Für Hobbes war die Sicherheit des Bürgers in seinem Staat nur dann garantiert, wenn dieser in der Öffentlichkeit die vom Souverän vorgeschriebene Religion anerkennt und respektiert. Auch Jean-Jacques Rousseau (1712–1778) verlangte vom Bürger seines Staates den Glauben an die vier Grundsätze der Zivilreligion. Der Staatsdiener und der für sein Vaterland kämpfende und sterbende Soldat waren für ihn z. B. dann nicht zuverlässig, wenn sie nicht bei ihrem Tun und Lassen ständig Gottes Belohnung und Bestrafung im Jenseits vor Augen haben. Kant dagegen entkoppelt die Bürgerrechtsfähigkeit in einem modernen Rechtsstaat von der Zugehörigkeit zu einer bestimmten Religion.[54]

Die Gegenwartsdiagnosen und Zukunftsprognosen der radikalen Religionskritik der bürgerlichen und sozialistischen Aufklärer zielten auf Atheismus oder auf eine nachreligiöse Endphase der Geschichte nach der Überwindung des religiösen Stadiums der Geschichte (Comte) und der ganzen bisherigen Vorgeschichte der Menschheit, zu der auch die Religion und die Religionskritik gehörten (Marx). **Die neuen religiösen Denkmodelle zielten darauf, durch Aufklärung, durch kritisches und selbst-**

---

[54] I. Kant, Beantwortung der Frage: Was ist Aufklärung?, a. a. O., 6, 59–60: *„Ein Fürst, der es seiner nicht unwürdig findet, zu sagen: daß er es für Pflicht halte, in Religionsdingen den Menschen nichts vorzuschreiben, sondern ihnen darin volle Freiheit zu lassen, der also selbst den hochmütigen Namen der Toleranz von sich ablehnt: ist selbst aufgeklärt, und verdient von der dankbaren Welt und Nachwelt als derjenige gepriesen zu werden, der zuerst das menschliche Geschlecht der Unmündigkeit, wenigstens von Seiten der Regierung entschlug, und jedem frei ließ, sich in allem, was Gewissensangelegenheit ist, seiner eigenen Vernunft zu bedienen.“* Zum Verhältnis von Staat und Kirche s.: Metaphysik der Sitten. Rechtslehre, a. a. O., 4, 447–448.

kritisches Denken und Handeln auch in Religionsfragen Lebensbedingungen zu schaffen, unter denen innerhalb und außerhalb der Religionen und Kirchen, im Staat und in der Gesellschaft ein gewaltloses und freies Zusammenleben verschiedener Menschen möglich ist. Die gegenwärtigen Herausforderungen am Ende des 20. Jahrhunderts, auch die neuen religionsphilosophischen, zeigen, daß unsere Gegenwart und Zukunft anders ist, als es die Menschen im 17. und 18. Jahrhundert erwarteten. **Wer heute im Namen der Aufklärung, der Vernunft oder der Wissenschaft für die Verwirklichung des Atheismus kämpft, wird kaum noch wie einst mit vielen fortschrittsgläubigen Lesern und Zuhörern rechnen können.** Die Wiederkehr von alten und neuen, harmlosen und gefährlichen Religionen, von Religionen mit Gott und Religionen ohne Gott, sowie von neuen Sekten, bei denen es oft im Namen der Religion und der Forderung von Religionsfreiheit allein um wirtschaftliche und politische Macht geht, all das widerlegt viele zu einfache Erwartungen der Kritiker und Verteidiger der Religionen am Beginn der Moderne. Nach Hegels Deutung seiner Gegenwart waren **die bisher entwickelten religionsphilosophischen Modelle Versuche einer *„unbefriedigten Aufklärung".***

> Trotzdem gilt auch für Antwortversuche auf die gegenwärtigen religionsphilosophischen Herausforderungen am Ende des 20. Jahrhunderts Kants Maxime, die er am Schluß seiner ‚Kritik der reinen Vernunft' formuliert: *„Der kritische Weg ist allein noch offen."* Der kritische Weg einer philosophischen Aufklärung heute muß sich jedoch nicht nur über die Irrwege der anderen, sondern auch über die eigenen Irrwege selbst aufklären sowie über ihre oft zu einfachen Grundannahmen über Religionen und Kirchen, über Gott und Welt, Natur und Geschichte sowie über die „Ungeheuerlichkeit" des Menschen (Sophokles), seine Größe und sein Elend.

I.4. Religionsphilosophische Herausforderungen am Ende des 20. Jahrhunderts

Am Ende des 20. Jahrhunderts wissen wir in Europa nach zwei totalitären Systemen und zwei Weltkriegen und durch die neuen weltweiten Konflikte von unseren neuen Herausforderungen. Durch Beobachtungen und Gespräche mit Menschen in unserer näheren Umgebung sowie durch Informationen der Wissenschaften und der technischen Medien erfahren wir täglich davon. Überlebens- und Lebensbedingungen der Menschen, Lebensformen und Institutionen sowie letzte religiöse und nichtreligiöse Orientierungen wandeln sich radikal oder zerbrechen. Verursacht wird dies auch durch die Modernisierungsprozesse in den Wissenschaften und Techniken, in der Wirtschaft und Politik sowie in den Informationsmedien, die im Guten und Schlimmen Traditionen und Selbstverständlichkeiten infrage stellen. Ursache hierfür sind auch diejenigen Modernisierungsprozesse, die auf die neuen Wandlungen und Zerstörungen reagieren.

In diesem Kapitel erörtere ich drei gegenwärtige religionsphilosophische Herausforderungen.

> Die neuen religionsphilosophischen Herausforderungen suchen Antworten auf drei Fragen:
> – Wie ist die Entstehung der neuen entgrenzten Mythen und ihre harmlose und gefährliche Verwendung auf allen Ebenen zu verstehen, und brauchen wir diese Mythen zur Orientierung für unser Denken und Handeln?
> – Wie ist das Verhältnis der alten und neuen Religionen, der Religionen mit Gott und der Religionen ohne Gott zu den in Europa real existierenden und gefährdeten Rechts- und Verfassungsstaaten?
> – Gibt es auf die Erfahrungen von Leiden und Katastrophen, von Tod und Untergang von Menschen und anderen Lebewesen überhaupt noch glaubwürdige religiöse Antworten?

I.4.1. Neue Mythen

Die Begriffe Mythen und neue Mythen werden heute sehr verschieden, ja gegensätzlich gebraucht. Die historisch arbeitenden Religions- und Sozialwissenschaften sprechen von Mythen einfacher schriftloser Gesellschaften, die mündlich überliefert werden. Die griechische und jüdische Aufklärung unterscheiden, wie wir gesehen haben, die Götter und übermenschlichen Mächte der überlieferten Mythen von dem einen und einzigen Gott lange vor der Ausbildung der modernen Aufklärung. Gegenwärtig sprechen wir auch vom Mythos der Aufklärung und vom Mythos der Moderne und des Fortschritts, wenn wir bürgerliche und sozialistische Illusionen kritisieren. Auch die Plädoyers gegen und für die neuen Mythen verwenden verschiedene Mythosbegriffe. Wenn **Luhmann** z. B. in seiner Arbeit ‚Brauchen wir einen neuen Mythos?'[55] zeigt, warum wir heute weder für unsere Orientierung über die Wirklichkeit noch für unser Verhalten neue Mythen brauchen, orientiert er seinen Mythosbegriff an dem, was Mythen in einfachen schriftlosen Gesellschaft leisteten, wenn sie die vertraute Lebenswelt von dem Bereich des Unvertrauten und Unheimlichen abgrenzten. Luhmanns Überlegungen führen zu der *„These einer unüberbrückbaren Distanz zwischen mythischer und moderner Welt"*[56]. **Marquards** *„Plädoyer für aufgeklärte Polymythie"*, für „Gewaltenteilung" bei den letzten Instanzen, unterstellt wie **Blumenberg**, daß der eine tyrannische monotheistische Gott der Juden, Christen und Muslime Freiheit und Toleranz verhindert: *„Gefährlich ist immer und mindestens der Monomythos; ungefährlich hingegen sind die Polymythen.*

---

[55] N. Luhmann, Brauchen wir einen neuen Mythos?, in: Höhn (Hrsg.) 1996, 238-153.
Niklas Luhmann (geb. 1927), Professor für Soziologie in Bielefeld, Vertreter der Systemtheorie. Luhmann konstatiert einen Prozeß funktionaler Differenzierung des Gesellschaftssystems, der zu einer Aufgliederung in Teilsysteme geführt hat, von denen keines mehr das Ganze sein kann. Auch Religion muß im Hinblick auf die moderne Gesellschaft als Teilsystem begriffen werden.
[56] N. Luhmann, a. a. O., 146. *„Der Wunsch nach einem ‚neuen Mythos' kommt wohl auch als Reaktion auf das Ungenügen dieser theologisch und kirchlich disziplinierten Religion zustande – im übrigen: nicht ohne Mitwirkung von Theologen. Ein zweites Motiv liegt im Ungenügen der Problemlösung, die durch die binär schematisierten Codes der Funktionssysteme angeboten wird."* (ebd. 142)

Man muß viele Mythen – viele Geschichten – haben dürfen, darauf kommt es an; wer – zusammen mit allen anderen Menschen – nur einen Mythos – nur eine einzige Geschichte – hat und haben darf, ist schlimm dran."[57]

Meine Kritik der neuen Mythenfreundlichkeit und der harmlosen und gefährlichen Arbeiten an alten und neuen Mythen beginnt mit einer Unterscheidung begrenzter und entgrenzter Mythen.

Begrenzte Mythen haben im Unterschied zu den Mythen, die in einfachen und nicht differenzierten Gesellschaften allein die Gesamtwirklichkeit erklärten, seit dem Beginn der europäischen Kultur bis heute in der von dem Logos und dem monotheistischen Gott aus gedachten Gesamtwirklichkeit für viele nur noch eine enge und kontrollierte Aufgabe und Funktion.

> Die Geschichte der europäischen Kultur kann man lesen als den weltgeschichtlich späten Versuch, in einem Teil der Welt die Macht der Mythen zu begrenzen, zu kontrollieren und für bestimmte Aufgaben im Leben und Zusammenleben der Menschen zu funktionalisieren.

Mythen sollten in der vom Logos bzw. in der von einem monotheistischen Gott gelenkten Gesamtwirklichkeit einen kontrollierten Teilbereich erhalten, und Philosophen, Theologen und Herrschende hatten dann die Aufgabe festzulegen, welche begrenzte Funktion Mythen und Mythendichter haben dürfen. Natürlich war und ist bei Menschen umstritten, was Logos und Gott, Philosophie und Theologie bedeuten. Entsprechend waren und sind auch die Versuche, die Mythen zu begrenzen und zu kontrollieren, sehr verschieden. Heraklit[58] schwankte noch, ob er die das Ganze bestimmende

---

[57] O. Marquard, Lob des Polytheismus, in: Höhn (Hrsg.) 1996, 154–173; hier: 158–159.
Odo Marquard (geb. 1928), Professor für Philosophie in Gießen; Hans Blumenberg (1920–1996), Professor für Philosophie, zuletzt in Münster.
[58] Heraklit aus Ephesos (ca. 544–483 v. Chr.); üblicherweise wird er als der Denker des Werdens und der steten Veränderung gesehen (*panta rhei* – alles ist im Fluß); Johann Christian Friedrich Hölderlin (1770–1843); Friedrich Nietzsche (1844–1900); Martin Heidegger (1889–1976).

Wirklichkeit *„Logos"* oder *„Zeus"* nennen sollte. Dort, wo wie z. B. für Hegel und Hölderlin, vor allem aber für Nietzsche und Heidegger, das Setzen auf den Logos und den einen Gott nicht mehr selbstverständlich ist, wird die Unsicherheit und Dunkelheit Heraklits für Dichter und Denker wieder ein viel diskutiertes Thema. Platon läßt im ‚Staat' *„die Gründer der Stadt" „die Richtlinien für die Götterlehre"* verfassen, die die unmoralischen und unvernünftigen Mythen verbieten, um eine vernünftige Politik und Erziehung der Bürger zu garantieren. In dem vernünftig geordneten Stadtstaat bestimmen die Philosophenkönige, was für die Bürger gut und für Gott wohlgefällig ist. Aristoteles (384/83–322/21 v. Chr.) will grundsätzlich nicht *„mythikos"*, in der Weise des Mythos sagen, was für Menschen gut ist. Mythische Geschichten behalten nach seiner Meinung für den Bürger eine Funktion in der Tragödie. Sich mit dem Göttlichen zu beschäftigen, ist für Aristoteles die Aufgabe der Theorie. Epikur (341–270 v. Chr.) verlegt zur Überwindung der Götterfurcht das Reich der Götter in die Intermundien [Zwischenwelten], wo die Götter unter sich bleiben und in das Leben der Menschen weder im Guten noch im Bösen eingreifen können. Für Hegel, für die Links- und Rechtshegelianer[59] war es ein beliebter Streitpunkt, welche Stelle Mythos und Religion neben Kunst und Philosophie in der hierarchisch geordneten Gesamtwirklichkeit einnehmen, ganz unten oder weiter oben.

Neue entgrenzte Mythen gehen heute im Unterschied zu begrenzten Mythen von **drei Gegenwartsdiagnosen und Zukunftsprognosen** aus:
– Die Geschichte des europäischen Logos und des monotheistischen Gottes ist, zusammen mit den von beiden legitimierten Vorstellungen der europäischen Moral und der besonderen Würde des Menschen, zu Ende.

---

[59] Hegels Schule spaltete sich bald nach dessen Tod 1831 in die sog. Hegelsche Linke und Rechte. Die Rechte hielt an Religion fest und betonte die Vernünftigkeit im bestehenden Staat und Rechtssystem; die Linke (vor allem: Arnold Ruge (1803–1990), Bruno Bauer (1809–1882), David Friedrich Strauß (1808–1874), Max Stirner (1806–1856), Ludwig Feuerbach (1804–1872), an die Karl Marx (1818–1883) anknüpfte, forderte die Aufhebung der Religion, ihre Überwindung, und die revolutionäre Veränderung der gesellschaftlich-staatlichen Wirklichkeit.

> – Auch die „*rosige Stimmung ihrer lachenden Erbin: der Aufklärung*" (Max Weber [1864–1920] verblaßt mit allen ihren Zukunftserwartungen.
> – Was nun bevorsteht, ist die Heraufkunft des „*verächtlichsten Menschen*", „*des letzten Menschen*" (Friedrich Nietzsche, Max Weber) am Ende der Geschichte und die Wiederkehr neuer Propheten und Mythen.

Die bekannten Thesen von Friedrich Nietzsche und Max Weber haben diese drei Voraussetzungen der neuen Mythen beschrieben, und sie werden immer wieder interpretiert und variiert. **Nietzsches** Thesen lauten: Wenn Gott tot ist, dann sind nicht nur die europäische Moral, sondern auch alle seit der Aufklärung entwickelten Vorstellungen vom Menschen als Subjekt mit einer spezifischen Würde und neuen Freiheiten und Rechten erledigte Vergangenheit.[60] Der Mensch ist dann nichts mehr als das in der biologischen Evolution „*noch nicht festgestellte Tier*" (Nietzsche). Der „*letzte Mensch*" ist das „*Verächtlichste*" in der Welt.[61] **Max Webers** Charakterisierung des letzten Menschen lautet ähnlich: „*Fachmenschen ohne Geist, Genußmenschen ohne Herz: dies Nichts bildet sich ein, eine nie vorher erreichte Stufe des Menschentums erstiegen zu haben.*"[62]

---

[60] F. Nietzsche, Werke in drei Bänden, hrsg. von K. Schlechta, München 1966: „*Moral ist heute in Europa Herdentier-Moral – [...] – ja mit Hilfe einer Religion, welche den sublimsten Herdentier-Begierden zu willen war und schmeichelte, ist es dahin gekommen, daß wir selbst in den politischen und gesellschaftlichen Einrichtungen einen immer sichtbareren Ausdruck dieser Moral finden: die demokratische Bewegung macht die Erbschaft der christlichen.*"
„*Die Gesamt-Entartung des Menschen, hinab bis zu dem, was heute den sozialistischen Tölpeln und Flachköpfen als ihr ‚Mensch der Zukunft' erscheint, – als ihr Ideal! – diese Entartung und Verkleinerung des Menschen zum vollkommnen Herdentiere (oder, wie sie sagen, zum Menschen der ‚freien Gesellschaft'), diese Vertierung des Menschen zum Zwergtiere der gleichen Rechte und Ansprüche ist möglich, es ist kein Zweifel! Wer diese Möglichkeit einmal bis zu Ende gedacht hat, kennt einen Ekel mehr als die übrigen Menschen – und vielleicht auch eine neue Aufgabe! ...*" (Jenseits von Gut und Böse § 202 und § 203, 2, 659–660, 662)
[61] F. Nietzsche, Also sprach Zarathustra, II. 5, a. a. O., 2, 283–284: „*Wehe! Es kommt die Zeit des verächtlichsten Menschen, der sich selber nicht mehr verachten kann. Seht! Ich zeige euch den letzten Menschen.*"
[62] M. Weber, Die protestantische Ethik und der Geist des Kapitalismus, in: Gesammelte Aufsätze zur Religionssoziologie I, Tübingen 1963, 203–204: „*Heute ist der Geist – ob endgültig, wer weiß es? – aus diesem Gehäuse*

Am Ende des 20. Jahrhunderts lauten viele Gegenwartsanalysen ähnlich, z. B.: *„Wir amüsieren uns zu Tode"* und *„Wir informieren uns zu Tode"* (Neil Postman).

In der Sprache der neuen und entgrenzten Mythen sowie beim Sprechen über diese Mythen in der Öffentlichkeit und in den Wissenschaften werden in der Regel die Grenzen zum Sprachgebrauch der gegenwärtigen Religionen und Künste[63] sowie zu dem seit Friedrich Nietzsche und Wilhelm Dilthey (1833–1911) emphatisch verwendeten Sinnbegriff unscharf und durchlässig. **Den entgrenzten und überforderten Sprachgebrauch der neuen Mythen,** der jenseits eines engen und strengen wissenschaftlichen Sprachgebrauchs mit Metaphern, Symbolen sowie mit mythischen Gestalten und Erzählungen arbeitet, **nennt man daher auch oft quasireligiös, quasiästhetisch. Auf jeden Fall werden hierbei die Begriffe Religion, Kunst und Ästhetik entgrenzt, und ihre Orientierungsfähigkeiten werden überfordert.** Die Unterschiede sind hierbei sehr groß: Nietzsche stilisiert z. B. seine Botschaften als solche des Zarathustra, des Übermenschen, des Dionysos gegen den Gekreuzigten. Kunstreligionen wollen sein Ergänzungen, Korrekturen, Verklärungen, Verzauberungen der wissenschaftlich-technisch veränderten und verwalteten Welt. Für **Nietzsche und seine Anhänger** soll nach ihren Diagnosen vom ‚Tod' Gottes und der *„Heraufkunft des europäischen Nihilismus"* Kunst sein die *„große Verführerin des Lebens", „das große Stimulans des Lebens"*, die dem Erkennenden, Handelnden und Leidenden *„Erlösung"* und *„Rechtfertigung des Daseins und der Welt"* bietet.[64] Nach **Arnold**

---

entwichen. [...] Auch die rosige Stimmung ihrer lachenden Erbin: der Aufklärung, scheint endgültig im Verbleichen und als ein Gespenst ehemals religiöser Glaubensinhalte geht der Gedanke der ‚Berufspflicht' in unserem Leben um. [...] Niemand weiß noch, wer künftig in jenem Gehäuse wohnen wird und ob am Ende dieser ungeheuren Entwicklung ganz neue Propheten oder eine mächtige Wiedergeburt alter Gedanken und Ideale stehen werden, <u>oder aber</u> – wenn keins von beiden – mechanisierte Versteinerung, mit einer Art von krampfhaftem Sich-wichtig-nehmen verbrämt. Dann allerdings könnte für die ‚letzten Menschen' dieser Kulturentwicklung das Wort zur Wahrheit werden. ‚Fachmenschen ohne Geist, Genußmenschen ohne Herz: dies Nichts bildet sich ein, eine nie vorher erreichte Stufe des Menschentums erstiegen zu haben.' – "

[63] S. hierzu das Kapitel: Wie sprechen über Kunst angesichts der gegenwärtigen Wahrnehmungs-, Reflexions- und Umgangsformen mit Kunst? (87–111), in: Oelmüller 1994.

[64] F. Nietzsche, Die Kunst in der ‚Geburt der Tragödie', a. a. O. (Anm. 60), 3, 692–693.

Gehlen (1904–1976) kann die Kunst in der *"voll durchgeführten Industriegesellschaft"* dem unter der Allgewalt der Institutionen leidenden Subjekt, die für die Einzelperson Sicherheit und *"lebenswichtige Entlastung"* bedeuten, Entlastung von diesen Entlastungen bieten: *"den Raum für eine Oase der subjektiven Freiheit oder auch der höheren Anarchie", für "künstliche Paradiese"*.[65]

Arbeiten an neuen Mythen haben sehr verschiedene Ziele, Darstellungsformen und Adressaten. Dafür drei Beispiele:

– **Hans Blumenberg** versteht seine Arbeit am Mythos[66] als Reaktion auf die Folgen der Entmythologisierung und Komplizierung des modernen Welt- und Selbstverständnisses des Menschen. Es ist *"alles voll von Theorien und daher Zeit fürs neue Einfache. [...] Höchste Zeit also für Dekomplexion auf ein Weltverhältnis, das jeder wieder in Totalität wahrnehmen, erleben und genießen kann, in Unmittelbarkeit"*[67]

> **Blumenberg begründet die neue Mythenfreundlichkeit so:** Angesichts der Allmacht und der Tyrannei des einen Gottes bzw. des einen Logos sowie der von beiden legitimierten Unfreiheit im Leben und Zusammenleben der Menschen könne in einer Wirklichkeit des Zwangs und Schreckens nur noch der Polytheismus der vielen Götter Freiräume und Oasen der Freiheit und des Glücks eröffnen.

Die Philosophie müsse bei den letzten Fragen der Menschen scheitern. *"Absolute Metaphern"* und der Mythos jedoch *"‚beantworten' jene vermeintlich naiven, prinzipiell unbeantwortbaren Fragen, deren Relevanz ganz einfach darin liegt, daß sie nicht eliminierbar sind, weil wir sie nicht stellen, sondern als im Daseinsgrund ge<u>stellte</u> vorfinden."*[68] Um diese letzten Fragen des Menschen beantworten zu können, müßte man *"das eigene Leben wie von einem Standpunkt jenseits seiner selbst her [...] betrachten"* können. Ver-

---

[65] Arnold Gehlen, Zeit-Bilder. Zur Soziologie und Ästhetik der modernen Malerei, Frankfurt a. M., Bonn ²1965, 222.
[66] H. Blumenberg, Arbeit am Mythos, Frankfurt a. M. 1979.
[67] H. Blumenberg, Lebenszeit und Weltzeit, Frankfurt a. M. 1986, 55–56.
[68] H. Blumenberg, Paradigmen zu einer Metaphorologie, Sonderdruck aus Archiv für Begriffsgeschichte Band 9, Bonn 1960, 19.

nunft, Philosophie, Dialog seien dazu nicht in der Lage. *„Nur der Mythos kann diese Außenpunkte gewähren. [...] Der Mythos löst die Aporie des Logos auf."*[69] Aber dachten und denken Menschen den einen Gott nur als Tyrannen? Welcher inhaltliche Mythos kann heute letzte Fragen beantworten? Welcher eröffnet Menschen Möglichkeiten von Freiheit und Glück? Die beiden in diesem Jahrhundert besonders wirksamen Mythen, der nationalsozialistische ‚Mythus des 20. Jahrhunderts'[70] und der sozialistische der klassenlosen Gesellschaft, taten dies nicht. **Mythenfreundlichkeit ist auch heute oft eine Arbeit an gefährlichen sozialen und politischen Mythen (z. B. Nationalismus, Rassismus). Sie sucht dann nicht nur eine Alternative zu dem einen Gott, sondern auch eine zu Vernunft, Freiheit, Demokratie.**

– Eine ganz andere Form der Arbeit an neuen entgrenzten Mythen ist in diesem Jahrhundert für viele faszinierend und zugleich erschreckend: **die politische Theologie des Staats- und Verfassungsrechtlers und politischen Philosophen Carl Schmitt** (1888–1985). Sie war und ist faszinierend für Konservative und Revolutionäre, für Rechte und Linke, für Theisten und Atheisten. Politische Theologien bei Schmitt und seinen Nachfolgern, die, wie die kritische Diskussion in den letzten Jahrzehnten gezeigt hat, bei ihrer Deutung der Gegenwart und Zukunft sowie bei ihrem Orientierungsversuch mit mythisch-religiösen Elementen arbeiten, ermächtigen in einer Situation zwischen Säkularisierung und Retheologisierung eine Religion, Weltanschauung oder Instanz (etwa den römischen Katholizismus) dazu, die Voraussetzungen des modernen Staates zu überwinden.

---

[69] H. Blumenberg, Höhlenausgänge, Frankfurt a. M. 1989, 112.

[70] Alfred Rosenberg (1893–1946), ‚Parteiphilosoph' der Nationalsozialisten, Hauptschriftleiter des ‚Völkischen Beobachters', später Reichsminister für die besetzten Ostgebiete, im Nürnberger Kriegsverbrecherprozeß zum Tod durch den Strang verurteilt und hingerichtet.
In seinem 1930 veröffentlichten Entwurf einer nationalsozialistischen Weltanschauung ‚Der Mythus des 20. Jahrhunderts' propagierte er drei Thesen: Die europäische Geschichte und Kultur ist von den germanischen Stämmen ausgegangen. Das Christentum, die römische „Priesterkaste", die Jesuiten, Freimaurer und „die Verschwörer des internationalen Judentums" haben den Niedergang der germanischen Kultur verursacht. Aus dem „Mythus des Blutes" wird sich das kommende Reich des rassereinen germanischen Imperiums errichten lassen.

Faszination und Irritation dieser politischen Theologie sind begründet in ihrer Mehrdeutigkeit zwischen Säkularisierung und Retheologisierung politischer und geschichtlicher Positionen und Begriffe sowie in ihrer Mehrdeutigkeit zwischen wissenschaftlichen und ästhetisch-mythischen Aussagen. **Zentrale Thesen von Carl Schmitt** – z. B.: *„Alle prägnanten Begriffe der modernen Staatslehre sind säkularisierte theologische Begriffe"*[71] – sind theologisch, philosophisch, rechtswissenschaftlich, historisch zumindest umstritten.

> Die zentralen Thesen von Carl Schmitts politischer Theologie gehen aus von dem Scheitern der Aufklärung, des europäischen Staats- und Völkerrechts sowie des Liberalismus und der parlamentarischen Demokratie. Alles kommt nach Carl Schmitt darauf an, durch eine politische Theologie zwischen Säkularisierung und Retheologisierung, zwischen Analyse und Apokalypse den weiteren Verfall der Geschichte bzw. der Evolution der modernen Kultur aufzuhalten.

Über diesen ‚Aufhalter', den „*Katechon*" der Bibel, schreibt er: *„Das ist das geheime Schlüsselwort meiner gesamten geistigen und publizistischen Existenz: das Ringen um die eigentlich katholische Verschärfung (gegen die Neutralisierer, die ästhetischen Schlaraffen, gegen Fruchtabtreiber, Leichenverbrenner und Pazifisten)."*[72]

Die kritischen Auseinandersetzungen mit Carl Schmitt und in ähnlicher Weise mit Martin Heidegger und Ernst Jünger (geb. 1895) in den letzten Jahren haben bei allen Unterschieden – kurz zusammengefaßt – dies gezeigt: Schmitt, Heidegger und Jünger

---

[71] C. Schmitt, Politische Theologie, Berlin ⁴1985, 49.

[72] C. Schmitt, Glossarium. Aufzeichnungen der Jahre 1947–1951, hrsg. von E. Freiherr von Medem, Berlin 1991, 165. Das Aufhalten des weiteren Verfallsprozesses geht von dem aus, was Schmitt sehr umstritten und sehr rhetorisch als (vorkonziliaren) „*römischen Katholizismus*" stilisiert: „*Für mich ist der katholische Glaube die Religion meiner Väter. Ich bin Katholik nicht nur dem Bekenntnis, sondern auch der geschichtlichen Herkunft, wenn ich so sagen darf, der Rasse nach."* (ebd. 131) S. hierzu: B. Wacker (Hrsg.), Die eigentlich katholische Verschärfung. Konfession, Theologie und Politik im Werk Carl Schmitts, München 1994.

sind keine direkten Vordenker und Vorläufer Hitlers. Unterschiede zwischen diesen drei zu Hitler sowie die zumindest zeitweilige kritische Distanz zu ihm sind nicht zu übersehen. Gemeinsam ist allen drei jedoch die Arbeit an und mit neuen entgrenzten gefährlichen Mythen zur allgemeinen Orientierung für die Gegenwart und Zukunft. Einige Voraussetzungen dafür sind bei ihnen gleich oder ähnlich. Nach dem unterstellten Ende der europäischen Moral und Kultur sowie nach dem unterstellten Ende der Aufklärung arbeiten alle an der Wiederkehr eines neuen Mythos. Gemeinsam ist allen ferner: die Kritik an den Modernisierungsprozessen, vor allem solchen der modernen Wissenschaft, Technik und Verwaltung und gleichzeitig die Faszination durch diese; die Kritik an der Gesellschaft, der sogenannten Massengesellschaft, und gleichzeitig ihre Suche nach einer Gemeinschaft mit neuen nationalen und kollektiven Wir-Gefühlen; ihre Suche nach dem neuen geistigen und politischen Führer und Propheten sowie nach den die Menschen leitenden und begeisternden neuen Mythen.

– Eine noch andere Form der Arbeit an neuen entgrenzten Mythen sind die gegenwärtigen **Arbeiten am Thema ‚Wiederkehr und Attraktivität des Bösen'** – gemeint ist der Böse und das Böse – auf allen Ebenen. Wiederkehr des Bösen ist inzwischen nicht nur ein Thema gelehrter philosophischer und theologischer Studien und der Literatur. Im Zeitalter des Fernsehens und der neuen technischen Multimedien erfahren wir die Wiederkehr des Bösen in zweifacher Hinsicht. Filme informieren uns auf der einen Seite täglich über grauenhafte alte und neue Formen der Gewalt gegen Andere und Fremde, über atavistische Schlächtereien und ethnische Säuberungen in unserer Welt. Unsere Reaktion darauf schwankt zwischen Rat- und Sprachlosigkeit, Solidaritätsaktionen sowie Solidaritätsbekundungen. Es bleibt jedoch nicht bei Informationen über die Wiederkehr des Bösen und bei den genannten Reaktionen. Filme über dieses Thema bieten auch Unterhaltung, sie stellen das Böse nicht nur dar, sondern erzeugen auch Faszination für ein attraktives Thema, ja Begeisterung für den Gewalttäter und Mörder. Der Film ‚Natural Born Killers' von Oliver Stone ist ein Beispiel hierfür. Stones verschiedene Interviews hierzu und die breiten Diskussionen über diesen Film zeigen dies. Der Böse wurde bisher vor allem in der alteuropäischen Theologie und Philosophie erörtert und in Geheimkulten und Satanskulten gefeiert. Im Zeitalter der Medien wird die Attraktivität des Bösen jedoch auch öffentlich vorgeführt.

> Arbeiten an neuen entgrenzten Mythen findet gegenwärtig in sehr verschiedenen, harmlosen und gefährlichen, Formen und auf sehr verschiedenen Ebenen statt. Aus der Perspektive einer philosophischen Aufklärung halte ich die neue Mythenfreundlichkeit zwischen Säkularisierung und Retheologisierung für eine Problemanzeige, nicht für eine überzeugende Problemlösung.

I.4.2. Religionen in modernen real existierenden Rechts- und Verfassungsstaaten

I.4.2.1. Alte und neue Religionen, Religionen mit Gott und Religionen ohne Gott

Bisherige Fortschrittsillusionen und -ideologien gingen aus vom Tod Gottes, vom Ende oder Absterben der Religion und vom Beginn der religionslosen und radikal säkularisierten Endphase der menschlichen Geschichte. Hiervon kann gegenwärtig keine Rede sein, weder innerhalb noch außerhalb Europas. Die Spannungen und Konflikte zwischen den alten und neuen Religionen, zwischen den Religionen mit Gott und den Religionen ohne Gott untereinander und mit den real bestehenden Rechts- und Verfassungsstaaten sind unübersehbar. Unübersehbar sind auch die kritischen und selbstkritischen Fragen von Menschen und Gruppen nach neuen überzeugenden religiösen und nichtreligiösen Orientierungen. Man kann hierbei nicht einfach von Wiederkehr von Religion sprechen. Allein bei den gegenwärtigen Katholiken und Protestanten z. B. sind drei Gruppen unterscheidbar: die einen sind enttäuscht, weil sie vom Zweiten Vatikanischen Konzil (1962–1965) Reformen innerhalb und zwischen den Kirchen und Religionen erwartet hatten, die bislang nicht realisiert sind, andere wollten und wollen nichts geändert haben, noch andere suchten und suchen nur Anpassungen an modern sein wollende Trends. Auch bisherige Vorstellungen und Unterscheidungen zwischen Religionen und Sekten sind schon zur Beschreibung der gegenwärtigen Vielheit von Wandlungen und Bewegungen wenig hilfreich. Sind etwa Scientology, Moon, Sonnentempler oder andere neue Bewegungen und Organisationen Religionen oder Sekten? Jedenfalls sind sie keine Jugendsekten, wie man noch vor einigen Jahren sagte. Sie sind auch keine Sekten in dem Sinn einer häretischen Gruppe, wie die katholische Kirche bis vor kurzem noch die Protestanten bezeichnete. Verwenden diese und andere neue Bewegungen und Organisationen die Begriffe Religion, Kirche und die damit verknüpfte Forderung von Religionsfreiheit nicht nur zur Täuschung ihrer Anhänger und der Öffentlichkeitsarbeit und zur leichteren Durchsetzung ihrer wirtschaftlichen und politischen Ziele? Was ist aus religionsphilosophischer Perspektive den fundamentalistischen Anhängern der Weltreligionen, die ihre Ziele mit Gewalt durchsetzen, und den traditionellen Anhängern noch gemeinsam? Was verbindet die monotheistischen Vorstellungen und Wirklichkeitsannahmen der gegenwärtigen Juden, Christen und Muslime noch mit denen der ‚atheistischen' neueren Buddhisten, wenn wir sie alle Religionen nennen?

Bei der gegenwärtigen Verwendung des Religionsbegriffs kann man allein in Deutschland vier Bedeutungen unterscheiden:

– Die **alten und neuen Religionen** kann man (1.) kurz so kennzeichnen: **Gott: nein – Religionen ohne Gott: ja.** Statt des Himmels und der Hölle im Jenseits oder nach dem Ende der Geschichte suchen Menschen heute jenseits des Alltags und der Rationalität im Diesseits das Reich des Geheimnisvollen, des Irrationalen. Esoterik sucht mystische Synthesen von Westlichem und Östlichem, sucht nach Capra im ‚New Age' *„transpersonale Erfahrungen"*, in denen *„das Individuum sich mit dem Kosmos als Ganzem verbunden fühlt"*[73] Der eine monotheistische Gott der Juden, Christen, Muslime wird heute kaum noch von ‚A-Theisten' aus wissenschaftlichen, logischen oder moralischen Gründen bekämpft, abgelehnt, für unglaubwürdig gehalten oder für tot erklärt. Gott ist einfach abhanden gekommen, ohne daß Menschen dies bemerkt hätten und ohne schlimme Folgen. Das gilt – nicht nur in der westlichen Welt – auch für viele, die ihrer Herkunft nach Juden, Christen und Muslime sind. Für mehr als die Hälfte dieser Menschen gehört Gott, wie Umfragen und Untersuchungen zeigen, zur erledigten Vergangenheit.

---

[73] F. Capra, Wendezeit. Bausteine für ein neues Weltbild, Bern, München, Wien 1983, 416.

– Kennzeichnend für viele Religionen ohne Gott und für ihre Beschreibung in den Wissenschaften und in der Öffentlichkeit ist (2.) die **Funktionalisierung der Religionen und religiösen Systeme sowie ihre Austauschbarkeit, ihre funktionale Äquivalenz.** Religiöse Systeme schaffen und unterstellen Homogenität durch Symbole, Vorstellungen, Praktiken, die kollektive Gefühle und Wünsche ausdrücken und befriedigen. Seit dem Ende des 19. Jahrhunderts (Nietzsche, Dilthey) nennt man eine solche Homogenität auch in emphatischer Bedeutung Sinn: Sinn der Welt, Sinn des Lebens, Sinn der Geschichte. Heute meint das Modewort Identität Ähnliches.[74]

– Neben harmlosen Religionen und ihren funktionalen Äquivalenten oder Kompensaten gibt es heute (3.) auch solche **Religionen und Weltanschauungen, die das Zusammenleben, auch das der Menschen im Rechts- und Verfassungsstaat, mit Gewalt und ‚heiligen Kriegen' bedrohen.** Das Ziel solcher Religionen und Systeme ist die mehr oder weniger radikale Beseitigung der anderen Religionen und Weltanschauungen und die Abschaffung des modernen Rechts- und Verfassungsstaates, der die Trennung von Religion und Staat voraussetzt und die Religions- und Gewissensfreiheit in der Verfassung festgeschrieben hat. **Scientology** z. B., deren Status als Kirche die Gerichte inzwischen bestritten haben, gewinnt in West und Ost wirtschaftlich und politisch an Einfluß und Macht mit dem Versprechen einer wissenschaftlichen Weltanschauung, einer Selbsterlösungstechnik von allem Bösen, einer neuen Rechts- und politischen Ordnung. Ziel von Scientology ist der von allem Bösen durch kostspielige Kurse befreite Mensch, der ‚clear' ist und reines Geistwesen, Operating Thetan, wird, in einem Staat, in dem Bürgerrecht nur die haben sollen, die clear sind.[75] Andere religiöse

---

[74] In Rußland hat gegenwärtig bei den postkommunistischen philosophisch-theologischen und politisch-ideologischen Auseinandersetzungen und Diskussionen um die neue „Geistigkeit" und „Idee" Rußlands der Begriff Sobornost [Zusammengenommenheit, Versammeltheit, Konziliarität] eine große Bedeutung bei der Suche nach einer neuen Orientierung auf verschiedenen Ebenen; s. hierzu: W. Goerdt, Artikel ‚Sobornost' in: Historisches Wörterbuch der Philosophie, 9, 993–1000.

[75] L. R. Hubbard, Dianetik. Die moderne Wissenschaft der geistigen Gesundheit, 1990, 487. Zur Kritik von Scientology s. R. Dölle-Oelmüller, Scientology – eine moderne Wissenschaft vom Menschen? Eine philosophische Stellungnahme, in: H. M. Baumgartner (Hrsg.), Verführung statt Erleuchtung. Sekten – Scientology – Esoterik, Düsseldorf ²1994, 127–163. Zu den neuen religiö-

Bewegungen, die das Zusammenleben in Rechts- und Verfassungsstaaten infrage stellen, benennt man mit dem sehr erläuterungsbedürftigen Begriff **religiöser Fundamentalismus**. Fundamentalismus im Judentum, Christentum, Islam, Hinduismus und in anderen Religionen nennen Experten und öffentliche Medien regional und konfessionell sehr verschiedene Bewegungen, die zwischen Bewahrung vormoderner religiöser Lehren und Lebensformen und neuen Formen des Totalitarismus schwanken. Der Monotheismus der Juden, Christen und Muslime kann, wie die Geschichte und Gegenwart zeigt, beides sein: ein Versuch, über den einen Gott zu sprechen im Unterschied zu den vielen von Menschen geschaffenen religiösen Bildern, Metaphern, Geschichten oder eine Legitimierung von Unterdrückung, Gewalt und ‚heiligem Krieg'. Hierbei geht es bei den fundamentalistischen religiösen Bewegungen vor allem um Herrschaft und Macht. Fundamentalistisch nennt man heute auch nichtreligiöse Bewegungen, z. B. bestimmte ökologische und feministische. Zweierlei ist all diesen Fundamentalismen gemeinsam: der Anspruch, die absolute und universale, d. h. für alle verbindliche Wahrheit zu besitzen, *und* gleichzeitig der Versuch, diese Wahrheit auf allen Ebenen und mit allen Mitteln, auch mit ‚heiligen Kriegen', durchzusetzen. Der Ausgangspunkt militanter Fundamentalisten ist, darin sind sich fast alle Experten einig, nicht die Rückbesinnung auf ‚heilige Texte', sondern der ‚heilige Krieg' gegen die Kolonialisierung der Lebenswelt und Lebensformen durch westliche Modernisierungsprozesse, der ‚heilige Krieg', auch der mit modernen Techniken, Medien und Waffen, gegen die angeblich nur westlichen Ideen der Menschenrechte und Demokratie. Der islamische Fundamentalist Hassam al-Turabi begründet die Gottesherrschaft der islamischen Republik und die alleinige Geltung der Scharia als Rechtsordnung sowie den Kampf gegen innere und äußere Feinde mit allen Mitteln so: Die *„Demokratie ist ein westliches, kein islamisches System"*. Menschenrechte sind *„ein fremder Import für die Muslime, der die uneingeschränkte Permissivität zuläßt"*.[76]

---

sen Bewegungen s.: H. Gasper, J. Müller, F. Valentin (Hrsg.), Lexikon der Sekten, Sondergruppen und Weltanschauungen, Freiburg,Basel, Wien 1990.

[76] Zitiert nach: B. Tibi, Menschenrechte brauchen wir nicht. In Sudan führen militante Fundamentalisten Krieg gegen die nichtislamische Bevölkerung, in: Frankfurter Allgemeine Zeitung vom 22. August 1992, Nr. 195.

– Neben den Anhängern der neuen harmlosen oder gefährlichen Religionsbewegungen arbeiten (4.) heute, auch in Deutschland und Europa, Menschen daran, wie sie trotz aller grauenhaften Leiden **in einer Welt, als ob es Gott nicht gäbe, in einer glaubwürdigen Weise über und zu Gott sprechen** können.[77] Sie wissen von den Zerstörungen der natürlichen Lebensbedingungen, von Mafia, Drogen und den Grenzen der bisherigen sozialen und politischen Institutionen und Systeme. Sie steigen deshalb jedoch nicht aus der Moderne aus in die Prä- oder Postmoderne, sondern versuchen, unter den Bedingungen des real existierenden Rechts- und Verfassungsstaates das zu tun, was Menschen tun können. Sie zeigen, daß Menschen auch heute von ihren letzten religiösen und nichtreligiösen Voraussetzungen aus mit Urteilskraft, Augenmaß und Zivilcourage die Lebensbedingungen der Anderen, der Nächsten und Fremden, lindern und verbessern können.

Im Zusammenleben von Menschen mit verschiedenen letzten religiösen Grundannahmen entwickeln sich bei der Auseinandersetzung mit gegenwärtigen Herausforderungen nicht nur Konflikte gegeneinander, sondern auch neue Gemeinsamkeiten. Wege zur Einheit der traditionellen Weltreligionen und der neuen Religionen sollte man sich jedoch nicht von vornherein durch zu einfache Konstrukte eines gemeinsamen Weltethos verbauen.

I.4.2.2. Die Zivilreligion, die andere ausschließt

Kann heute angesichts der Vielheit von Religionen und der Vielheit von religiösen und nichtreligiösen Menschen, die in einem Staat zusammenleben – zusammenleben müssen, die religiöse Einheit dieser Menschen in einem Staat durch **Zivilreligion** ausgedrückt und gesichert werden? Gegen diese von Politikern, Schulbehörden, Philosophen, Theologen und Wissenschaftlern vertretene Meinung, ohne eine von allen Menschen in einem Staat gemeinsam anerkannte und verteidigte Religion oder Zivilreligion zerbreche jede staatliche, rechtliche und moralische Ordnung und sei alles erlaubt, stelle ich einige Überlegungen zur Diskussion.

---

[77] S. hierzu Kap. 7: Wie sprechen über Widerfahrnisse von Leiden, wenn man darüber nicht schweigen kann? und Kap. 8: Wie sprechen über und zu Gott in einer Welt, als ob es Gott nicht gäbe? in: Oelmüller 1994, 119–167.

> **Zivilreligion ist keine Privatreligion** in dem Sinne, daß sie ausdrückt, was der Einzelne in seinem Kopf und in seinen eigenen vier Wänden in Religionsfragen denken und tun kann und darf.
> **Zivilreligion ist auch keine öffentliche Religion im Sinne der traditionellen Kirchen,** Synagogen, Moscheen oder der neuen eingetragenen religiösen Organisationen.
> **Zivilreligion soll in einem Staat die öffentlichen Religionsbestände und gemeinsamen Kulturvoraussetzungen umfassen**; sie soll die Gleichheit der faktisch bestehenden Religionen und die Übereinstimmung religiöser Überzeugungen durch Symbole zum Ausdruck und auf den Begriff bringen.

Eine **heute überzeugende Zivilreligion** in einem modernen Rechts- und Verfassungsstaat **unterscheidet sich** auf zweifache Weise **von früheren Vorstellungen** von Zivilreligion:

1. Die Übereinstimmung religiöser Überzeugungen, die religiöse Gleichheit aller **kann und darf** – im Gegensatz zu **Thomas Hobbes (1588–1679)**[78], **Jean-Jacques Rousseau (1712–1778)**[79] und anderen – **nicht vom Souverän mit Berufung** auf die *eine* Religion, die *eine* Weltanschauung, die *eine* Ideologie **für alle festgelegt, festgeschrieben und mit Zwangsmitteln des Staates durchgesetzt werden.**

---

[78] Th. Hobbes, Leviathan, hrsg. von I. Fetscher, Neuwied, Berlin 1966, 279–280: *„Da ein Staat nur eine Person darstellt, darf er auch Gott nur auf eine Art verehren. Dies geschieht dann, wenn er befiehlt, daß sie von Privatpersonen öffentlich auszuüben ist. Und dies ist öffentlicher Gottesdienst, dessen Eigenart seine Einheitlichkeit ist. [...] Und da ein Staat nur den Willen besitzt und nur die Gesetze erläßt, die auf Grund des Willens dessen oder derer erlassen werden, die die souveräne Gewalt innehaben, so folgt daraus, daß diejenigen Eigenschaften, die der Souverän zu Ehrenzeichen für den Gottesdienst bestimmt, als solche von den Privatpersonen im öffentlichen Gottesdienst übernommen und angewandt werden müssen."*

[79] J.-J. Rousseau, Der Gesellschaftsvertrag, hrsg. von H. Weinstock, Stuttgart 1968, 193: *„Es gibt demnach ein rein bürgerliches Glaubensbekenntnis, und die Festsetzung seiner Artikel ist lediglich Sache des Staatsoberhauptes. Es handelt sich hierbei also nicht eigentlich um Religionslehren, sondern um allgemeine Ansichten, ohne deren Befolgung man weder ein guter Bürger noch ein treuer Untertan sein kann."*

2. Eine heute glaubwürdige Zivilreligion **kann und darf nicht mit Symbolen und religiösen Begriffen und Vorstellungen aus einer einzigen Kultur oder Tradition** (z. B. aus der christlichen) **arbeiten**. Auch religiöse Symbole können Menschen verletzen und ausschließen. Ein Kreuz im Schulraum eines Philosophiekurses im Ruhrgebiet, in dem mehr als die Hälfte der Schülerinnen und Schüler Muslime sind, kann verletzen. Der 1993 geführte Streit über das von Reinhart Koselleck[80] geforderte Bilderverbot für die nationale Totengedenkstätte der Bundesrepublik in Berlin zeigte, daß die an die christliche Pieta erinnernde Skulptur von Käthe Kollwitz nicht für alle Juden, Muslime und religionslosen Menschen als Symbol ihrer nationalen Totengedenkstätte anerkannt wird.[81] Wenn eine Zivilreligion nicht die religiöse Gleichheit aller faktisch sehr verschiedenen religiösen Überzeugungen aller Bürger ausdrücken und auf den Begriff bringen kann, ist sie dann nicht bloß ein kontrafaktisch unsterstelltes Konstrukt? Wenn nach einer kirchlichen Dokumentation[82] 80 % der Jugendlichen in Ostdeutschland und 10 % in

---

[80] (geb. 1923) Professor für Geschichte und Theorie der Geschichte.
[81] H. Lübbe (Liberale Theologie in der Evolution der modernen Kultur, in: F. W. Graf (Hrsg.), Liberale Theologie. Eine Ortsbestimmung, Troeltsch-Studien Bd. 7, Gütersloh 1993, 16–31, hier: 30–31) will von seinem Verständnis der liberalen Theologie sowie der christlichen Herkunft und den christlichen Voraussetzungen unserer Kultur aus *„den derzeit allzu elargierten [ausgedehnten, weiten] Gebrauch"* des Wortes Zivilreligion heute so verstanden wissen: *Zivilreligion „nennen wir manifest religiöse Gehalte im Kontext öffentlicher Kultur jenseits der Grenzen kirchlich-institutioneller Verfaßtheit, staatskirchenrechtlicher Ordnung und theologischer Disziplin. Die Anrufung des Namens Gottes in zahlreichen europäischen Verfassungen, die gesetzliche Regelform der Eidesleistung promissorisch [versprechend] oder assertorisch [behauptend], Verpflichtung der Lehrer öffentlicher Schulen, die Kinder zur Ehrfurcht vor Gott zu erziehen – das sind zivilreligiöse Bestände, sogar Rechtsbestände der definierten Art."* Dies ist ein Bestand, der *„mit dem residualen Laizismus in der Religions- und Kirchenpolitik liberaler Parteien konveniert."* *„Immerhin ist unsere Kultur in umfassender Weise durch christliche Herkunft geprägt."* Liberale Theologie erfüllt *„die Funktion, Voraussetzungen moderner Kultur gegenwärtig zu halten, ohne die diese Kultur nicht zukunftsfähig wäre und die zugleich einer rechtlichen und politischen Garantie im liberalen Ordnungsrahmen dieser Kultur gar nicht fähig sind."* Hermann Lübbe (geb. 1926) ist Professor für Philosophie und politische Theorie.
[82] Frankfurter Allgemeine Zeitung vom 7. September 1994, S. 14.

Westdeutschland erklären, sie gehörten keiner Konfession oder Kirche an, so kann man doch nicht alle einfach als Christen betrachten und behandeln.

Das Hauptproblem aller Zivilreligionen zeigt sich auch an dem, was der alltägliche und öffentliche Sprachgebrauch heute Zivilreligion nennt: z. B. Wir-Gefühle beim Familientreffen zu Weihnachten, die gemeinsamen Gottesdienste der nationalen Totengedenk- und Siegesfeier der Engländer nach dem Falklandkrieg, die nationale Totengedenk- und Siegesfeier der Amerikaner nach dem Golfkrieg, der ‚Feldgottesdienst' des Großen Zapfenstreichs der Bundeswehr am Brandenburger Tor am 8. September 1994 zur Verabschiedung der alliierten Truppen.

> **Das Hauptproblem der Zivilreligion** in einem Staat sind heute die Spannungen und Konflikte der verschiedenen Religionen zueinander und zu den religiösen und nichtreligiösen Menschen in diesem Staat: Die vereinnahmenden kollektiven religiösen Wir-Gefühle zivilreligiöser Feiern und Symbole sind **kein Ausdruck einer religiösen Gleichheit, sie schließen vielmehr den Anderen, den Fremden, den Feind, aus**.

I.4.2.3. Religiöse und nichtreligiöse Menschen in real existierenden Rechts- und Verfassungsstaaten

Was Winston Churchill (1874–1965) über die moderne Demokratie sagte, gilt auch für den modernen Rechts- und Verfassungsstaat: Er ist die beste von den insgesamt schlechten Staatsformen. Die heute real existierenden Rechts- und Verfassungsstaaten sind im Vergleich mit den in der Geschichte und Gegenwart existierenden politischen Organisationen und Staaten auf der Erde die große Ausnahme. Sie versagten vor den totalitären faschistischen und stalinistischen Systemen dieses Jahrhunderts. Sie sichern und schützen gegenwärtig selbst in Europa das Überleben und Leben der Menschen oft mehr schlecht als recht. Herkömmliche europäische Verfassungen erfassen heute auch in Europa nicht mehr alle realen Lebens- und Überlebensprobleme der Menschen, und die Kluft zwischen Rechtsanspruch und Lebenswirklichkeit wird größer.

> In den real existierenden Rechts- und Verfassungsstaaten sehe ich heute bei den Bürgern und anderen Bewohnern dieser Staaten keine faktische oder kontrafaktisch unterstellte Homogenität und Gleichheit, die im letzten religiös oder nichtreligiös begründet ist, sondern eine unaufhebbare Spannung zwischen den in den Verfassungen kodifizierten Menschen- und Grundrechten auf der einen Seite und den letzten religiösen oder nichtreligiösen Voraussetzungen dieser Bürger und Menschen auf der andern Seite.

Unter letzten religiösen oder nichtreligiösen Voraussetzungen verstehe ich die letzten Gründe und Überzeugungen (z. B. über Gott, Natur, Nirwana) ohne eine für alle verbindliche Letztbegründung, die für ihr Leben, Handeln und Hoffen verbindlich sind und die sie nicht beliebig zur Disposition stellen. Zweifelsfreies absolutes und universales, d. h. für alle verbindliches Wissen über die allein seligmachende Wahrheit gibt es für endliche Menschen nicht. Dies zeigt die Geschichte der Widerlegung und der Wiederkehr von Skepsis in der Geschichte der Philosophie.

Wie Menschen, die sich selbst als religiös oder nichtreligiös verstehen, in modernen Rechts- und Verfassungsstaaten zusammenleben können, zeige ich an **zwei Voraussetzungen zur Bewahrung und Sicherung dieser Staaten**, die auch in diesen Staaten heute nicht von allen Menschen anerkannt, verteidigt und durchgesetzt werden.

– Menschenrechte und Grundrechte. – **Menschenrechte sind Rechte, die allen Menschen als Menschen zugeschrieben werden, unabhängig von ihrer Zugehörigkeit oder Nichtzugehörigkeit zu einer Religion, unabhängig davon, ob sie Mann oder Frau sind, reich oder arm, gesund oder behindert.** Zu solchen unveräußerlichen Menschenrechten gehören nach den verschiedenen Menschenrechtsdeklarationen etwa Unversehrtheit des Lebens, Streben nach Glück, Eigentum, bestimmte Freiheitsrechte, z. B. Religions- und Gewissensfreiheit. **Grundrechte sind solche Rechte, die in den Verfassungen moderner Staaten zur Konkretisierung von Menschenrechten für alle Bürger dieser Staaten kodifiziert sind und die mit staatlichen Mitteln durchgesetzt werden können.** Die Menschen zugeschriebenen und kodifizierten Menschen-

und Grundrechte gelten nicht, weil sie „Brüder" der „Gesetze im Hades" (Platon) sind oder weil sie dem Willen der Götter bzw. dem Willen Jahwes, Gottes oder Allahs gemäß sind. Religiöse Gruppen und ‚Stellvertreter Gottes auf Erden' können für religiöse Mehrheiten oder Minderheiten auch in modernen Staaten, z. B. durch Auslegungs- und Applikationsverfahren kanonisierter heiliger Texte und göttlicher Offenbarungen, festschreiben und festlegen, was jetzt der Wille Gottes ist. Moderne Staaten können für ihre Bürger Gesetze jedoch so nicht begründen. Sie können vor allem nicht mit Mitteln des Staates für alle ihre Bürger durchsetzen, was religiöse Mehrheiten oder Minderheiten für sich als das verstehen, was dem Willen Gottes gemäß ist.

Menschenrechte und Grundrechte werden in der Geschichte und Gegenwart ebenso wie andere letzte sittliche, rechtliche und religiöse Normen mißachtet, ja mißbraucht zur Verschleierung von Unrechtstaten. Das kann den nicht überraschen, der sich über die Größe und das Elend des Menschen keine Illusionen macht. **Auch heute arbeiten jedoch Menschen an den Menschen- und Grundrechten auf drei Ebenen: an der Durchsetzung, an der Kodifizierung und an der letzten Begründung von Menschen- und Grundrechten.** Menschen- und Grundrechte sind heute weder überall noch überzeugend durchgesetzt. Es gibt auch keine von allen Staaten der Erde anerkannte gemeinsame Menschenrechtsdeklarationen oder gar eine für alle gemeinsam anerkannte letzte Begründung dieser Rechte. Zur Geschichte der Menschenrechtsdeklarationen gehören z. B. solche, die im Sinne des westlichen Liberalismus die Freiheitsrechte des Einzelnen, oder die, die im Sinne sozialer und sozialistischer Vorstellungen die Sozialrechte der Menschen, oder die, die vor allem das Nichteingreifen in die inneren Angelegenheiten eines Staates sichern wollen. Zur Geschichte der Universalitätsbegründungen von Menschenrechten gehören etwa in der westlichen Welt naturrechtliche, transzendentalphilosophische, werttheoretische, diskurstheoretische Versuche. Auch innerhalb des Islam arbeiten heute Gruppen an einer sog. panturkischen Menschenrechtskodifizierung und -begründung. Ein Beispiel für die Schwierigkeiten der Begründung und Kodifizierung von Menschenrechten liefert die internationale Regelung des Verhältnisses von Staat und Religion durch die Generalversammlung der Vereinten Nationen vom 25. 11. 1981 in der Erklärung über *„die Beseitigung aller Formen von Intoleranz und Diskriminierung auf-*

grund der Religion oder Überzeugung''. Diese Erklärung ist eine Weiterführung und Erläuterung dessen, was Präambel und Artikel 1 der Charta der Vereinten Nationen (1945) und die Menschenrechtserklärung (1948) sowie die Europäische Menschenrechtskonvention (1953) zu unserem Thema erklärt hatten. Art. 1.1 der Erklärung lautet: *,,Jedermann hat das Recht auf Gedanken-, Gewissens- und Religionsfreiheit. Dieses Recht umfaßt die Freiheit, eine Religion oder jedwede Überzeugung eigener Wahl zu haben, und die Freiheit, seiner Religion oder Überzeugung allein oder in Gemeinschaft mit anderen öffentlich oder privat durch Gottesdienst, Brauchtum, Praxis und Lehre Ausdruck zu verleihen.''* Art. 1.3 lautet: *,,Die Freiheit zur Äußerung einer Religion oder Überzeugung unterliegt nur jenen Beschränkungen, die vom Gesetz vorgeschrieben und notwendig sind, um die öffentliche Sicherheit, Ordnung, Gesundheit oder Moral oder die Grundrechte und Freiheiten anderer zu schützen.''* Natürlich gab es in den Vereinten Nationen gewichtige Vorbehalte gegen diese Erklärung. Einige Staaten, z. B. die UdSSR, wiesen damals darauf hin, daß diese Erklärung mit der nationalen Gesetzgebung einiger Staaten unvereinbar sei. Andere (z. B. Rumänien, Bulgarien) erklärten, daß die Erklärung für Menschen, die keine Religion besitzen, ohne Bedeutung sei. Iran formulierte im Namen der Islamischen Konferenz einen Vorbehalt gegen die Bestimmungen, die dem islamischen Recht (Scharia) oder jeder auf dem Islam beruhenden Gesetzgebung widersprechen. Der Vatikan hatte schon vorher der Europäischen Menschenrechtserklärung nicht zugestimmt.

Menschen- und Grundrechte in modernen Rechts- und Verfassungsstaaten werden also heute nicht von allen Menschen anerkannt, verteidigt und durchgesetzt, die innerhalb und außerhalb der Grenzen dieser Staaten leben.

– **Formen gewaltlosen Zusammenlebens**. – Zu real existierenden Rechts- und Verfassungsstaaten gehören – auch in Europa – aus sehr verschiedenen Gründen sehr verschiedene Formen der Gewalt, die das Leben der Menschen in diesen Staaten bedrohen. Täglich erfahren wir hiervon durch die Medien. Eine erste Voraussetzung zur Bewahrung und Sicherung des gewaltlosen Zusammenlebens ist daher die **Arbeit und Verbesserung derjenigen Institutionen** (z. B. Parlamente, Gerichte, Polizei, Verwaltung), **die** in Rechts- und Verfassungsstaaten allein das Gewaltmonopol besitzen und **mit staatlichen Zwangsmitteln gegen Gewalt vorgehen**

müssen und sollen. Wie wenig selbstverständlich nach den Erfahrungen in totalitären nationalsozialistischen und stalinistischen Staaten und Gesellschaften richtiges Entscheiden und Handeln von Politikern, Richtern, Polizisten und Verwaltungsbeamten in real existierenden Rechts- und Verfassungsstaaten ist, das erfahren wir fast täglich. Außer der Arbeit und Verbesserung der staatlichen Zwangsmittel gegen Gewalt kann auch die **Weiterentwicklung der Verfassung** einen Beitrag zum gewaltlosen Zusammenleben leisten, auch wenn man sich über die Wirkung von Verfassungsänderungen keine Illusionen machen soll. Dazu zwei Beispiele: Wenn bei der Bevölkerung, bei Politikern, Wirtschaftlern und Juristen und bei Wissenschaftlern und Philosophen keine Übereinstimmung darüber besteht, daß zur Würde des Menschen auch die Würde des Behinderten gehört, dann kann, ja sollte man ausdrücklich den Schutz der Behinderten in die Verfassung aufnehmen. Anders ist es allerdings bei einer Verfassungsänderung zum ausdrücklichen Schutz von religiösen, ethnischen, kulturellen und nationalen Minderheiten. Wenn die Souveränität von Einzelstaaten z. B. in der Europäischen Union eine mit anderen Staaten geteilte Souveränität ist und wenn wir wissen, daß nur 8 % aller Staaten auf der Erde eine sprachlich, ethnisch, kulturell und religiös halbwegs homogene Bevölkerung besitzen, dann ist nicht begründungsbedürftig, daß zur Anerkennung und zum Schutz der Menschenrechte ganz entscheidend die Anerkennung und der Schutz der verschiedenen Minderheiten gehört. Andererseits besteht folgendes Problem: wer bei diesen Minderheiten definiert und legt fest in einem Rechts- und Verfassungsstaat, was der Wille bzw. die ‚Identität' dieser Minderheit ist? Die drittgrößte Religionsgruppe bilden in Deutschland die Muslime, und in anderen westlichen Ländern ist ihre Zahl ähnlich groß. Nicht wenige Muslime möchten in westlichen Rechts- und Verfassungsstaaten leben, weil sie die Trennung von Religion und Staat sowie die persönliche Glaubens- und Gewissensfreiheit schätzen und anerkennen. Wenn nun islamische Fundamentalisten in westlichen Staaten z. B. die Aufhebung der Trennung von Religion und Staat und die Scharia als allein geltendes Recht für Muslime fordern sowie festlegen wollen, was in einem islamischen Religionsunterricht an den Schulen und in der islamischen Theologie an den Universitäten gelehrt werden muß und darf, dann entstehen wie in anderen westlichen Ländern juristisch und zwischenmenschlich fast unlösbare Konflikte. In der Verfassung von Rechts- und Verfassungsstaaten hat daher für mich auf jeden Fall der Schutz der Glaubens- und Gewissensfreiheit aller einzelnen Bürger Vorrang vor dem Schutz der Überzeugungen religiöser und nichtreligiöser Minderheiten. Wesentlich bedeutsamer für den Bestand der Staaten als staatliche Zwangsmittel und Verfassungsänderungen ist jedoch das Erlernen und Einüben der gewaltlosen Zusammenarbeit religiöser und nichtreligiöser Menschen und Gruppen bei der gemeinsamen Lösung letzter und vorletzter Fragen des Zusammenlebens in den Familien und Schulen, am Arbeitsplatz, in der Gesellschaft und Politik. Die Wahrnehmung der neuen erschreckenden Formen der Gewalt – von den ethnischen Säuberungen und atavistischen Schlächterein bis zu brutalen Anschlägen gegen Fremde und Ausländer – darf jedoch nicht den Blick davor verschließen, daß es bei religiösen und nichtreligiösen Jugendlichen, Erwachsenen und Älteren nicht nur Betroffenheitsbekundungen und Solidaritätssymbole gibt, sondern auch auf verschiedenen Ebenen die Suche nach alten und neuen Formen des Zusammenlebens und Zusammenarbeitens, die den Anderen, den Nächsten und Fremden, ein- und nicht ausschließen. Wie schwer dies ist, weiß jeder, der sich keine Illusionen macht. Wenn Menschen unter den ihnen vorgegebenen geschichtlichen Bedingungen, die sie sich nicht selbst ausgewählt haben, das tun, was sie tun können, dann brauchen sie keine heils- und weltgeschichtlichen Ausmalungen des guten Endes der Geschichte, aber auch keine apokalyptischen Ausmalungen der katastrophalen Schrecken am Ende der Geschichte, Menschen brauchen kein Wissen vorzutäuschen, das sie nicht besitzen. In das Ende der Geschichte, auch in die nächsten Schritte der Geschichte sind wir „nicht eingeweiht" (Jacob Burckhardt [1818–1897]). Eine über sich und ihre Grenzen aufgeklärte Aufklärung weiß um die Größe und das Elend des Menschen.[83]

> Eine über sich und ihre Grenzen aufgeklärte Aufklärung weiß: *„Ungeheuer: viel. Aber ungeheurer als der Mensch: nichts."* (Sophokles) Und sie weiß: *„Aus so krummem Holze, als woraus der Mensch gemacht ist, kann nichts ganz Gerades gezimmert werden."* (Kant)

---

[83] Sophokles, Antigone, V. 332–333; I. Kant, Idee zu einer allgemeinen Geschichte in weltbürgerlicher Absicht, a. a. O. (Anm. 17), 6, 41.

I.4.3. Leiden und Katastrophen, Tod und Untergang

Auch heute gehört für viele religiöse und nichtreligiöse Menschen, für jüngere und ältere, die Konfrontation mit Leiden und Katastrophen, mit Tod und Untergang von Menschen zu den besonderen Lebenserfahrungen, die sie kritisch und selbstkritisch nach alten und neuen Antworten auf diese Erfahrungen und Widerfahrnisse suchen lassen.

I.4.3.1. Widerfahrnisse von Leiden

Wer heute über grauenhafte Leiden und Katastrophen, über Tod und Untergang in der Natur, in der Geschichte und im menschlichen Zusammenleben nicht schweigen kann, etwa über die Zerstörungen und Verletzungen im menschlichen Zusammenleben, über den industriellen Mord in den Konzentrationslagern, über die atavistischen Schlächtereien und ethnischen Säuberungen, der muß sich sehr genau überlegen, mit welchen Worten, Metaphern und Begriffen er ausdrücken sowie mit welchen Bildern, Tönen, Medien er darstellen will, was er sagen will. Einige Sprech- und Darstellungsversuche sind nämlich sehr weit entfernt von denen, die heute wirklich leiden und sterben. Sie sind keine Antworten auf ihre Fragen. Sie entlasten weder Gott noch den Menschen von Schuld und Verantwortung für die schlimmen Erfahrungen, wie manche fromme Theorien, Gebete und Kulte das meinen. Ja, sie sind für Menschen Selbst- und Fremdbetrug und, wie Hiob sagt, „Trug für Gott" (Hiob 13, 7), Versuche, Gott zu täuschen.[84]

Um nicht zu abstrakt, d. h. zu weit entfernt von den Widerfahrnissen und Erfahrungen zu sprechen, fasse ich diese mit dem erläuterungsbedürftigen **Sammelbegriff Widerfahrnisse von Leiden** zusammen. Was meine ich damit?

Mit dem Sammelbegriff Widerfahrnisse von Leiden bezeichne ich die **Vielzahl der auf verschiedene Weise benannten, im Grunde jedoch namenlosen Leiden, die Leiden der Namenlosen**: Krank-

---

[84] Zu den folgenden Thesen und Überlegungen s. die Ergebnisse der vier interdisziplinären Kolloquien: Oelmüller (Hrsg.) 1986, 1990, ²1994; Olivetti 1988; die Bände 1 und 3 enthalten auch die ausführlichen autorisierten Protokolle dieser Kolloquien.

heiten, Tod und Untergang von Individuen und Arten in der Natur durch die Natur sowie durch Menschen; Folter, Unterdrückung, Hunger, Armut, Verelendungen, Tod und Untergang von Einzelnen, Völkern und Kulturen in der Geschichte durch die Natur, vor allem jedoch durch Menschen; Vernichtungen, Zerstörungen, Verletzungen, Beschädigungen von Menschen in ihrem Zusammenleben in engeren und weiteren Kreisen. Bei der Vielzahl der Widerfahrnisse und Erfahrungen von Leiden kann man auf der menschlichen und zwischenmenschlichen Ebene selten hinreichend genau unterscheiden zwischen seelischen und leiblichen, selbstverschuldeten und fremdverschuldeten, natürlichen und nicht natürlichen Leiden: **Menschen sind oft Täter, häufiger Opfer, noch häufiger Täter und Opfer zugleich.** Jeder kann täglich Beispiele nennen für diese kaum unterscheidbaren Verstrickungen von Tätern und Opfern beim Sprechen von Menschen über andere Menschen, bei Gerichtsurteilen über Menschen, die unter nicht selbst gewählten geschichtlichen Bedingungen leben und handeln müssen im Nationalsozialismus, im Stalinismus sowie in gefährdeten Rechts- und Verfassungsstaaten.

I.4.3.2. Erste Reaktionen

Zu ersten Reaktionen auf Widerfahrnisse und Erfahrungen von Leiden gehören nicht philosophische Fragen und Antwortversuche, auch keine theologischen. Wer plötzlich mit Sterben und Tod naher und geliebter Menschen, auch mit dem eigenen, konfrontiert wird, hat andere Ängste und Sorgen. Die ersten Reaktionen sind etwa betroffenes oder verzweifeltes Schweigen, stummes Entsetzen, Anklagen, Klagen, Ratlosigkeit. Dann versuchen Menschen zu helfen, soweit das möglich ist. Dann schaffen sie sich sozial, religiös, kulturell verschiedene *„Hilfskonstruktionen"* (Fontane). Lessings Nathan hatte in seiner Hiobsituation, nach dem Pogrom, bei dem Christen seine Frau und seine sieben Söhne verbrannt hatten, *„drei Tag' und Nächt' in Asch' / Und Staub vor Gott gelegen, und geweint. – / Geweint? Beiher mit Gott auch wohl gerechtet, / Gezürnt, getobt, mich und die Welt verwünscht; / Der Christenheit den unversöhnlichsten / Haß zugeschworen –"*. Erst bei innerer und zeitlicher Distanz, erst als *„die Vernunft allmählich wieder(kam)"*, konnte Nathan fragen, eine Antwort auf sein Geschick suchen, Gott um Einsicht und Zustimmung zu dessen *„Ratschluß"* bitten. *„Doch nun kam die Vernunft allmählich wieder. / Sie sprach mit sanfter Stimm':*

‚und doch ist Gott! / Doch war auch Gottes Ratschluß das! Wohlan! / Komm! übe, was du längst begriffen hast; / Was sicherlich zu üben schwerer nicht, / Als zu begreifen ist, wenn du nur willst. / Steh auf!' – Ich stand! und rief zu Gott: Ich will! / Willst du nur, daß ich will!'"[85] Letzte Fragen und Antwortversuche auf Widerfahrnisse von Leiden setzen eine innere und äußere Distanz zu diesen voraus.[86]

I.4.3.3. Erste Bewältigungsversuche

Durch Widerfahrnisse von namenlosen, grauenhaften Leiden in der Natur, in der Geschichte und im menschlichen Zusammenleben wissen Menschen von Anbeginn ihrer Geschichte an, daß die Natur, die Geschichte und das menschliche Zusammenleben nicht im Gleichgewicht sind. Wenn es je einen Zustand des Gleichgewichts gab, eine heile Ordnung und Glück, ein goldenes Zeitalter, ein Paradies, ein Schlaraffenland –, dieser Zustand ist für die lebenden Menschen schon immer verloren. Ob am Ende der Geschichte der Natur, der Geschichte der Stämme und Völker, der eigenen Lebenszeit Gutes oder Böses, Ordnung und Frieden oder Chaos und endgültiger Untergang zu erwarten sind, das sind Endzeitvorstellungen von Menschen, die unter nicht selbst gewählten Bedingungen der Natur, der Geschichte und der sozialen, politischen, religiösen Institutionen leben müssen. **Von Anfang an arbeiten Menschen an der Bewältigung der schlimmen Folgen des gestörten Gleichgewichts, der Unordnung, des Unfriedens.** Von **Techniken und sozialen Institutionen** erwarten sie, daß das aus dem Gleichgewicht geratene Leben erträglicher wird. **Mythen, Märchen und Geschichten**, die von Kämpfen der guten und bösen übermenschlichen Götter und Mächte, vom Fall und Sturz der reinen Geister und der ersten Menschen, von einem Sündenbock erzählen, sollen verständlich machen, wodurch die gegenwärtigen Leiden entstanden sind. **Mit magischen Beschwörungen, rituellen**

---

[85] G. E. Lessing, Nathan der Weise, 4. Aufzug, 7. Auftritt, a. a. O. (Anm. 40), 2, 447.

[86] Zur Kritik von vier gegenwärtigen Sprechversuchen über Leiden, die sehr weit entfernt sind von den Leidenden und ihren authentischen Leidensäußerungen: hochabstrakte metaphysische und gnostische Spekulationen über das Böse, Arbeit an entgrenzten Mythen, das verwissenschaftlichte und das mythenfreundliche Denken und Sprechen s. den entsprechenden Abschnitt im 7. Kapitel von Oelmüller 1994, 120–125.

Handlungen sowie Opfern und Gebeten suchen die Menschen seit eh und je das Böse und das Unheil zu bannen und den Neid und die Mißgunst der Götter und übermenschlichen Mächte zu besänftigen. Dies sind menschliche Versuche, Leiden und Katastrophen, Tod und Untergang zu bewältigen. Aber können sie im Ernst Leiden, Tod und Untergang der anderen bewältigen, so bewältigen, daß diese uns und unsere Sprechversuche, auch die über und zu Gott, nicht mehr ‚infrage stellen', beunruhigen?

I.4.3.4. Der eine Gott und die unvermeidliche allgemeine Theodizeefrage[87]

Seitdem Menschen seit der sog. Achsenzeit (ca. 500 v. Chr.), in ihrer Geschichte sehr spät und ungleichzeitig, z. B. Juden, Christen und Muslime, den einen Gott zu denken versuchen im Unterschied, ja im Gegensatz zu den Göttern der Mythen in einfacheren Gesellschaften, seitdem sie diesen einen Gott denken als einen freien, guten und gerechten, mächtigen und allwissenden weltunabhängigen Schöpfer, ja als einen, der nach dem Fall die Welt und die Menschen, die lebenden und toten, erretten und erlösen will, stellen sie die Frage nach der Verantwortung dieses Gottes für den Fall und die Zerstörungen der Welt, für Leiden und Katastrophen, Tod und Untergang.

> Im Unterschied zu den seit Leibniz entwickelten und diskutierten engen Denkmodellen der Theodizee nennt man diese letzte Frage nach der Verantwortung Gottes für Leiden und Katastrophen, Tod und Untergang heute oft **die allgemeine Theodizeefrage**. Sie lautet etwa: Warum mißlang Gott seine Schöpfung so sehr? Warum nimmt er die Leiden und das Unheil nicht weg, wenn er das doch will und kann? Warum hat sein großer Erlösungsversuch durch Menschwerdung, Tod und Auferstehung seines Sohnes, von dem die Christen sprechen, das grauenhafte schuldlose Leiden sowie das Leiden, das durch menschliche Schuld und Unmenschlichkeit verursacht ist, nicht weggenommen? Wie kann der Gott, der doch gut und nicht böse und neidisch sein soll, all das zulassen?

---

[87] Theodizee (Rechtfertigung Gottes) – ein von G. W. Leibniz (1646–1716) geschaffener Begriff.

Auf die allgemeine Theodizeefrage, die schon Epikur (341–270 v. Chr.) stellte[88], gab und gibt es für Menschen sehr verschiedene Antwortversuche, keine für alle Menschen glaubwürdige oder plausible gemeinsame Antwort. Heute sind Leiden und Schmerz, Tod und Untergang für viele, für immer mehr Menschen das stärkste Argument gegen jede Vorstellung eines monotheistischen Gottes und einer von ihm geschaffenen Welt. Für Georg Büchner (1813–1837) ist die Frage nach dem Grund für das Leiden, das *„einen Riß in der Schöpfung von oben bis unten"* macht, *„der Fels des Atheismus"*[89]. Bei Dostojewskij (1821–1881) gibt Iwan Karamasow wegen des Leidens der unschuldigen Kinder sein *„Eintrittsbillet"* in den Himmel zurück. Ein Ausgleich für die Leiden *„im Weltfinale, im Moment der ewigen Harmonie"* könne die Tränen eines einzigen zu Tode gequälten unschuldigen Kindes nicht aufwiegen. Daher bleibt er *„bei ungesühnten Leiden"*[90]

> Der wirklich radikale und durchgehaltene Abschied von jedem Versuch, den einen Gott wegen seiner aus dem Gleichgewicht geratenen Schöpfung noch denken zu können, bedeutet sicher das Ende der allgemeinen Theodizeefrage, nicht jedoch das Ende aller Bewältigungsversuche des Schlimmen, Kontingenten, Absurden und Chaotischen.

Man braucht dann nicht mehr Gott zu rechtfertigen, sondern die Welt (Kosmodizee), die Gesellschaft (Soziodizee) und den Menschen (Anthropodizee). Im Unterschied zu Religionen des einen Gottes suchen Menschen heute in alten und neuen Religionen ohne Gott funktional verstandene Bewältigungen der Widerfahrnisse von Leiden.

---

[88] Epikur, Von der Überwindung der Furcht, eingeleitet und übertragen von O. Gigon, Zürich 1949, 80–81.

[89] G. Büchner, Dantons Tod, 3. Akt, in: Werke und Briefe, Stuttgart, Wien, St. Gallen o. J. 54.

[90] F. M. Dostojewskij, Die Brüder Karamasoff, übertragen von E. K. Rahsin, Fischer Bücherei 1258/1+2, Frankfurt a. M. 1971, 1, 271 und 283.

> Auch für diejenigen Juden, Christen und Muslime, die in Traditionen ihrer Herkunft alte und neue Antworten auf die allgemeine Theodizeefrage suchen, gibt es nicht *die* für alle verbindliche Antwort.

Das zeigen z. B. die Antwortversuche der frühen Juden und Christen im Vorderen Orient im Kontext und in den Auseinandersetzungen mit den damaligen Hochreligionen. Das zeigen die Antwortversuche des hellenisierten und romanisierten europäischen Christentums, die heute weithin auch für Menschen in Europa unglaubwürdig sind. Das zeigen auch die gegenwärtigen Synkretismen und Inkulturationsversuche des Christentums in Lateinamerika, Afrika, Asien. Auf die Theodizeefrage gibt es nicht *die* Antwort eines sog. ‚reinen‘, kulturinvarianten Christentums. Wer eine solche – aus welchen theoretischen und praktischen Gründen auch immer – formuliert und unterstellt, der hypostasiert und vergegenständlicht etwas, das sehr weit entfernt ist von dem Denken und Leben derjenigen, die ihre Leiden im Blick auf Gott und Jesus Christus zu verstehen versuchen. Er vergißt in der Regel auch die Gottesferne und die Gottverlassenheit, von der nach den biblischen Texten Hiob und Jesus am Kreuze sprachen und von der der sterbende Romano Guardini gesprochen haben soll: *„Er werde sich im Letzten Gericht nicht nur fragen lassen, sondern auch selber fragen; er hoffe in Zuversicht, daß ihm dann der Engel die wahre Antwort nicht versagen werde auf die Frage, die ihm kein Buch, auch die Schrift selber nicht, die ihm kein Dogma und kein Lehramt, die ihm keine ‚Theodizee‘ und Theologie, auch die eigene nicht, habe beantworten können: Warum, Gott, zum Heil die fürchterlichen Umwege, das Leid der Unschuldigen, die Schuld?"*[91]

Gibt es auf die allgemeine Theodizeefrage bei aller Widerlegung von Skepsis und Wiederkehr von Skepsis im Leben der Einzelnen und in der Geschichte des Denkens überhaupt eine überzeugende Antwort?

---

[91] Bericht von Walter Dirks über seinem Besuch bei dem bereits vom Tode gezeichneten Romano Guardini, in: E. Biser, Interpretation und Veränderung, Paderborn 1979, 132–133.
Romano Guardini (1885–1968), katholischer Theologe und Religionsphilosoph.

I.4.3.5. Gegenwärtige Denk- und Sprechversuche über Widerfahrnisse von Leiden

> Wie heute Menschen in Traditionen der Aufklärung, des biblischen Bilderverbots und der negativen Theologie angesichts der Widerfahrnisse von Leiden zu denken und zu sprechen versuchen über den einen Gott im Unterschied zu den vielen Göttern der alten und neuen Religionen, zeigen etwa die Diskussionen über verschiedene gegenwärtige Denk- und Sprechversuche:

Emmanuel Levinas (1905–1995) ist ein jüdischer Denker aus Litauen, der im Unterschied zu vielen seiner Verwandten die Judenverfolgung der Nazis überlebt hat. Sein Denken ist vor allem durch Edmund Husserl (1859–1938) und Martin Heidegger (1889–1976) beeinflußt, aber nicht festgelegt. Bei seiner **Deutung des Menschen als Subjekt vom Anderen her, vom anderen Mitmenschen und von Gott her,** hat er einige zu enge Voraussetzungen der Phänomenologie[92] überwunden, z. B. das geschichtlich zu wenig differenzierte Konzept von Lebenswelt. Nachdem auch für ihn, wie er schreibt, *„das Seinsmassiv zum Bersten"* gebracht ist[93], denkt er den Menschen in der Spur des einen Gottes nicht als Hüter des Seins, sondern als Hüter seines Bruders. Eine seiner zentralen Fragen lautet: Wie kann man über den *„einen nicht durch das Sein infizierten Gott"*[94] angesichts von Leiden und Katastrophen, Tod und Untergang sprechen? Nach Levinas erscheint Gott als *„der absolut Andere"* nur durch die Zuwendung zum leidenden Anderen: *„Die Epiphanie* [Erscheinung] *des absolut Anderen ist Antlitz, in dem der Andere mich anruft und mir einen Befehl erteilt, und zwar durch*

---

[92] Phänomenologie – (griech.) Lehre von den Erscheinungen; von Husserl begründete Richtung der Philosophie.
[93] E. Levinas, Außer sich. Meditationen über Religion und Philosophie, München, Wien 1991: *„Die Philosophie, soweit sie Geist und Wahrheit werden will, befreit sich immer wieder vom Buchstaben, von Konformität und Konformismus, und bringt das Seinsmassiv zum Bersten, zum Zersplittern in eine Sinnvielfalt, in der dann das Denken sich umtreiben kann."* (50)
[94] E. Levinas, Jenseits des Seins oder anders als Sein geschieht, Freiburg, München 1992, 19.

seine Nacktheit, durch sein Entblößtsein."[95] *„Der Gott, der vorbeigegangen ist, ist nicht das Modell, dessen Abbild das Antlitz wäre. ‚Nach Gottes Ebenbild sein' bedeutet nicht, daß man die Ikone Gottes ist, sondern es bedeutet, daß man sich in seiner Spur befindet. Der geoffenbarte Gott unserer jüdisch-christlichen Spiritualität bewahrt die ganze Unendlichkeit seiner Abwesenheit, die in der personalen ‚An-ordnung' selbst liegt. Er zeigt sich nur durch seine Spur, wie im Kapitel 33 des Exodus* [des Alten Testaments]. *Auf ihn zugehen heißt nicht, dieser Spur, die kein Zeichen ist, folgen. Es heißt, auf die Anderen zugehen, die sich in der Spur dieser Illeität*[96] *halten. Durch diese Illeität, die ihren Ort jenseits der Berechnungen und der gegenseitigen Verhältnisse der Ökonomie und der Welt einnimmt, hat das Sein einen Sinn. Einen Sinn, der keine Finalität ist. Denn es gibt hier kein Ende, keinen Endpunkt. Das Verlangen nach dem absolut Anderen kann nicht wie ein Bedürfnis in einem Glück verlöschen."*[97]

Für **Paul Ricœur** (geb. 1913) ist die Verdinglichung und Objektivierung des Horizontes des einen Gottes durch die Metaphysik und Religion – auch angesichts der Widerfahrnisse von Leiden – ein „diabolischer" Vorgang der Idolbildung. *„Dieser Objektivierungsvorgang ist die Geburt sowohl der Metaphysik wie der Religion, – der Metaphysik, die Gott zu einem höchsten Wesen macht, und der Religion, die das Heilige als eine neue Sphäre von Objekten, Institutionen, Kräften behandelt, die in die Welt der Immanenz, des objektiven Geistes eingeschrieben sind, neben den Objekten, Institutionen und Kräften der ökonomischen, politischen und kulturellen Sphäre." „Das Idol ist die Verdinglichung des Horizonts zur Sache, das Herabfallen des Zeichens zu einem übernatürlichen und suprakulturellen Objekt." „Aus diesem Grunde muß das Idol sterben, auf daß das Symbol lebe."*[98] Das Symbol gibt, wie Ricœur meint, auch heute mehr zu denken als die Metaphysik und die Religion.

Elie Wiesel (geb. 1928), der Auschwitz überlebt hat, beschreibt den Bruch im Sprechen über und zu Gott so: Er könne als Jude nicht mehr wie die jüdische Tradition von einem *„beinahe sakralen*

---

[95] E. Levinas, Humanismus des anderen Menschen, übers. und eingel. von L. Wenzler, Hamburg 1989, 37–59, hier: 43.
[96] Illéité – Neologismus, gebildet vom lateinischen ille – jener.
[97] Ebd. 59.
[98] P. Ricœur, Die Interpretation. Ein Versuch über Freud, übers. von E. Moldenhauer, Frankfurt a. M. 1974, 542–543.

Charakter"[99] des Wortes ausgehen. *„Ebenso wie in der Kabbala die Rede von jenen ‚<u>zerbrochenen Gefäßen</u>' anläßlich der Schöpfung ist, müssen wir heute die Möglichkeit eines ähnlichen Bruches ins Auge fassen und zwar in einem ebenso gewaltigen Maßstab, wie es beim ersten der Fall war und der das gesamte Sein umfaßt. Ein Bruch zwischen Vergangenheit und Zukunft, zwischen Schöpfung und Schöpfer, zwischen dem Menschen und seinesgleichen, zwischen dem Menschen und seiner Sprache, zwischen den Worten und dem Sinn, den sie enthalten. Aber, werden sie mir sagen, was bleibt uns dann noch? Die Hoffnung trotz allem und uns zum Trotz? Vielleicht die Verzweiflung? Oder der Glaube? Es bleibt uns nur die Frage."*[100] Auschwitz sei weder mit Gott noch ohne Gott zu begreifen.

Der Bruch im Sprechen über den einen Gott der monotheistischen Religionen der Juden, Christen und Muslime kennt **selbst in Europa sehr verschiedene geschichtliche Sprechversuche**: Im frühen Mittelalter werden von Christen z. B. Sprechversuche entwickelt, die bei aller größeren Unähnlichkeit zwischen Gott und der Welt auch eine Analogie zwischen ihnen annehmen. Im Hoch- und Spätmittelalter betonen Sprechversuche die Differenz zwischen Gott und Welt, wenn sie etwa über die Gottentfremdung, Selbstvernichtung und Entbildlichung sprechen. Gegenwärtige Versuche, über Gott zu sprechen, sind vor allem gekennzeichnet durch Erfahrungen der Gottverlassenheit in und nach Auschwitz sowie in all den grauenhaften Leidenssituationen, für die die Namen Auschwitz sowie Archipel Gulag stehen. **Dietrich Bonhoeffer** schrieb z. B. 1944 aus dem Gefängnis vor seiner Ermordung durch die Nationalsozialisten: *„Wir können nicht redlich sein, ohne zu erkennen, daß wir in der Welt leben müssen – ‚etsi deus non daretur'*[101]. *Und eben dies erkennen wir – vor Gott! [...] Vor und mit Gott leben wir ohne Gott."*[102]

---

[99] E. Wiesel, Macht Gebete aus meinen Geschichten. Essays eines Betroffenen, Basel, Freiburg, Wien ²1986, 12.

[100] Ebd. 23.

[101] Etsi deus non daretur – als ob es Gott nicht gäbe.

[102] D. Bonhoeffer, Widerstand und Ergebung, München 1970, 394.
Zur Deutung des Menschen und der Religionen angesichts der Leiden in der Natur, in der Geschichte und im menschlichen Zusammenleben s. die Diskussionseinleitungen und autorisierten Protokolle des internationalen Kolloquiums: Oelmüller (Hrsg.) ²1994; s. ferner: J. Ebach, *Theo*dizee: Fragen gegen die Antworten, in: F. Hermanni, V. Steenblock (Hrsg.), Philosophische Orientierung. Festschrift zum 65. Geburtstag von Willi Oelmüller, München 1995, 215–239.

I.5. Ergebnisse und offene Fragen

> Aus drei Perspektiven fasse ich einige Ergebnisse und offene
> Fragen des Grundkurses: Religionsphilosophie zusammen und
> stelle sie zur Diskussion:
> – Die beiden Bedeutungen von Religionsphilosophie und Aufklärung heute.
> – Sechs Thesen zu einer negativen Theologie in der Philosophie.
> – Zwei Voraussetzungen des Grundkurses.

I.5.1. Die beiden Bedeutungen von Religionsphilosophie und Aufklärung heute

Der Begriff Aufklärung wird heute in den Philosophien, Theologien und Wissenschaften sowie in der Öffentlichkeit und im alltäglichen Sprachgebrauch verschieden, ja entgegengesetzt gebraucht. Die einen, z. B. Historiker und Geisteswissenschaftler, verwenden Aufklärung etwa zur **Bezeichnung einer Epoche der frühen europäischen Neuzeit,** die schon am Ende des 18. Jahrhunderts beendet war. Für andere, z. B. Politiker und Ideenpolitiker, ist Aufklärung der **Sammelbegriff für die bürgerlichen und sozialistischen Utopien und Ideologien,** die für das Denken und Handeln totalitäre Konsequenzen hatten; sie fordern daher die Kritik und Überwindung der Aufklärung und eine Gesellschaft nach der Aufklärung. Fundamentalisten in allen Weltreligionen kritisieren die schlimmen Folgen der **westlichen Aufklärungs- und Modernisierungsprozesse,** obwohl sie selbst *„in ihren theologischen Kriegen von der Heterodoxie des Feindes nicht unangesteckt geblieben"* sind, was Lessing im 18. Jahrhundert den „Orthodoxisten" seiner

Zeit vorwarf[103]. **Im alltäglichen Sprachgebrauch** verwendet man den Begriff Aufklärung im positiven oder negativen Sinn, wenn man von sexueller Aufklärung, von Aufklärung über Nebenfolgen von Medikamenten, von militärischer oder nachrichtentechnischer Aufklärung spricht.

Die beiden Begriffe Religionsphilosophie und Aufklärung werden heute in den Philosophien, Theologien und Wissenschaften sowie in der Öffentlichkeit und in den religiösen und nichtreligiösen Institutionen und Organisationen vor allem in zwei entgegengesetzten Bedeutungen gebraucht:

– Wer auf der einen Seite die Begriffe Religionsphilosophie und Aufklärung **in negativer Weise** verwendet, der meint damit das radikale Durchschauen und Entlarven von Mythen und Religionen, von Göttern und dem einen Gott als Vergegenständlichung und Deifizierung menschlicher Projektionen, der fordert damit ihre Abschafffung und Überwindung.

– Wer auf der anderen Seite **in positiver Weise** von Religionsphilosophie und Aufklärung spricht, der meint damit das Durchschauen und Entlarven unglaubwürdig gewordener religiöser Traditionen und Vorgaben und gleichzeitig die Suche, Entwicklung und Diskussion glaubwürdiger Antwortversuche. Kritik von Vorstellungen über Mythen und Religionen, über Götter und Gott im Namen der Aufklärung zielt bei diesem Verständnis auf Ent-Täuschung, auf Freiwerden von unglaubwürdig gewordenen religiösen Vorstellungen, von Selbst- und Fremdtäuschungen, vom *„Trug für Gott"* (Hiob 13, 7).

> Die Begriffe Religionsphilosophie und Aufklärung zielen heute damit auf der einen Seite in Richtung Atheismus, auf der anderen Seite in Richtung Monotheismus.

Der Grundkurs hat für beide Bedeutungen von Religionsphilosophie und Aufklärung aus der Geschichte und Gegenwart oft interpretierte und diskutierte Beispiele genannt. Er gab auch Gründe dafür an, warum Menschen heute, nicht nur Philosophen, auch bei einer Orientierung über ihre religionsphilosophischen Fragen und

---

[103] G. E. Lessing, a. a. O. (Anm. 40), 8, 197.

Antwortversuche im positiven Sinne an der Neubegründung einer Aufklärung arbeiten.

I.5.2. Sechs Thesen zu einer negativen Theologie in der Philosophie

Im August 1995 diskutierte ‚Die europäische Gesellschaft für katholische Theologie' ein Problem, das inzwischen nicht nur Juden, Christen und Muslime innerhalb und außerhalb der Synagogen, Kirchen und Moscheen, sondern auch andere religiöse und nichtreligiöse Menschen beschäftigt, ja zum Teil beunruhigt: *„Gott – ein Fremder in unserem Haus" der Kirche und Theologie, „der ekklesiologische Atheismus" in der „Katastrophenlandschaft des endenden Jahrtausends"*[104]. Das Problem ist: Warum sprechen Vertreter der Kirchen und Theologen ähnlich wie Vertreter anderer monotheistischer Religionen nicht über den einen Gott, sondern über zweit- und drittrangige Fragen? Warum argumentieren sie, in Deutschland z. B. beim Streit über das Urteil des Bundesverfassungsgerichts über das Kruzifix in öffentlichen Schulen und beim Streit über die Regelung des Religionsunterrichts in Brandenburg, nicht von Gott aus, sondern streiten in der ideenpolitischen Front zusammen mit einigen Politikern gegen die angeblichen Zerstörer der christlich-abendländischen Werteordnung? Sie müßten doch, wenn nicht durch eigene Erfahrungen, so durch Arbeiten von Theologen, Philosophen und Juristen wissen, wie das ideenpolitische Konstrukt ‚christlich-abendländische Werteordnung' wegen seiner Vieldeutigkeit politisch mißbrauchbar ist. Auch Bischöfe und Theologen erklären inzwischen öffentlich, es gehe gegenwärtig nicht zuerst um eine Kirchenkrise und die durch sie bedingten gesellschaftlichen und politischen Konflikte, sondern um die Gotteskrise.[105]

Von einer philosophischen Aufklärung aus, die **in Traditionen des biblischen Bilderverbots und der negativen Theologie**

---

[104] P. Schilder, Ein Fremder im Haus der Theologie, in: Frankfurter Allgemeine Zeitung vom 1. September 1995, Nr. 203, 12.
[105] S. hierzu Arbeiten von J. B. Metz; außer den in Anm. 2 und 28 angegebenen: Gotteskrise. Versuch zur „geistigen Situation der Zeit", in: J. B. Metz u. a., Diagnosen zur Zeit, Düsseldorf 1994, 76–92.

seit der Patristik zu sagen versucht, wie endliche Menschen mit ihrem endlichen Denken und Sprechen über den einen unendlichen und unbegreiflichen Gott sprechen bzw. nicht sprechen dürfen, wenn sie Gott und seinen Namen nicht mißbrauchen wollen, **fasse ich einige bisherige Interpretationen und Überlegungen zum Sprechen über den einen Gott zusammen.** Philosophische Reflexionen und Argumentationen unterscheide ich dabei von persönlichen Glaubensakten sowie von gemeinsamen Glaubensbekenntnissen, Symbolen, Kulten, Institutionen und Traditionen der verschiedenen Glaubensgemeinschaften, wobei die Unterschiede und Gemeinsamkeiten hierbei wie bei der Unterscheidung von Philosophie und Theologie in der Geschichte und heute außerordentlich verschieden gesehen werden.

Natürlich ist negative Theologie kein Thema für alle Philosophen. Für einen Menschen, dem sich in seinem Leben dieses Thema nicht stellt oder der dieses Thema wegen der Denk- und Sprechverbote seines eigenen Philosophiebegriffs nicht stellen darf und kann, kann negative Theologie kein Problem sein. **Bei anderen Philosophen gibt es Annäherungen an das Thema.** Theodor W. Adornos (1903–1969)[106] Vorstellung von der Dialektik der Aufklärung erlaubt ihm zwar, von *„negativer Dialektik"*, von *„Metaphysik im Augenblick ihres Sturzes"* zu sprechen oder, wie im letzten Aphorismus der ‚Minima Moralia' vom *„Standpunkt der Erlösung"*, vom *„Messianischen Licht": „Erkenntnis hat kein Licht, als das von der Erlösung her auf die Welt scheint: alles andere erschöpft sich in der Nachkonstruktion und bleibt ein Stück Technik".* Zugleich gilt jedoch für Adornos Vorstellung von Aufklärung das Denk- und Sprechverbot über Erlösung durch Gott: *„Aber es ist auch das ganz Unmögliche, weil es einen Standort voraussetzt, der dem Bannkreis des Daseins, wäre es auch nur um ein Winziges, entrückt ist."* Jürgen Habermas (geb. 1929) spricht, wie oft bei letzten Fragen, vorsichtig von *„einer Art von negativer Theologie"*[107].

---

[106] Theodor W. Adorno war zusammen mit Max Horkheimer (1895–1973) Begründer der Kritischen Theorie der Frankfurter Schule. Jürgen Habermas ist Vertreter einer weiterentwickelten Kritischen Theorie.

[107] Habermas begründet die „Art von negativer Theologie" mit einer geschichtlichen Situation, in der die Voraussetzungen seiner Kommunikationstheorie nicht mehr gegeben sind: Wenn *„die Anomalien selber zur Norm geworden sind, beginnen die Phänomene zu verschwimmen. Um die relevanten Phänomene überhaupt noch zu Gesicht zu bekommen, mag es dann angebracht sein,*

Warum durchbricht Habermas nicht den Bannkreis der modernen Philosophie mit ihren zeitbedingten Wissenschaftskriterien, die, wie er meint, heute als wissenschaftliche Philosophie „*methodischer Atheismus*" sein müsse?

Meine bisherigen Interpretationen und Überlegungen zum Problem der negativen Theologie fasse ich in sechs Thesen so zusammen:

> **Erste These:** Die verschiedenen inhaltlichen und sprachlichen Darstellungsformen der negativen Theologie in der Philosophie lassen sich weder in der Geschichte noch heute auf einen einzigen Begriff, eine einzige Methode, ein einziges System bringen.

Wo immer Philosophen über formale Fragen hinaus mit Metaphern, Symbolen, Geschichten, Erzählungen, Reflexionen, Dialogen und Abhandlungen über den einen Gott Inhaltliches zu sagen versuchen, sprengen sie die in ihrer Zeit üblichen und festgelegten Denkmodelle und erfahren deren Grenzen. In den ‚Erzählungen der Chassidim' begründet die Erzählung vom ‚Furchtbaren Vielleicht', warum ein Rabbi im Disput mit einem Aufklärer auf Gott setzt und warum der Aufklärer über seine bisherigen Entlarvungsversuche Gottes nachdenklich wird.[108]

> **Zweite These:** Zur negativen Theologie gehört „*der Bruch des kohärenten Diskurses*".

Emmanuel Levinas bringt die wesentliche Differenz zwischen dem philosophischen Sprechen über den einen Gott in einer negativen Theologie auf der einen Seite und dem Sprechen über Götter in den Mythen und bei Arbeiten an neuen Mythen auf der anderen Seite so auf den Punkt: „*Die Götter, wenn sie auch auf Gipfeln woh-*

Philosophie in der Art, aber doch nur in der Art einer negativen Theologie zu betreiben." (Kommunikative Freiheit und negative Theologie, in: E. Angehrn u. a. (Hrsg.), Dialektischer Negativismus. Michael Theunissen zum 60. Geburtstag, stw 1034, Frankfurt a. M. 1992, 15–34. hier: 34.

[108] M. Buber, Die Erzählungen der Chassidim, Zürich [12]1992, 363–364.

nen, sind im philosophischen Diskurs präsent. Sie bleiben es, auch nach ihrem Rückzug auf jene mythischen Stätten, in dem Maße, wie der philosophische Diskurs die Mythen einkleidet oder sich in sie flüchtet. Der Gott der Bibel, dessen Wege unbekannt sind, dessen Anwesenheit in Abwesenheit besteht und dessen Abwesenheit sich als Anwesenheit aufdrängt, dem der Gläubige gleichzeitig treu und untreu ist, an den er glaubt und gleichzeitig nicht glaubt, offenbart sich dagegen im Bruch des kohärenten Diskurses. Und doch stimmt der westliche Mensch, unverbesserlicher Philosoph der er ist, dieser Trennung zwischen Glauben (oder dessen Restbestand) und Philosophie nicht zu. Er will einen Diskurs, der auch noch diesen Bruch in sich aufnimmt.''[109] **Theodor W. Adorno**, der bei seinem Verständnis von Aufklärung im Prozeß der Dialektik der Aufklärung Aussagen über den einen Gott der monotheistischen Religionen meidet, zielt bei seiner Unterscheidung der *„negativen Metaphysik"* von der *„positiven"* und von Wissenschaft und Theologie in ähnlicher Weise auf den *„Bruch des kohärenten Diskurses"* bei Fragen, auf die es keine *„festen dogmatischen Antworten"* gibt. **Die negative Metaphysik** *„stellt dem Inbegriff der Tatsachen, mit dem wir es in der Wissenschaft zu tun haben, ein prinzipiell Anderes gegenüber, ohne aber von diesem Anderen zu behaupten, es sei, wie die Theologien es von ihren Gottheiten zu tun pflegen. Denn zu den Gottheiten gehört es in einem ganz anderen Sinn dazu, daß sie sind, als man das etwa von Begriffen behaupten kann. Daraus ist die Vorstellung von der Metaphysik als einer Art von Niemandsland oder Wolkenkuckucksheim entstanden, also von einem Land, in dem es nebulös zugeht. Das, was ist, ist diesem Denken nicht genug; aber dem, was mehr ist, als bloß zu sein, spricht es nicht selber zu, daß es sei. [...] Die Metaphysik besteht nicht wesentlich in festen dogmatischen Antworten, sondern eben in Fragen. Darin drückt sich ihr Zusammenhang mit der Philosophie aus im Unterschied zur Theologie. [...] Metaphysik kann keine positive Lehre von irgendwelchen Seinsgehalten sein, die da als metaphysische verkündet werden; sie besteht eben in den Fragen, die sich auf solche Wesenhaftigkeiten beziehen, ohne daß aber etwas darüber präjudiziert*

---

[109] E. Levinas, Außer sich, a. a. O. (Anm. 93), 79.

wäre, daß diese Fragen wirklich sind. Pointiert gesagt: negative Metaphysik ist genauso Metaphysik wie positive auch. "[110]
Eine Philosophie, die über den einen Gott zu sprechen versucht und die sich letzte Fragen stellt, auf die es *„keine festen dogmatischen Antworten"* gibt, muß um der Sache willen von der Philosophie selbst gesetzte angeblich wissenschaftlich zwingende Grenzen sprengen. Konsistenz, Widerspruchsfreiheit, ein Denkmodell von Totalität, Identität, System, Struktur, Gefüge des Wissens oder Ähnliches kann keine zwingenden Kriterien und Grenzen philosophischen Sprechens festlegen und festschreiben. Die gegenwärtige Kritik der Philosophen an engen und strengen Sprach- und Diskursregeln sowie Wissenschafts- und Wahrheitstheorien zeigen, daß es für das philosophische Denken und Sprechen keine von allen Philosophen anerkannten und begrenzt verallgemeinerungsfähigen Wissenschafts- und Wahrheitskriterien beim Sprechen über letzte Fragen gibt. Und vor allem: **Wer *„den Bruch des kohärenten Diskurses"* als Kennzeichen einer negativen Theologie in der Philosophie versteht, der plädiert damit nicht für Zerstörung des Logos und der Vernunft**, nicht für das Denken und Sprechen eines engen Existentialismus und Personalismus oder für Historismus, Relativismus, postmoderne Beliebigkeit, erst recht nicht für Ausstieg aus der Moderne in die Prä-, Post- und Gegenmoderne.

> **Dritte These:** Der Gott der negativen Theologie ist der nicht durch das Sein oder das Nichts und durch andere Dualismen *„infizierte Gott"* (E. Levinas).

Wenn der göttliche Kosmos, Platons Reich der Ideen und ihre Säkularisate, das Reich des absoluten Geistes oder das Reich der Werte, zerbrochen sind, erstarrt eine Philosophie, die von Dionysios Areopagita bis Emmanuel Levinas und Jacques Derrida (geb. 1930) in der Philosophie über negative Theologie nachdenkt, nicht vor dem bodenlosen Nichts und ihrem Säkularisat, dem „europäischen Nihilismus" (Nietzsche). Sie erwartet auch nicht die erneute Verzauberung der Welt nach ihrer Entzauberung durch die modernen Wissenschaften oder die Wiederkehr alter und neuer Götter und

---

[110] Th. W. Adorno, Philosophische Terminologie, 2 Bde., hrsg. von R. zur Lippe, Frankfurt a. M. 1974, 2, 163 und 166.

neuer Mythen und sie arbeitet auch nicht an und mit ihnen. Sie fragt sich, wie sie über den nicht vom Sein oder vom Nichts infizierten abwesenden-anwesenden unendlichen Gott sprechen kann. Die Voraussetzung der negativen Theologie ist für **Dionysios Areopagita**: *Gott ist „undenkbar für alles Denken [...] und ist unaussprechlich für jederlei Wort". Ihm kommt „sowohl die Namenlosigkeit zu als auch alle Namen"*[111]. Was die von Martin Buber herausgegebenen **Erzählungen der Chassidim** an dualistischen Vorstellungen, z. B. an denen von Natürlich und Übernatürlich, von Diesseits und Jenseits, von Immanenz und Transzendenz, von der Welt des Alltags und der des Wunders kritisieren, zeigt etwa der Satz: *„Auch die Völker der Erde glauben, daß zwei Welten sind; ‚in jener Welt', sagen sie. Der Unterschied ist dies: sie meinen, die zwei seien voneinander abgehoben und abgeschnitten, Israel aber bekennt, daß beide Welten im Grunde eine sind und daß sie eine werden sollen."*[112]

Vierte These: Statt Apokalyptik [Spekulation über das Weltende] und neostoischer Ataraxie [Unerschütterlichkeit, Gleichmut] ermutigt negative Theologie dazu, die Welt, auch die moderne Welt, bei aller bestimmten Kritik anzunehmen, „wie sie steht und geht".

Das Verhalten zur Welt im Sinne der negativen Theologie unterscheidet sich grundlegend von dem der Apokalyptik und dem der neostoischen[113] Ataraxie. Die religiöse und weltliche Apokalyptik glaubt heute, das Ende aller Dinge und das Ende der Geschichte zu kennen. Sie malt das Ende aus und gebraucht die Angst und Hoffnung der Menschen vor dem Ende zu bösen Zwecken. Der grauenhafte Mißbrauch religiöser und weltlicher Apokalyptik durch Religion und Politik, Sekten und Propheten braucht heute nicht erläutert zu werden. Die neostoische Ataraxie glaubt auch heute zu wis-

---

[111] Dionysios Areopagita, Von den Namen Gottes 1 und 7, a. a. O. (Anm. 23).
[112] M. Buber, Die Erzählungen der Chassidim, a. a. O. (Anm. 108), 841.
[113] Die Stoa, griechisch-römische Philosophenschule (ca. 300 v. Chr. bis 200 n. Chr.). Die Stoiker verstanden sich vor allem als Bürger des vernünftig geordneten Kosmos; Philosophie war – und ist auch für die ‚Neostoiker' – Mittel zur ‚stoischen' Lebensführung.

sen, daß das sinnlose Schicksal alles, Leben und Tod, beherrscht, und verschließt den Menschen in sich selbst gegen die Welt und gegen den Anderen. So formulierte das schon **Marc Aurel** (121–180): *„Entweder Zwang des Verhängnisses und eine unausweichliche Ordnung oder gnädige Vorsehung oder Durcheinander des Zufalls ohne Leitung. Wenn nun unausweichlicher Zwang, was sträubst du dich? Wenn aber Vorsehung, die es zuläßt, gnädig gestimmt zu werden, mach dich würdig der göttlichen Hilfe. Wenn aber Durcheinander ohne Führung, sei zufrieden, daß du in solchem Schwall in dir selber einen leitenden Geist hast. Und wenn dich der Schwall fortreißt, soll er das Fleisch, den Lebenshauch usw. fortreißen, denn den Geist wird er nicht fortreißen."*[114]

Das Verhalten zur Welt im Sinne der negativen Theologie im Gegensatz zur Apokalyptik und zur neostoischen Ataraxie lautet: Wer im Sinne des Zentralgebots der drei monotheistischen Religionen der Juden, Christen und Muslime dem Nächsten und Fremden so hilft, wie es möglich ist, der soll die Welt, auch die moderne Welt, bei aller bestimmten Kritik so annehmen, *„wie sie steht und geht".* Die Einsicht, die chassidische Juden im 18. und 19. Jahrhundert in Mitteleuropa trotz ihrer Not und Verfolgung bei ihrer kritischen Auseinandersetzung mit der Gegenwart zur Annahme der Welt, auch der modernen Welt, *„wie sie geht und steht",* ermutigte, gründet darauf, daß der große geschichtliche Wandel der Moderne nicht nur Verfall, sondern auch Gewinn bedeutet. In der Form von Erzählungen vermitteln chassidische Juden einige ihrer Einsichten über die gegenwärtige Welt, die sie nicht undifferenziert einfach als Welt des Verfalls oder gar als Welt nach dem Tod Gottes verurteilen. Im Vergleich mit dem Geschlecht des Mose in der Wüste mit seinen großen Offenbarungen Gottes ist für sie das gegenwärtige Geschlecht der *„großen Verborgenheit"* Gottes *„trefflicher"*[115]. Die Erzählung ‚Freie Wahl' verteidigt die Einsicht: *„Gott will, daß die freie Wahl sei, darum hat er bis heute gewartet. Denn in der Zeit des Tempels gab's Todes- und Prügelstrafe, und somit noch keine Freiheit. Danach gab es Strafverordnungen in Israel, und somit noch keine Freiheit. Heute jedoch ist's so geworden, daß jeder ohne Scham öffentlich sündigt, und es ergeht*

---

[114] Marc Aurel, Wege zu sich selbst, hrsg. und übertr. von W. Theiler, Zürich 1951, 14.
[115] ‚Lob dieses Geschlechts', a. a. O. (Anm. 108), 524.

ihm wohl. Darum, wer heute recht lebt, ist gültig in Gottes Augen, und an ihm hängt die Erlösung."[116] Die Botschaft der Erzählung ‚Drei Geschlechter' lautet: „*Wir haben nicht mehr die Kraft*" zu den religiösen Gebets- und Kultformen der früheren Geschlechter, aber Gott ist auch heute nahe und hilft, wenn wir auch nur von seiner Nähe und Hilfe erzählen.[117] Die in den letzten Jahrzehnten, auch von Theologen, oft im Anschluß an Carl Schmitt zwischen Säkularisierung und Retheologisierung inszenierten heils- und unheilsgeschichtlichen Eschatologien und Apokalypsen und die oft daraus gezogenen Folgen für das sittliche und politische Handeln, vor allem die Freund-Feind- bzw. Links-Rechts-Festlegungen, fehlen bei diesen jüdischen Denkern. Wie Jacob Burckhardt haben auch sie schon im 19. Jahrhundert erkannt, daß wir in das Ende der Geschichte, auch in ihre nächsten Schritte „*nicht eingeweiht*" sind. Auf die Klage eines Menschen, in der großen Not nicht beten und lernen zu können, gibt die Erzählung ‚Die Welt annehmen' die Antwort: „*In dieser unsrer Zeit [...] ist die größte Frömmigkeit, über alles Lernen und Beten, wenn man die Welt annimmt, wie sie steht und geht.*"[118]

Für chassidische Juden ist die Welt im Gegensatz zu Apokalyptikern und Neostoizisten nicht das Reich des Bösen, des Antichrist, des Fürsten dieser Welt bzw. das Reich des sinnlosen Schicksals. Die Welt ist für sie nicht der Ort, wo Gott nicht ist, sondern der Ort, wo Gott verborgen ist, anwesend-abwesend. Auf das Angebot eines Juden: „*Ich gebe dir einen Gulden, wenn du mir sagst, wo Gott wohnt*", antwortet ein anderer Jude: „*Und ich gebe dir zwei Gulden, wenn du mir sagen kannst, wo er nicht wohnt.*"[119]

Fünfte These: Gegen philosophisch-theologische Verrechnungen von Leiden und Katastrophen, Tod und Untergang in der Welt bekräftigt negative Theologie das Recht der Menschen auf Klagen und Fragen vor Gott.

Zwei Formen, Leiden und Katastrophen, Tod und Untergang philo-

---

[116] Ebd. 572.
[117] Ebd. 543.
[118] Ebd. 637.
[119] Ebd. 821.

sophisch-theologisch zu verharmlosen und zu verrechnen, kann man so kennzeichnen: Die gescheiterte Theodizee ist die eine Form: Sie verrechnet und funktionalisiert schöpfungs- und heilsgeschichtlich Leiden und Katastrophen, Tod und Untergang als „*Beinahe Nichts*" in die „*beste aller möglichen Welten*" (Leibniz). Die andere Form ist die Umkehr der Theodizee: Sie verrechnet und funktionalisiert Leiden und Katastrophen, Tod und Untergang, auch Auschwitz, unheilsgeschichtlich in „*die schlechteste aller möglichen Welten*"[120]. Beide Formen übersteigen nicht nur die Grenzen einer über sich aufgeklärten kritischen Vernunft. Beide trifft seit Hiob und Kant der Vorwurf der Heuchelei, des unaufrichtigen Sprechens vor Gott.

Wenn Menschen jedoch vor Gott ohne Selbst- und Fremdbetrug sowie ohne „Trug für Gott" (Hiob) sprechen wollen, haben sie angesichts von Leiden und Katastrophen, Tod und Untergang in einer Welt als ob es Gott nicht gäbe das Recht auf Klagen und Fragen vor Gott, auch auf Rückfragen an ihn. Wenn der monotheistische Gott wirklich ernst genommen wird, dann ist er für alles in seiner von ihm geschaffenen Welt allein zuständig und verantwortlich. Es gibt dann keine bösen Mächte, keinen Satan, der arbeitsteilig für das Böse zuständig und verantwortlich ist. Dieser Gott kann dann auch nicht entlastet werden mit dem Argument, Leiden und Katastrophen, Tod und Untergang seien Folgen oder notwendige Strafen für den Mißbrauch des freien Willens seiner Geschöpfe, der Engel und der Menschen.

Sechste These: Negative Theologie ist nicht notwendig Negation Gottes, sondern sie versucht, von der Anwesenheit Gottes in seiner Abwesenheit zu sprechen.

Wir leben heute mit Menschen zusammen, die sich und die Welt ohne Gott verstehen – unabhängig davon, ob sie von sich sagen, sie seien religiös oder nichtreligiös. Aber auch heute suchen Menschen eine Antwort auf die Frage: Wie können endliche Menschen mit ihrer endlichen Vernunft und Sprache über den unendlichen, unbe-

---

[120] S. hierzu: E. Nordhofen, Die schlechteste aller möglichen Welten – Zur Inversion des Heilswissens bei Robert Nozick, in: F. Hermanni, V. Steenblock (Hrsg.), Philosophische Orientierung, a. a. O. (Anm. 102), 281–290.

greiflichen, ja oft ungeheuerlichen Gott sprechen bzw. nicht sprechen, wenn sie diesen Gott und seinen Namen nicht zu ihren menschlich – allzu menschlichen Zwecken mißbrauchen wollen? Für eine philosophische Aufklärung in Traditionen der griechischen und jüdischen Aufklärung, des biblischen Bilderverbots und der negativen Theologie gab es bisher zwei verschiedene, aber zusammengehörende Möglichkeiten: *Die eine Möglichkeit* des Sprechens bleibt stehen bei der Einsicht in die Genese der Projektionen menschlich – allzu menschlicher Wünsche, Ängste und Hoffnungen, bei der Einsicht in die Vergegenständlichung und Deifizierung dieser Projektionen sowie in deren Gebrauch oder Mißbrauch zur Rechtfertigung oder zur Kritik der vorgegebenen sozialen und politischen Verhältnisse. Diese Möglichkeit des Sprechens schreibt skeptisch, zynisch, verzweifelt diese Einsichten fest. Gott ist für sie eine schlechthin durchschaute, erledigte Vergangenheit. Bilderverbot heißt Bildersturm, Bilderzerstörung. Negative Theologie heißt absolutes Denk- und Sprechverbot über Gott, Negation Gottes. *Die andere Möglichkeit* bleibt hierbei nicht stehen. Sie schreibt die Ergebnisse des Ent-Täuschens und Durchschauens auch nicht endgültig fest. Sie versucht, solche Aufklärungen über sich selbst und ihre Grenzen aufzuklären. Für sie gibt es kein endgültiges Denk- und Sprechverbot über Gott und letzte Fragen. Solche Verbote lassen sich für sie jedenfalls nicht begründen z. B. von einer sogenannten anthropologischen Grundstruktur des Menschen, vom Wesen bzw. der Natur seiner Vernunft, von dem, was eine Zeit für wissenschaftlich hält. Ein über sich und seine Grenzen aufgeklärtes Denken weiß aus der Geschichte des eigenen Denkens und aus der anderer Menschen in der Geschichte der Philosophie und Religion sowie in der Kunst und Literatur, daß zum Durchschauen auch das Durchschauen der eigenen von Menschen selbst geschaffenen Sicherheiten gehört.

> Einen endgültigen Standpunkt im Leben des Einzelnen und der Menschen besitzen wir nicht, weder ein endgültiges Wissen darüber, daß Gott ist, noch ein endgültiges Wissen darüber, daß er nicht ist. Wenn Wissen über Gott sicheren, ja endgültigen Besitz bedeutet, dann gilt das, was Paul Celan (1920–1970) an Nelly Sachs (1891–1970) in dem Gedicht ‚Zürich, Zum Storchen. Für Nelly Sachs' schrieb: *„Wir wissen ja nicht, weißt du, wir wissen ja nicht, was gilt."*

I.5.3. Zwei Voraussetzungen des Grundkurses

Wer zur Einführung in philosophische Fragen und Antwortversuche Thesen und Überlegungen zur Diskussion stellt, verwendet nicht nur Begriffe und wissenschaftliche Arbeitsweisen in bestimmter Weise; er geht auch aus von begrenzt verallgemeinerungsfähigen sachlichen und geschichtlichen Voraussetzungen. Ich beschränke mich darauf, zwei Voraussetzungen des Grundkurses zu nennen:

> **Erste Voraussetzung:** Menschen stellen letzte Fragen, also auch religionsphilosophische Fragen. Sie suchen glaubwürdige Antworten, wenn ihre vorgegebenen, überlieferten oder selbst geschaffenen, letzten religiösen Grundannahmen, Vorstellungen, Lebensformen und Institutionen frag-würdig werden. Sie suchen jedoch auch glaubwürdige Antworten, wenn ihre vorgegebenen, überlieferten oder selbst geschaffenen, letzten nichtreligiösen Grundannahmen, Vorstellungen, Lebensformen und Institutionen frag-würdig werden.
>
> **Zweite Voraussetzung:** Menschen entwickeln und verteidigen in modernen Rechts- und Verfassungsstaaten Möglichkeiten eines gewaltlosen Zusammenlebens, auch eines solchen Zusammenlebens von Menschen und Gruppen, Mehrheiten und Minderheiten, die mit verschiedenen, ja entgegengesetzten letzten religiösen und nichtreligiösen Orientierungen leben.

Zwei Gegenwartsdiagnosen zeigen, daß diese beiden Voraussetzungen nicht mehr selbstverständlich sind und nicht von allen Menschen verteidigt werden:
1. **Viele Menschen stellen keine kritischen und selbstkritischen Fragen mehr, auch keine religionsphilosophischen**: Was Nietzsche und Max Weber über den verächtlichsten *„letzten Menschen"* sagten, lautet heute ähnlich, etwa: *„Wir amüsieren uns zu Tode"*, oder: *„Wir informieren uns zu Tode"* (Neil Postman). Oder: Wir leben in einer *„Kultur der Analgetika"* (Leszek Kolakowski [geb. 1927]), d. h. wir betäuben und verschließen uns durch Drogen und andere Betäubungsmittel und nehmen die wirklichen Probleme, auch die Leiden und Verletzungen des anderen Mitmenschen und

ihre Fragen gar nicht mehr wahr. Täglich erfahren wir in unserer näheren Umgebung, durch das Fernsehen und andere Medien, daß viele Menschen in Europa und in den anderen Teilen der Welt kaum noch letzte Fragen stellen und Antworten darauf suchen.

2. **Die real existierenden modernen Rechts- und Verfassungsstaaten sind in der Geschichte und Gegenwart im Vergleich mit allen anderen politischen Organisationsformen und Staatsformen die ganz große Ausnahme, und wir haben keine Garantie dafür, daß diese nicht wie schon einmal in diesem Jahrhundert vor totalitären Systemen scheitern.**

Aber: Ist trotz allem die Annahme wirklich eine Illusion, daß Menschen, wir selbst und andere, in bestimmten Situationen mit letzten Fragen, auch Fragen der letzten religiösen oder nichtreligiösen Orientierung konfrontiert werden? Quälend sind solche letzte Fragen, weil sie nach Kant aus zwei Gründen „belästigen": Wir können sie nicht, jedenfalls nicht immer und endgültig, verschweigen, verdrängen. Wir können solche Fragen jedoch auch nicht, jedenfalls nicht endgültig und für immer, beantworten. Zu Antwortversuchen auf letzte Fragen gehört, wie die Geschichte des menschlichen Denkens, auch die des eigenen Lebens, zeigt, die Widerlegung der Skepsis und die Wiederkehr der Skepsis.

Zweifel und Selbstzweifel sind nicht notwendig das Letzte beim philosophischen Nachdenken, und vor allem braucht beides nicht zu enden bei der sich in sich verschließenden weltlosen Innerlichkeit, bei der *„sich in sich verhausenden Subjektivität"* (Hegel). Baruch Spinozas (1632–1677) Grundsatz: *„Das Streben nach Selbsterhaltung ist die erste und einzige Grundlage der Tugend"* ist nicht für alle Aufklärer das letzte Wort.

Auch wenn Menschen kritisch und selbstkritisch Fragen stellen an die in ihrer geschichtlichen Welt vorgegebenen letzten religiösen und nichtreligiösen Grundannahmen, Vorstellungen und Institutionen sowie glaubwürdige Antworten auf diese suchen und diskutieren, sprengen sie, wie wir gesehen haben, zu einfache Modelle der Geschichte. So ist es auch heute.

Philosophische Aufklärung war und kann bei religionsphilosophischen Fragen auch heute sein die Schule des Verdachts und des Vertrauens, die Schule des Ent-Täuschens, des schmerzlichen, aber beglückenden Freiwerdens von vorgegebenen oder selbstgemachten Vorurteilen, bei denen der Mensch nur um sich selbst kreist und den Anderen, seinen Nächsten und den Fremden sowie Gott, nicht wahrnimmt.

Menschen sind in der Natur verwurzelt, aber nicht durch diese determiniert. Die gelungenen Formen und die Konflikte ihres Zusammenlebens mit anderen, mit Klassen, Völkern, Kulturen und Religionen sind auch durch geschichtliche Voraussetzungen bedingt, die sie nicht selbst geschaffen haben und die sich inzwischen weltweit durch die guten und schlimmen Folgen der Modernisierungsprozesse radikal verändern. Wenn Menschen die letzten religiösen oder nichtreligiösen Orientierungen ihres Denkens, Handelns und Hoffens, die sie nicht beliebig zur Disposition stellen, Wahrheit nennen, sollten sie diese auch heute wegen des vielfältigen Mißbrauchs des Begriffs Wahrheit ausdrücklich von Dogmatismus und Skeptizismus unterscheiden. *„Wir sind ohnmächtig etwas zu beweisen, was unwiderleglich den Dogmatikern wäre. Wir haben einen Begriff von der Wahrheit, die völlig unwiderleglich dem Skeptizismus bleibt."* (Pascal, Pensée 395)

Ruth Dölle-Oelmüller

Zweiter Teil:

Zugänge zur
Religionsphilosophie

II.1. Voraussetzungen und Ziele der Zugänge

Dieser Zweite Teil will demjenigen, der sich im Studium, Selbststudium, in der Schule oder anderen Bildungsinstitutionen in die Religionsphilosophie einarbeiten will, einige praktische Hinweise geben. Auch praktische Hinweise zu einem ersten Zugang zu Fragen und Antwortversuchen der Religionsphilosophie sind nicht voraussetzungslos. Meine Voraussetzungen, die ich in vielen Jahren durch Erfahrungen im Unterricht an Universitäten und Schulen und bei der Ausbildung und Weiterbildung von Lehrern gewonnen habe, kann ich kurz so formulieren:

> **Philosophie soll angesichts unserer problematisch gewordenen Lebensorientierungen philosophisches Orientierungswissen über letzte Fragen des Denkens, Handelns, Leidens und Hoffens vermitteln, und sie kann dies.** Bei religionsphilosophischen Fragen soll und kann sie durch kritische und selbstkritische Auseinandersetzung mit Antworten aus der Geschichte und Gegenwart Orientierungshilfe geben in der heutigen Situation, in der in besonderer Weise die durch Traditionen vermittelten religiösen und nichtreligiösen Grundannahmen, Vorstellungen und Institutionen zerbrochen und fragwürdig geworden sind. Mehr als erwartet, stellen nach meinen Erfahrungen auch heute Schüler, Studenten, Lehrer, jüngere und ältere Menschen – sicher nicht alle – in bestimmten Lebenssituationen kritische und selbstkritische Fragen an vorgegebene religiöse und nichtreligiöse Grundannahmen, Vorstellungen und Institutionen und erwarten Gespräche und glaubwürdige Antworten.

Philosophisches Orientierungswissen[121] ist unterschieden von Ori-

---

[121] Zur ausführlichen Erläuterung dieser Konzeption von Philosophie und Philo-

entierungswissen in einer engen sowie in einer weiten und vagen Bedeutung. Orientierungswissen nennt man einerseits ein Wissen in einem eng begrenzten Bereich. Wer z. B. Orientierungswissen über seine Alltagswelt hat, findet sich in dieser zurecht. Wer technisches Orientierungswissen hat, kennt sich etwa mit dem Programm seines Computers aus. In der weiten und vagen Bedeutung wird heute der Begriff Orientierungswissen oft ähnlich wie der Begriff Sinn verwendet. Orientierung wird gerade bei religionsphilosophischen Fragen auf sehr unterschiedliche Weise gesucht. Auch wenn unsere europäische Tradition vor allem durch die monotheistischen Religionen des Judentums und Christentums geprägt ist, diese Tradition gibt heute vielen, ja den meisten Menschen nicht mehr die entscheidende Orientierung. Viele suchen daher z. B. letzte Orientierungen bei neuen, oft synkretistischen Religionen, die Westliches und Östliches zu verbinden versprechen, bei Religionen mit und ohne Gott, bei neuen und alten Mythen, aber auch bei der Wissenschaft und Technik Antworten auf die Fragen nach den sogenannten letzten Dingen, auf die man in der bisherigen Geschichte vornehmlich von der jüdisch-christlichen Religion Antworten erwartete.

Philosophisches Orientierungswissen kann und darf nicht beanspruchen, die für alle Menschen zu allen Zeiten gültige Wahrheit zu vermitteln – oder überhaupt nur zu kennen. Es besteht jedoch auch nicht in einem beliebigen Angebot verschiedener Antworten, aus dem sich jeder Einzelne je nach Geschmack die ihm zuträglichste auswählen kann.

Philosophisches Orientierungswissen besteht in ‚glaubwürdigen' Antworten auf diese letzten Fragen, an denen sich Menschen in ihrem Denken, Handeln und Hoffen orientieren und die sie nicht beliebig zur Disposition stellen, auch wenn sie wissen, daß es keine von allen Menschen anerkannten Antworten auf letzte Fragen gibt.

sophie-/Ethikunterricht s. Oelmüller 1994; R. Dölle-Oelmüller, Philosophisches Orientierungswissen in Erziehung und Bildung, in: F. Hermanni, V. Steenblock (Hrsg., Philosophische Orientierung, a. a. O. (Anm. 102), 163–186; dies., Ethik- und/oder Philosophieunterricht – Ersatzfach für den Religionsunterricht? in: Zeitschrift für Didaktik der Philosophie und Ethik 17. Jg. H. 3/95 (1995) 204–212; Oelmüller, Dölle-Oelmüller 1996, 79–86.

Philosophische Orientierung gewinnt man nicht durch bloße Kenntnisse unterschiedlicher Antworten. Man gewinnt sie auch nicht durch zusammenhangloses Wissen. Das bloße Zur-Kenntnis-Nehmen verschiedener Antworten auf letzte Fragen ohne Zusammenhang macht eher orientierungslos. Wer philosophisches Orientierungswissen sucht, sollte selbstverständlich philosophische Texte studieren, auch und vor allem Texte aus unserer Tradition, die Antworten auch auf heutige Fragen sein können. Diese Texte müssen auch sachgemäß und gründlich analysiert werden. Hierbei sind je nach Text und Autor verschiedene Methoden hilfreich. Zum Verstehen gehört auch, viele Aussagen und Probleme in die eigene Sprache und Erfahrungswelt ‚zu übersetzen'. Aber Nach-Denken dessen, was andere gesagt haben, ist noch nicht Selbstdenken. Erst die kritische und selbstkritische Auseinandersetzung mit vorgegebenen Antwortversuchen kann zur eigenen Orientierung führen. Daß diese der Sache angemessen sein muß, versteht sich. Zumal der Anfänger ist dabei auf Hilfe durch kompetente Gesprächsteilnehmer (philosophische Fachliteratur, fortgeschrittene Studierende, Lehrer) angewiesen. Eine bloße „räsonierende Konversation" (Hegel) über unmittelbare Erlebnisse und Gefühle ist nicht hilfreich zur Orientierung. Die Erarbeitung von Texten und die kritische Auseinandersetzung mit ihnen – beim Lesen oder bei Gesprächen mit anderen – ist ein Weg zu dem, was Kant verantwortliches „Selbstdenken" nennt.

Orientierung durch Selbstdenken bedeutet, daß man Klarheit gewinnt über den Grund, welche philosophischen Argumente aus Geschichte und Gegenwart in den je eigenen Lebens- und Handlungszusammenhängen bewahrenswert sind und eine Orientierung in letzten Fragen geben können, welche preisgegeben werden müssen, weil sie unter veränderten Lebens- und Handlungsbedingungen keine Orientierung mehr leisten können. Notwendig sind Traditionskritik und Traditionsbewahrung.[122] Größere Klarheit gewinnt man über das, was der Mensch ist und sein kann, was er wissen kann, was er tun kann und soll, was er hoffen darf, was sein Leben in Politik und Geschichte bestimmt, was die letzte das Ganze umgreifende Orientierung ist, über die Leistungen von Religion, Wissenschaft, Kunst, Sprache.[123] Wenn wir in diesem Grundkurs von Ge-

---

[122] S. hierzu: Oelmüller 1979; der Titel der Einleitung zur 2. Auflage lautet: Aufklärung als Prozeß von Traditionskritik und Traditionsbewahrung (I–XLVI).
[123] S. hierzu: W. Oelmüller, R. Dölle-Oelmüller (Hrsg.), Philosophische Arbeits-

schichte sprechen, geht es uns nicht um heils- oder weltgeschichtliche universale Fortschritts- oder Verfallsmodelle, nicht um Spekulationen über das Schon und Noch-nicht von Erlösung und Versöhnung oder um Ausmalung des guten oder schlimmen Endes der Geschichte. Beim Rückgriff auf Geschichte geht es uns auch nicht um eine Addition individueller Biographien und Denkentwicklungen oder um Begriffs- und Ideengeschichten, sondern um die kritische Erinnerung und Diskussion religionsphilosophischer Fragen und Antworten anderer Menschen, die für uns hilfreich sein können. Philosophisches Orientierungswissen ist ein Wissen, das man sich selbst erarbeitet hat durch Nachdenken über eigene und fremde gute und schlimme Lebenserfahrungen, durch kritisches Anknüpfen an Texte und Antwortversuche auf letzte Fragen und durch Gespräche mit anderen Menschen.

Was diese Konzeption von Philosophie für das Thema: Religionsphilosophie bedeutet, zeigt der Erste Teil dieses Grundkurses. Auf der Grundlage dieser Ausführungen sollen im folgenden Hinweise gegeben werden, die die im Ersten Teil behandelten Probleme und zum Teil die dort angesprochenen Positionen aufnehmen und durch Texte und deren Erläuterung ausführlicher vorstellen. Wer beginnt, sich mit Fragen der Religionsphilosophie zu beschäftigen, kann auf diese Weise zusammenhängende Kenntnisse über den Problembereich: Religionsphilosophie aus Geschichte und Gegenwart gewinnen.

Die Texte aus Geschichte und Gegenwart sind zugleich verschiedene Antwortversuche auf die religionsphilosophischen letzten Fragen, die Menschen auch heute beschäftigen. Wer kritische und selbstkritische Fragen zur Religion hat, sollte sich nicht – wie es heute oft üblich ist – einreden lassen, seine letzten Fragen des Glaubens, Wissens und Hoffens seien nur psychisch bedingte Probleme. Die Psychologie sei in der Lage, solche religiösen Fragen zu lösen; die Antworten der Religion seien im wesentlichen psychologisch erklärbar. Psychologische Erklärungen erreichen nicht die Dimension der Antworten auf letzte Fragen. Texte sind bei dem Versuch, eigene Fragen zu klären, eine Hilfe. Die Lektüre verschiedener Au-

---

bücher 1–8, UTB, Paderborn u. a. 1976–1991, inzwischen in mehreren Auflagen (Diskurs: Politik, Diskurs: Sittliche Lebensformen, Diskurs: Religion, Diskurs: Geschichte, Diskurs: Kunst und Schönes, Diskurs: Metaphysik, Diskurs: Mensch, Diskurs: Sprache).

toren und die Diskussion über deren Antworten schaffen die notwendige Distanz zu den eigenen Problemen; sie schaffen eine Ebene, auf der man die eigenen brennenden Fragen auch mit anderen besprechen kann.

> Die ausgewählten Texte sind nicht alle ganz einfach; die angesprochenen Probleme sind das ja auch nicht. Aber alle Texte ohne Ausnahme sind auch für Anfänger verständlich. Mit Ausnahme der drei letzten Texte (Jonas, Rahner, Chassidische Erzählung, die keine besonderen Schwierigkeiten enthalten) habe ich alle mindestens einmal, die meisten mehrmals in verschiedenen Problemzusammenhängen im Philosophieunterricht des Freiherr-vom-Stein-Gymnasiums Münster mit Schülern der Jahrgangsstufen 11 bis 13 behandelt und intensiv diskutiert. Dies gilt auch für den meiner Meinung nach schwierigsten Text dieser Auswahl, den von Blumenberg.

Die Texte oder Textausschnitte sind relativ kurz. Für die Erläuterung des systematischen Zusammenhangs und die Interpretation der Texte sind jeweils die entsprechenden Passagen von Teil I heranzuziehen. Dies ist kein Plädoyer für ‚Häppchenliteratur'.[124] Die ‚Kostproben' aus der philosophischen Literatur in diesem Grundkurs sind so zu verstehen, daß sie Neugier zu einer intensiveren Beschäftigung mit einem Autor/einigen Autoren oder Fragen wecken sollen.

> Die Absicht dieses ganzen ‚Grundkurses. Religionsphilosophie' ist, durch historische und systematische Kenntnisse von Problemzusammenhängen einen ersten Überblick zu ermöglichen in einem Gebiet der Philosophie, von dem man bei einer vertiefenden Beschäftigung mit diesem Gebiet oder einem Autor ausgehen kann. Bei einer intensiveren Beschäftigung mit dem Thema Religionsphilosophie muß der Stand der wissenschaftlichen Forschung ausführlicher berücksichtigt werden, als dies in einem Grundkurs möglich ist.

---

[124] Ausführlichere Texte und Hinweise auf Sekundärliteratur gibt das ‚Philosophische Arbeitsbuch 3. Diskurs: Religion'; s. Anm. 7.

Meine Erfahrung ist, daß Studierende sehr oft auch nach ihrem Examen nur detaillierte Spezialkenntnisse besitzen, sozusagen Inseln im Ozean des Faches, zwischen denen sie keine Verbindung sehen. Der ‚Grundkurs. Religionsphilosophie' will dem Einsteiger einen ersten Zugang zu diesem Thema eröffnen und will ihn neugierig machen auf eine intensivere Beschäftigung. Daß dem ‚Grundkurs' eine ganz bestimme Konzeption von Philosophie zugrunde liegt, zeigt der Erste Teil, wird aber auch bei der Auswahl der Texte sichtbar. Sie ist – wie jede Auswahl – begründbar. Andere würden, wenigstens zum Teil, eine andere Auswahl treffen. Wichtig war uns, den Zusammenhang der Diskussionen deutlich zu machen; dies Interesse verfolgen auch die Anregungen für Interpretationen. Die weitgehend chronologische Anordnung der Texte folgt dem Gedankengang der systematischen Ausführungen im Ersten Teil, ist aber kein Plädoyer für einen philosophiegeschichtlichen Zugang zur Religionsphilosophie. Man kann z. B. auch ausgehen vom Interesse an alten und neuen Mythen oder alten und neuen Religionen. Man kann das allgemeine Theodizeeproblem in den Mittelpunkt stellen, die Frage nach dem Grund und Sinn von Leiden und Katastrophen, Tod und Untergang und die Antworten der Religion auf diese Erfahrungen. Auch die Frage nach dem Verhältnis von Religion und Politik kann für die Auswahl bestimmter Autoren sinnvoll sein und einen Zugang zu religionsphilosophischen Fragen eröffnen. Sehr aufschlußreich, interessant und lehrreich ist es, sich die Artikel ‚Religion', ‚Religionen', ‚Religionsphilosophie', ‚Religionskritik', ‚Religionsgeschichte', ‚Religionswissenschaften', ‚Religionsfreiheit', ‚Gewissensfreiheit', ‚Menschenrechte' und andere einschlägige Artikel in den großen Lexika (z. B. Historisches Wörterbuch der Philosophie, Handbuch philosophischer Grundbegriffe, Die Religion in Geschichte und Gegenwart, Lexikon für Theologie und Kirche) anzusehen. Man wird dabei feststellen, wie unterschiedlich die Grundthesen und Intentionen der Autoren und Lexika sind.

Wenn man diesen Zweiten Teil des Grundkurses als ‚**didaktische Hinweise**' verstehen will, dann sollte klar sein:

> Für mich bedeutet ‚**Didaktik**' dies: **auf Erfahrung beruhende Einsichten darüber, wie jüngere und ältere Menschen, Lernende und Lehrende Zugänge gewinnen können zum Selbstdenken und Selbsturteilen über Antwortversuche auf letzte Fragen, hier über religionsphilosophische Fragen.**

Unter Didaktik verstehe ich also keine Vermittlungswissenschaft ‚neben' oder gar ‚über' den Wissenschaften und der Philosophie, die Vermittlungswissen und Vermittlungstechniken lehrt.

Die Erfahrungen habe ich gewonnen im Philosophieunterricht, bei dem die Schüler – auch diejenigen, die den Religionsunterricht abgewählt hatten – immer wieder an religionsphilosophischen Fragen besonders interessiert waren, in Seminaren an der Universität, bei der Ausbildung und Weiterbildung von Philosophie- und Ethiklehrern in Nordrhein-Westfalen, Thüringen und Sachsen. Vielleicht können die dort gewonnenen Einsichten auch anderen einen Zugang zur Religionsphilosophie eröffnen.

II.2. Texte und Hinweise für die Arbeit mit Texten zur Religionsphilosophie

II.2.1. Die Entstehung der Welt und des Menschen – Antworten von Mythen im Vorderen Orient und in Griechenland

> – „Als die Götter Mensch waren, trugen sie die Arbeit." –
> „Laßt den Menschen die Mühsal der Götter tragen!" (Altbabylonisches Atramchasis-Epos)
> – „Am Anfang hat Gott Himmel und Erde geschaffen." –
> „Gott schuf den Menschen als sein Bild." (Der Schöpfungsbericht der Priesterschrift)
> – „Nämlichen Ursprungs [sind] die Götter und sterblichen Menschen." – „Die ewigen Götter, die hoch den Himmel bewohnen." ... „Was [uns] bleibt, ist trauriges Elend bei den sterblichen Herrschern." (Hesiod)

Im Vorderen Orient und in Griechenland bestimmten vor dem Beginn der europäischen Geschichte, wie wir durch schriftliche Überlieferungen wissen, sehr verschiedene Mythen die Vorstellungen und das Leben der Menschen. **Das altbabylonische Atramchasis-Epos, der biblische Schöpfungsbericht der Priesterschrift und Hesiods Mythos von den Weltaltern können als exemplarisch gelten für völlig unterschiedliche Deutungen der Götter- und Menschenwelt.**[125] Die jüdische und die griechische Aufklärung be-

---

[125] Die Texte aus dem Altbabylonischen Atramchasis-Epos, aus der Priesterschrift des Alten Textaments sowie im folgenden der Text aus dem Jesajabuch werden in der Übersetzung mit den Anmerkungen des Alttestamentlers

ginnen mit der Kritik an den unglaubwürdig gewordenen Vorstellungen der Mythen. Die jüdische Aufklärung beginnt mit der Kritik an den mythischen Vorstellungen in der Umwelt Israels, die vor allem durch die Babylonier und Ägypter geschaffen waren, die griechische mit der Kritik an den Vorstellungen über den Kosmos und die Götter, die Homer und Hesiod in ihren Werken dargestellt hatten. Eine Vorstellung von den unterschiedlichen Versuchen des Mythos, Klärung und Ordnung der Wirklichkeit und eine Gesamtdeutung der Welt zu gewinnen dadurch, daß sie eine Differenz formulieren[126], können **die drei Mythen über die Entstehung der Welt und des Menschen** vermitteln. Diese Mythen sind nicht nur von historischem Interesse. Sie **sind von großer Bedeutung für die religiösen und geschichtlichen Vorstellungen unserer europäischen Tradition.** Die Kenntnis solcher früher Mythen, die freilich selbst schon in den Hochkulturen auf alte schriftlose Überlieferungen zurückgehen, können das Verständnis der gegenwärtigen Diskussionen um begrenzte und entgrenzte Mythen, um die Wiederkehr des Mythos und die neue Mythenfreundlichkeit erleichtern.

Aus dem altbabylonischen Atramchasis-Epos
(1. Hälfte des 2. Jt. v. Chr.) (93)

Als die Götter Mensch waren,
trugen sie die Arbeit, schleppten sie die Mühsal.
Die Mühsal der Götter war groß,
die Arbeit war schwer, die Pein war arg.
Die sieben großen Anunnaki
ließen die Igigi die Arbeit tragen.   (Tafel I, i, 1–6)

Jürgen Ebach abgedruckt (Diskurs: Religion, [3]1995), 93, 101–103, 95–96). Der Kommentar zu diesen Texten schließt sich an die Ausführungen von Ebach zu diesen Texten in der ‚Einleitung I' und im ‚Biographisch-bibliographischen Anhang' dieses Buches an.

[126] S. hierzu N. Luhmann, Brauchen wir einen neuen Mythos?, in: Höhn (Hrsg.) 1996, 132. „Die wohl auffälligste Eigenart von Mythen ist demnach: daß sie eine Differenz formulieren – z. B. die Differenz von Chaos und Kosmos, von Unsterblichen und Sterblichen, von Geburt und Tod, von Überfluß und Knappheit, von Sünde und Strafe, von zweigeschlechtlichen (androgynen) und geschlechtlichdifferenzierten Lebewesen, von Rohem und Gekochtem, von alter Zeit und jetziger Zeit, von Titanen und Göttern. Solche und andere Differenzschemata dienen dazu, den Ort und die Zeit und die Verhältnisse zu bestimmen, in denen man lebt – sozusagen auf der einen Seite der Differenz."

[Im folgenden Text wird geschildert, daß die Igigi, die unteren (oder: zahlreichen) Götter, die die Zwangsarbeit tun müssen, sich mit ihrem Los nicht abfinden und einen Aufstand gegen die oberen Götter anzetteln. Der Konflikt zwischen den Göttern wird durch einen Vorschlag des weisen Gottes Ea gelöst:]

> Ea öffnete seinen Mund
> und sprach die Götter, seine Brüder, an:
> ...
> Wo doch Belet-ili, die Geburtsgöttin, da ist,
> laßt sie den Menschen erschaffen,
> laßt ihn das Joch tragen,
> laßt ihn das Joch tragen,
> laßt den Menschen die Mühsal der Götter tragen!
>
> (G II, ii, 1 f. 8–12)
> (Übersetzt von J. Ebach)

Das Thema des altbabylonischen Epos, das in der 1. Hälfte des 2. Jahrtausends v. Chr. entstand – eine jüngere Fassung stammt aus assyrischer Zeit, 7. Jh. v. Chr. –, ist die Erschaffung des Menschen und die ‚Sintflut', bei der – wie im Alten Testament (1 Mose 6–9) – das Menschengeschlecht vernichtet und nur ein Mensch gerettet wird. Die Menschen werden vernichtet, weil ihr Lärm die Götter stört. Nur Atramchasis (im AT Noah) überlebt mit seiner Familie, weil Gott Ea ihn ein Schiff bauen läßt.

Die Entstehung des Menschen wird hier erklärt als Folge des Konflikts unter den Göttern. Wie in der altbabylonischen Gesellschaft, so gibt es auch bei den Göttern eine Klassengesellschaft, die **Klasse der oberen Götter und die der unteren, die die Arbeit machen müssen.** „Arbeit" muß hier verstanden werden als die mühselige Arbeit bei der Anlage eines Bewässerungssystems, ohne das ein seßhaftes Leben in Mesopotamien nicht möglich ist. **Der Mensch wird geschaffen, um die Arbeit der Götter zu übernehmen,** die dadurch erst wirklich Götter werden. Daß die Götterwelt die menschliche widerspiegelt, führt aber nicht – wie später bei Marx – zur Religionskritik, sondern die Vorstellung führt zur Stabilisierung der gesellschaftlichen Verhältnisse: Die Menschen haben ihre Stellung in der menschlichen Gesellschaft als ‚gottgewollt' hinzunehmen, da die Unterschiede denen in der Götterwelt entsprechen.

Der kurze Text scheint auf den ersten Blick sperrig und fremd. Ich habe jedoch mehrmals die Erfahrung gemacht, daß es gerade die völlige Andersartigkeit der Vorstellung von Göttern und der Erschaffung des Menschen ist, die fasziniert. Nichts stimmt mit der jüdisch-christlichen, nichts sogar mit der griechisch-römischen Götterwelt[127] überein. Eine Hierarchie unter Göttern ist noch vergleichbar, nicht aber die Annahme von hart arbeitenden Göttern, die eine Wandlung durchmachen und im vollen Sinne erst Götter werden durch die Menschen, die zu ihrer Entlastung erschaffen werden. Einleuchtend ist auch unmittelbar, welche politische und gesellschaftliche Funktion die Mythen und die Religionen hier haben und haben können.

Der Schöpfungsbericht der Priesterschrift
(1 Mose 1, 1–2,4 a) (6. Jh. v. Chr.)

Am Anfang hat Gott Himmel und Erde geschaffen.

Die Erde aber war öde Wüste[128], und Finsternis war über der Urflut, und der Atem Gottes bewegte sich auf der Wasseroberfläche. Da sprach Gott: „Es werde Licht!", und es wurde Licht. Und Gott sah das Licht als gut an. Und Gott schied das Licht von der Finsternis. Und Gott nannte das Licht Tag, die Finsternis aber nannte er Nacht. Und es wurde Abend, und es wurde Morgen, *ein* Tag.

Und Gott sprach: „Es sei eine feste Platte mitten im Wasser, so daß sie zwischen Wasser und Wasser eine Trennung bilde!" [Und dementsprechend geschah es:] Gott machte die feste Platte, so daß sie das Wasser unterhalb der festen Platte schied vom Wasser oberhalb der festen Platte. Und Gott nannte die feste Platte Himmel. [Und Gott sah es als gut an.] Und es wurde Abend, und wurde Morgen, ein zweiter Tag.

Und Gott sprach: „Es sammle sich das Wasser unter dem Himmel an *einem* Ort, so daß das Trockene sichtbar ist!" Und dementsprechend geschah es. Und Gott nannte das Trockene Erde, die Ansammlung des

---

[127] Informationen über die mit den antiken Göttern und Heroen verbundenen Mythen, ihre literarischen Quellen, religionsgeschichtliche Erklärungen und Hinweise auf die Nachgeschichte der antiken Stoffe in der Kunst und Literatur bis zur Gegenwart enthält: H. Hunger, Lexikon der griechischen und römischen Mythologie, rororo 6178, Reinbek bei Hamburg 1974. Die ‚Geschichten' erfährt man auch aus: G. Schwab, Sagen des klassischen Altertums, ausgewählt und bearbeitet von H. F. Blunck, Bayreuth [15]1980.

[128] Im Hebräischen steht hier: Tohuwabohu; doch bezeichnet der Hebräer damit kein wildes Durcheinander von vielem, sondern die Leben unmöglich machende Leere und Öde, wie sie vor allem in der Wüste erfahrbar ist.

Wassers aber nannte er Meer. Und Gott sah es als gut an. Und Gott sprach: „Die Erde lasse Grün sprießen, Pflanzen, die Samen hervorbringen, und Fruchtbäume, die Früchte bringen auf der Erde, in denen ihr Same ist, nach ihren Arten[129] auf der Erde!" Und dementsprechend geschah es: Die Erde ließ Grün sprießen, Pflanzen, die Samen hervorbringen, nach ihren Arten und Bäume, die Früchte bringen, in denen ihr Same ist, nach ihren Arten. Und Gott sah es als gut an. Und es wurde Abend, und es wurde Morgen, ein dritter Tag.

Und Gott sprach: „Es seien Leuchtkörper[130] an der Himmelsplatte, um den Tag von der Nacht zu scheiden; sie sollen als Zeichen dienen für festgesetzte Zeiten, für Tage und Jahre, und sie sollen als Leuchtkörper dienen an der Himmelsplatte, damit es auf der Erde hell ist!" Und dementsprechend geschah es: Gott machte die beiden großen Leuchtkörper: den größeren Leuchtkörper, um den Tag zu beherrschen, und den kleineren Leuchtkörper, um die Nacht zu beherrschen, dazu die Sterne. Und Gott setzte sie an die Himmelsplatte, damit es auf der Erde hell werde und damit sie herrschten über den Tag und die Nacht und schieden zwischen dem Licht und der Finsternis. Und Gott sah es als gut an. Und es wurde Abend, und es wurde Morgen, ein vierter Tag.

Und Gott sprach: „Es soll wimmeln das Wasser von Gewimmel, lebenden Wesen, und Fluggetier soll über der Erde fliegen vorn an der Himmelsplatte!" Und Gott schuf die großen Seeungeheuer[131] und jedes sich regende Lebewesen, von denen das Wasser wimmelt, nach seinen Arten und alles geflügelte Fluggetier nach seinen Arten. Und Gott sah es als gut an. Und Gott segnete sie folgendermaßen: „Seid fruchtbar und werdet zahlreich und füllt das Wasser im Meer; und das Fluggetier soll zahlreich werden auf der Erde!" Und es wurde Abend, und es wurde Morgen, ein fünfter Tag.

Und Gott sprach: „Es bringe die Erde hervor Lebewesen nach ihren Arten, Vieh und Kriechtiere und wilde Tiere der Erde nach ihren Arten!" Und dementsprechend geschah es: Gott machte die wilden Tiere der Erde nach ihren Arten und das Vieh nach seinen Arten und alle Kriechtiere

---

[129] Im hebräischen Text steht hier ein Wort naturkundlicher, nahezu naturwissenschaftlicher Terminologie. Wie im gesamten Schöpfungsbericht wird hier nicht Glaube gegen Wissenschaft gesetzt, vielmehr wird die zeitgenössische moderne Naturwissenschaft selbstverständlich aufgenommen.

[130] Der Text verzichtet auf die Namen ‚Sonne' und ‚Mond', weil sie an die mächtigen Gestirnsgötter der Umwelt Israels erinnern könnten. Sonne und Mond sind in 1 Mose 1 keine Mächte, sondern funktionale Größen.

[131] In der Umwelt Israels waren Seeungeheuer Chaosmächte, die dem Schöpfergott feindlich entgegenstanden. Hier sind sie nicht die Feinde Gottes, sondern seine Geschöpfe.

der Erde nach ihren Arten. Und Gott sah es als gut an. Und Gott sprach: „Wir[132] wollen Menschen machen als unser Bild[133], uns ähnlich. Sie sollen herrschen über die Fische des Meeres und über das Fluggetier des Himmels und über das Vieh und über die wilden Tiere der Erde und über alle Kriechtiere, die auf der Erde kriechen!" Und Gott schuf den Menschen als sein Bild; als Bild Gottes schuf er ihn, Mann und Frau, so schuf er sie. Und Gott segnete sie, indem er zu ihnen sprach: „Seid fruchtbar und werdet zahlreich, füllt die Erde und unterwerft sie, herrscht über die Fische des Meeres und über das Fluggetier des Himmels und über jedes Tier, das sich auf der Erde regt!"

Und Gott sprach: „Siehe, ich gebe euch alle samentragenden Pflanzen auf der ganzen Erde und alle Bäume, an denen samentragende Baumfrüchte sind – euch sollen sie zur Nahrung dienen! Und allen wilden Tieren der Erde und allem Fluggetier des Himmels und allen Kriechtieren, allem, was Lebensatem in sich hat, gebe ich alles Gras und Kraut zur Nahrung." Und dementsprechend geschah es. Und Gott sah alles, was er gemacht hatte, als sehr gut an. Und es wurde Abend, und es wurde Morgen, ein sechster Tag.

Und Gott brachte am siebenten Tage seine Arbeit, die er gemacht hatte, zum Abschluß, indem er am siebenten Tage ruhte von all seiner Arbeit, die er gemacht hatte. Und Gott segnete den siebenten Tag, indem er ihn heiligte, denn an ihm ruhte er von all seiner Arbeit, die Gott geschaffen hatte durch sein Tun.

Dies ist die Entstehungsgeschichte von Himmel und Erde, als sie geschaffen wurden.

(Übersetzt von J. Ebach)

Die Priesterschrift ist eine der Quellenschriften der 5 Bücher Mose des Alten Testaments. Sie entstand in der Zeit des babylonischen Exils (586–539 v. Chr.) oder kurz danach. Sie ist in der Auseinandersetzung mit kosmologischen Vorstellungen der damaligen Hochkulturen Ägypten und Babylon gleichsam **ein Gegenentwurf zum Atramchasis-Epos**. Während im Atramchasis-Epos die Menschen zur Entlastung der Götter von der ihnen zu mühseligen Arbeit geschaffen sind, so ist die Arbeit der Menschen in der Welt in

---

[132] Hinter dem Plural (wir) steht die Vorstellung von einem Gott umgebenden himmlischen Hofstaat, ein Relikt polytheistischer Religion.
[133] Nach antiker Auffassung kann das Bild des Herrschers ihn selbst vertreten. In Ägypten und Mesopotamien kann vor allem der König ‚Bild Gottes', d. h. sein beauftragter Stellvertreter, genannt werden. In 1 Mose 1 ist nicht der König oder sonst ein Privilegierter, sondern *der Mensch* ‚Bild Gottes'.

1 Mose 1 eine Folge der Tatsache, daß Gott die Welt für den Menschen und auf ihn hin erschaffen hat. Diese Welt, die „Arbeit" Gottes, sieht Gott „als gut an".

Der weltunabhängige, unwandelbare Gott schuf nach dem **Schöpfungsbericht der Priesterschrift** (1 Mose 1, 1–2, 4a) die Welt. Er ordnete das Chaos. Sonne und Mond, die in der Umgebung Israels als mächtige Götter verehrt wurden, sind nach dem Schöpfungsbericht nur noch von Gott geschaffene „Lichter" oder „Leuchtkörper" zur Unterscheidung von Tag und Nacht. Damit nimmt der Verfasser die Kenntnisse der damaligen Naturwissenschaft auf. Auch die im Vorderen Orient bestehende Vorstellung, daß die Wirklichkeit von mythischen Chaosmächten, neben den Göttern existierenden selbständigen Mächten, beherrscht wird, wird abgelehnt. Chaosmächte, Gestirne und Tiere sind Elemente in der auf den Menschen hin geschaffenen Welt. Die **Darstellung der Weltordnung** ist hier nicht, wie dies heute viele glauben, eine mythische Erzählung wie andere auch, sondern sie bedeutet gerade gegen die herrschenden Vorstellungen **eine Entmythologisierung und Rationalisierung**. Nach der Erschaffung der Pflanzen und Tiere **schuf Gott den Menschen, Mann und Frau, als „Bild" Gottes** mit dem Auftrag: *„Seid fruchtbar und werdet zahlreich, füllt die Erde und unterwerft sie, herrscht über die Fische des Meeres und über das Fluggetier des Himmels und über jedes Tier, das sich auf der Erde regt!"* Nach antiker Auffassung kann das Bild des Herrschers ihn selbst vertreten. D. h. also: Jeder Mensch, nicht nur der weltliche oder geistliche Herrscher, ist „Bild" Gottes. Daß die „Herrschaft" des Menschen über die Erde im Schöpfungsbericht nicht im neuzeitlichen Sinn verstanden werden kann, als ob der Mensch als „Herr und Eigentümer der Natur" (Descartes [1596–1650]) die Welt ausbeuten und zerstören kann, ergibt sich schon daraus, daß der **Auftrag Gottes an die Menschen** nur darin bestehen kann, **die von Gott als „gut" geschaffene Ordnung gut zu verwalten und zu bewahren.**

Bei biblischen Texten gibt es nach meinen Erfahrungen eine spezifische Schwierigkeit des Zugangs. Es gibt heute zwar nicht mehr viele Menschen, die ‚heilige' Texte als wortwörtlich von Gott geoffenbarte Wahrheit verstehen, wie z. B. Islamisten und orthodoxe Juden oder fundamentalistische Christen dies tun. Dennoch bestehen bei vielen Menschen, auch bei nichtreligiösen Menschen, Hemmungen, diese Texte wie andere auch zu behandeln, und d. h., sie als eine Antwort auf letzte Fragen von Menschen zu verstehen, die unter ganz bestimmten geschichtlichen Bedingungen gegeben werden.

Hesiod (um 700 v. Chr.), Die Weltalter[134]

Willst du, so werde ich dir noch andere Kunde berichten,
Gut und wohlerfahren, du aber beweg es im Herzen:
Wie ja nämlichen Ursprungs die Götter und sterblichen Menschen.

Golden war das Geschlecht der redenden Menschen, das erstlich
Die unsterblichen Götter, des Himmels Bewohner, erschufen.
Jene lebten, als Kronos[135] im Himmel herrschte als König,
Und sie lebten dahin wie Götter ohne Betrübnis,
Fern von Mühen und Leid, und ihnen nahte kein schlimmes
Alter, und immer regten sie gleich die Hände und Füße,
Freuten sich an Gelagen, und ledig jeglichen Übels
Starben sie, übermannt vom Schlaf, und alles Gewünschte
Hatten sie. Frucht bescherte die nahrungsspendende Erde
Immer von selber, unendlich und vielfach. Ganz nach Gefallen
Schufen sie ruhig ihr Werk und waren in Fülle gesegnet,
Reich an Herden und Vieh, geliebt von den seligen Göttern.

Aber nachdem nun dies Geschlecht in der Erde geborgen,
Wurden sie zu Dämonen[136] nach Zeus', des erhabenen, Willen,
Herrliche, weilen auf Erden, sind Hüter der sterblichen Menschen,
Und sie wahren das Recht und wehren frevelnden Werken.
Luftig als Nebel durchschweifen sie alle Weiten der Erde,
Segen spendend. Und dies ist nun ihr königlich Anrecht.

---

[134] Hesiod, Sämtliche Werke, deutsch von Th. von Scheffer, hrsg. von E. G. Schmidt, Bremen 1938.
Hesiod lebte um 700 v. Chr. in Böotien. Homers Epen der Adelsgeschlechter, ‚Ilias' und ‚Odyssee', und Hesiods Epen der bäuerlichen Welt waren die Mythen, aus denen, wie Xenophanes und Platon sagen, von Anfang an die Griechen gelernt haben. Von Hesiods Werken sind erhalten die ‚Theogonie', in der er die Entstehung der Welt und der Götter darstellt, eine Göttergeschichte, an deren Ende und Ziel die Herrschaft Zeus' steht. Dies ist der erste und einzige griechische ‚Schöpfungsbericht'. Das zweite Werk sind die ‚Werke und Tage'.

[135] Kronos ist der Sohn des Urgottes Uranos (griech. Himmel), den er entmachtet, und der Gaia (griech. Erde). Die Zeit des Kronos galt als das goldene Zeitalter.

[136] Halbgötter, Mittler zwischen Menschen und Göttern.

Wieder ein andres Geschlecht, ein weit geringeres, schufen
Silbern die ewigen Götter, die hoch den Himmel bewohnen,
Weder an Wuchs dem goldnen vergleichbar noch an Gesinnung.
Hundert Jahre wuchs das Kind bei der sorglichen Mutter
Fröhlich, betreut empor, unmündig im eigenen Hause.
Reifte es aber sodann und erlangte die Blüte der Jugend,
Lebten sie nur noch wenig und kurz und leidenbeladen
Durch ihren Unverstand; den frevlen Übermut konnten
Untereinander sie nicht bezwingen und wollten die Götter
Nicht verehren und nicht an Altären den Seligen opfern,
Wie es örtlicher Brauch den Menschen; und darum verbarg nun
Zeus auch diese voll Zorn, weil keinerlei Ehrenbezeugung
Sie den seligen Göttern, den Himmelsbewohnern erwiesen.

Aber nachdem nun dies Geschlecht in der Erde geborgen,
Werden sie unterirdisch und selige Wesen geheißen,
Zweiten Ranges, doch stehen auch sie trotz allem in Ehren.

Nun ein anderes, drittes Geschlecht der redenden Menschen
Schuf Kronion [Sohn des Kronos, Zeus] aus Erz, in nichts dem
    silbernen ähnlich,
Eschenentsprossen und wild und fürchterlich. Diese betrieben
Ares' [Gott des Krieges] Jammergeschäfte und Frevel. Früchte
    des Feldes
Aßen sie nicht, ihr Herz war löwenmutig und steinern,
Ungeschlachte; gewaltig war ihre Stärke, unnahbar
Hingen aus ihren Schultern die Hände an riesigen Gliedern.
All ihre Waffen waren aus Erz und ehern die Häuser,
Erz ihr Ackergerät; noch gab es kein schwärzliches Eisen.
Diese, gebändigt nun von ihren eigenen Händen,
Stiegen hinab in die Moderbehausung des schaurigen Hades
Ruhmlos. Der schwarze Tod, so schlimm und entsetzlich sie waren,
Packte sie, und sie schieden vom strahlenden Lichte der Sonne.

Aber nachdem auch dies Geschlecht in der Erde geborgen,
Schuf noch ein anderes, viertes auf vielernährender Erde
Zeus, der Kronide, und dies Geschlecht war gerechter und besser,
War ein göttlich Geschlecht von Helden, und man benannte
Halbgötter sie, dies Vorgeschlecht auf unendlicher Erde;
Aber der schlimme Krieg und das arge Gewimmel der Feldschlacht
Im kadmeïschen Land beim siebentorigen Theben
Tilgte die einen im Kampf um Oidipus' weidende Herden
Oder lenkte die andern in Schiffen über die schwarzen
Schlünde des Meeres nach Troia der lockigen Helena wegen.[137]

---

[137] Kadmos galt als Gründer der Stadt Theben, der Hauptstadt Boeotiens. Oedi-

Wahrlich, dort umhüllte die einen das Ende des Todes.
Andern, fern von den Menschen, gewährte Leben und Wohnsitz
Zeus, der Kronide, und ließ sie hausen am Rande der Erde,
Auch den Unsterblichen fern, und Kronos wurde ihr König;
Und dort wohnen sie nun mit kummerentlastetem Herzen
Auf den seligen Inseln und bei des Okeanos Strudeln,
Hochbeglückte Heroen; denn süße Früchte wie Honig
Reift ihnen dreimal im Jahr die nahrungsspendende Erde.

Wäre ich doch nicht selbst ein Mitgenosse der fünften
Männer und stürbe zuvor oder wäre später geboren!
Jetzt ja ist das Geschlecht ein eisernes; niemals bei Tage
Ruhen sie von Mühsal und Leid, nicht einmal die Nächte,
O die Verderbten! da senden die Götter drückende Sorgen.
Dennoch wird auch diesen zu Bösem Gutes gemischt sein.
Zeus wird auch dies Geschlecht der redenden Menschen vertilgen,
Wenn sie bei der Geburt schon graue Schläfen besitzen.
Nicht ist der Vater dem Kind, das Kind dem Vater gewogen,
Nicht dem Wirte der Gast, Gefährte nicht dem Gefährten,
Nicht ist der Bruder lieb, wie er doch früher gewesen;
Bald versagen sie selbst den greisen Eltern die Ehrfurcht,
Schmähen sie noch und schwatzen mit ihnen häßliche Worte.
Frevler! sie wissen nichts von Götteraufsicht, sie geben
Nicht den greisen Eltern zurück die Pflege der Kindheit.
Faustrecht gilt, der eine verheert des anderen Wohnsitz.
Keiner wird mehr geschätzt, der wahr geschworen, und keiner,
Der gerecht und gut. Den Übeltäter, den Frevler
Ehrt man weit höher, es herrscht das Recht der Fäuste und keine
Ehrfurcht und Scham. Der Schlimme verletzt mit betrüglichen
 Worten
Einen edleren Mann und bekräftigt es noch mit dem Eide.
Mißgunst folgt den Menschen, den unglückseligen, allen
Zankend und schadenfroh mit scheelen, boshaften Augen.
Nun zum Himmel hinauf von der pfadüberzogenen Erde
Beide, die schöne Gestalt in lichte Gewänder verhüllend,
Eilen hinweg von den Menschen hinauf zur Sippe der Götter
Scham und gerechte Vergeltung; was bleibt, ist trauriges Elend
Bei den sterblichen Herrschern. Da hilft nichts gegen das Unheil.
(Werke und Tage Vers 106–201)

---

pus ist Hauptheld des thebanischen Sagenkreises. Helena ist nach griechischem Mythos eine Tochter des Zeus und der Leda, Frau des Menelaos; sie wurde von Paris, dem Sohn des trojanischen Königs Priamos nach Troja entführt, was zum Ausbruch des Trojanischen Krieges führte.

Hesiods Weltalter-Mythos unterscheidet sich ganz wesentlich von den beiden anderen Ursprungsmythen, dem Atramchasis-Epos und dem Schöpfungsbericht der Priesterschrift. **Die fünf Weltalter sind gekennzeichnet durch fünf verschiedene Versuche der Götter, im Kreislauf von Werden und Vergehen Menschen, d. h. von den Göttern verschiedene Lebewesen zu schaffen, über die sie Macht haben.** Zwar sind Götter und „sterbliche Menschen" gleichen Ursprungs. Es gibt nicht den von Anbeginn seienden, von der Welt unabhängigen Gott als Schöpfer der Welt und des Menschen. Die Götter Hesiods haben die Macht, von sich verschiedene Wesen zu schaffen; sie haben die Macht, diese Wesen wieder vergehen zu lassen, „in der Erde geborgen", um ein neues Geschlecht zu schaffen. Gemeinsam ist diesen ‚Schöpfungen' „der unsterblichen Götter", daß alle fünf Geschlechter solche von „redenden Menschen" sind. Verschieden ist deren ‚Qualität', ihre Lebensform und damit zusammenhängend ihr Verhältnis zu den Göttern. Die abnehmende Qualität wird, mit Ausnahme des vierten Weltalters, das eine Sonderstellung einnimmt als das der Helden und Halbgötter, durch die Kennzeichnung der Weltalter als goldenes, silbernes, ehernes, eisernes verdeutlicht.

Warum die Götter die Weltalter beenden, nachdem das jeweilige „Geschlecht in der Erde geborgen" war, wird nur beim zweiten Zeitalter genannt. Dort heißt es: *„Und darum verbarg nun Zeus auch diese voll Zorn, weil keinerlei Ehrenbezeugung sie den seligen Göttern, den Himmelsbewohnern, erwiesen."* Es gibt keinen vernünftigen Grund dafür, daß die in Harmonie mit der Natur lebenden Menschen des goldenen Zeitalters starben, „übermannt vom Schlaf, und alles Gewünschte hatten sie". Es gibt auch keinen Grund dafür, daß einige der Halbgötter des vierten Weltalters sterben, Zeus den anderen „Leben und Wohnsitz [...] auf den seligen Inseln" gewährt. Es wird ebenfalls nicht erklärt, warum – mit Ausnahme des vierten Weltalters – die Versuche der Götter, ein neues „Geschlecht der redenden Menschen" zu schaffen, immer schlechter ausfallen. Vorausgesetzt ist, daß auch die Götter, die im Mythos Hesiods von der Entstehung der Götter, der ‚Theogonie', erst bei der Ordnung des Chaos durch die Götter Gaia (Erde) und Uranos (Himmel) entstanden, in ihrem Handeln letztlich in den Kosmos, die Natur mit ihrem Werden und Vergehen, und seinen vom Schicksal vorbestimmten Gang eingeordnet sind.

Die Menschen sind bei Hesiod nicht wie im Schöpfungsbericht

der Priesterschrift nach dem Willen Gottes geschaffen als sein „Bild" und mit einem Auftrag Gottes, den sie im Rahmen der gesamten Weltordnung zu erfüllen haben. Die mythische Konstruktion der Zeitalter folgt keinem Plan. Die Zeitalter enden mit den in ihnen lebenden Geschlechtern. **Die Geschichte wird gesehen als die nach dem Willen der Götter fortschreitende Trennung des Menschen- vom Göttergeschlecht in den Stufen der Weltalter, die ohne notwendigen Zusammenhang aufeinander folgen.** Im goldenen Zeitalter „lebten [die Menschen] dahin wie Götter" und werden nach dem Willen der Götter nach ihrem Tod zu „Dämonen", d. h. Mittlern zwischen Menschen und Göttern. Die gegenwärtigen Menschen des eisernen Zeitalters sind *„Frevler! sie wissen nichts von Götteraufsicht"*. Daher verlassen die letzten göttlichen Wesen, die noch auf der Erde lebten, die Göttinnen Aidos (sittliche Scheu) und Nemesis (die Göttin der austeilenden Gerechtigkeit) die Erde: Es *„eilen hinweg von den Menschen hinauf zur Sippe der Götter Scham und gerechte Vergeltung; was bleibt, ist trauriges Elend bei den sterblichen Herrschern. Da hilft nichts gegen das Unheil."*

Hesiods Weltalter-Mythos ist nicht das Urbild aller späteren Verfallsgeschichten. Dazu stimmt nicht das vierte Weltalter der Helden und Halbgötter, das eine Sonderstellung einnimmt. Dem widerspricht auch der Wunsch des Hesiod: *„Wäre ich doch nicht selbst ein Mitgenosse der fünften Männer und stürbe zuvor oder wäre später geboren!"* Dies zeigt zumindest die Hoffnung auf ein besseres künftiges Zeitalter. Erst in der Gestaltung des Mythos durch den römischen Dichter Ovid (43 v. Ch. bis 18 n. Chr.), die für die Folgezeit sozusagen ‚klassisch' wurde, werden die nunmehr ‚Vier Weltalter' – das vierte ist weggefallen – zu einer fortschreitenden Verfallsgeschichte. Von der Deutung der Geschichte im Kreislauf von Werden und Vergehen unterscheidet sich die jüdische und christliche eschatologische Geschichtsdeutung. Der Plan Gottes bestimmt die Geschichte vom Anfang bis zum Ende der Zeiten.

II.2.2. Religionsphilosophie der griechischen und jüdischen Aufklärung am Beginn der europäischen Geschichte

Die griechische und jüdische Aufklärung: Xenophanes, Sokrates, Platon, Kritias und Epikur, das Bilderverbot der Bibel, Jesaja 44 und Hiob, gehen bei ihrer Religionskritik aus von der **Überprüfung eigener und anderer in ihrer Welt geltenden Vorstellungen von Gott und Religion**. Sie tun dies nicht, um jede Gottesvorstellung zu destruieren, sondern **um zu glaubwürdigeren Denk- und Sprechversuchen zu kommen.** Sie suchen nach glaubwürdigeren letzten Orientierungen für ihr Denken sowie ihr individuelles und politisches Handeln. Auch am Beginn der europäischen Geschichte sind die Menschen mit der Ungeheuerlichkeit der Welt und des Menschen konfrontiert – *„Ungeheuer: viel. Aber ungeheurer als der Mensch: nichts."* (Sophokles) – und suchen Erklärungen für diese Erfahrungen. Solange die überlieferten Mythen ihnen letzte Orientierungen für das Denken und Handeln lieferten, lauteten die Erklärungen etwa: Die übermächtigen bösen Chaosmächte der Welt und der Natur und ihr Kampf gegen die guten Ordnungsmächte, das Wirken der bösen Götter und Geister und ihr Kampf gegen die guten Götter und Geister sind Ursachen für Übel und Leiden, Tod und Untergang. Wenn solche mythischen Erklärungsversuche nicht mehr glaubwürdig sind, suchen die Menschen durch philosophische Kritik und Selbstkritik neue Antworten auf die Widerfahrnisse und Leiden. Sobald sie den einen Gott zu denken versuchten, waren die Fragen nach seiner Schuld und Verantwortung für die Ungeheuerlichkeit der Welt und des Menschen unvermeidlich. Zwei am Beginn der europäischen Geschichte gestellte Fragen und Klagen werden bis heute immer wieder zitiert, diskutiert und variiert, die Frage Epikurs in der griechischen Aufklärung, die Fragen und Klagen Hiobs in der jüdischen Aufklärung.

II.2.2.1. Die griechische Aufklärung

- „Alles haben den Göttern Homer und Hesiod angehängt, was nur bei Menschen Schimpf und Tadel ist." [...] „Ein einziger Gott, unter Göttern und Menschen am größten." [...] „Und das Genaue freilich erblickte kein Mensch" (Xenophanes)
- Anklage: „Es gäbe einen gewissen Sokrates, einen weisen Mann, der die Dinge am Himmel betrachtete und alles unter der Erde erforscht hätte. [...] Wer solches erforsche, glaube auch nicht mehr an Götter." – Verteidigung des Sokrates: „Wirklich weise [...] mag der Gott sein. [...] Die menschliche Weisheit ist wenig wert oder nichts." (Platon, Apologie des Sokrates)
- „Ein schlauer und gedankenkluger Mann [hat, weil die Gesetze des Staates nicht befolgt wurden,] die Götterfurcht den Sterblichen erfunden, auf daß ein Schreckmittel da sei für die Schlechten, auch wenn sie im Verborgenen etwas täten oder sprächen oder dächten". (Kritias)
- „Hesiod und Homer [...] [haben] unwahre Mythen erdacht." Die „Gründer einer Stadt" müssen zur Anerkennung der wahren Gottesverehrung im Staat „Richtlinien für die Götterlehre" erlassen und durchsetzen. (Platon, Der Staat)
- „Wenn er [Gott] aber [die Übel beseitigen] will und kann, was allein sich für Gott ziemt, woher kommen dann die Übel, und warum nimmt er sie nicht weg?" (Epikur)

Xenophanes aus Kolophon (ca. 570–475/70 v. Chr.)[138]

Da von Anfang an alle nach Homer gerlernt haben ...
Alles haben den Göttern Homer und Hesiod angehängt, was nur bei Menschen Schimpf und Tadel ist: Stehlen und Ehebrechen und einander Betrügen
Wie sie sehr viele ungesetzliche Taten der Götter erzählten: Stehlen und Ehebrechen und einander Betrügen. Doch wähnen die Sterblichen, die

---

[138] Die Fragmente der Vorsokratiker von Hermann Diels, RK 10, Hamburg 1957.

Götter würden geboren und hätten Gewand und Stimme und Gestalt wie sie. Doch wenn die Ochsen und Rosse und Löwen Hände hätten oder malen könnten mit ihren Händen und Werke bilden wie die Menschen, so würden die Rosse roßähnliche, die Ochsen ochsenähnliche Göttergestalten malen und solche Körper bilden, wie jede Art gerade selbst ihre Form hätte.
Die Äthiopen behaupten, ihre Götter seien stumpfnasig und schwarz, die Thraker blauäugig und rothaarig. (Fragmente 10–16)

Ein einziger Gott, unter Göttern und Menschen am größten, weder an Gestalt den Sterblichen ähnlich noch an Gedanken.
Gott ist ganz Auge, ganz Geist, ganz Ohr.
Doch sonder Mühe erschüttert er alles mit des Geistes Denkkraft.
Stets aber am selbigen Ort verharrt er sich gar nicht bewegend, und es geziemt ihm nicht hin- und herzugehen bald hierhin bald dorthin.
(Fragmente 23–26)

Und das Genaue freilich erblickte kein Mensch und es wird auch nie jemand sein, der es weiß in bezug auf die Götter und alle Dinge, die ich nur immer erwähne; denn selbst wenn es einem im höchsten Maße gelänge, ein Vollendetes auszusprechen, so hat er selbst trotzdem kein Wissen davon: Schein haftet an allem. (Fragment 34)

Die Mythenkritik des Xenophanes ist im Ersten Teil ausführlich erläutert. Hier sind alle religionskritischen Fragmente der ‚Sillen‘ (polemische Gedichte) abgedruckt. Die von Xenophanes zuerst geübte Kritik an anthropomorphen Gottesvorstellungen, die als Projektionen entlarvt werden, ist auch ein zentrales Argument moderner Religionskritik.

Sokrates (469–399 v. Chr.)[139]

Die Anklagen

Zuerst muß ich mich wohl, ihr Athener, gegen die ersten falschen Anklagen und gegen die ersten Ankläger, dann aber gegen die späteren Ankla-

---

[139] Platon, Apologie – Kriton, übertragen, eingeleitet und herausgegeben von K. Hildebrandt, Stuttgart 1970.
Es werden hier ausschließlich die Stellen der Verteidigungsrede des Sokrates abgedruckt, die die verschiedenen Formulierungen der Anklage wegen Gottlosigkeit (Asebie) wiedergeben, sowie die Passagen, in denen Sokrates darauf eingeht, daß das Orakel in Delphi verkündet hatte, „keiner sei weiser" als Sokrates.

gen und Kläger wenden. Denn viele Ankläger sind mir längst unter euch erstanden – schon viele Jahre hindurch, die nichts Wahres sagten. Sie aber fürchte ich mehr als die um Anytos[140], obwohl auch diese gefährlich sind. Gefährlicher aber sind jene, ihr Männer, die viele von euch, als ihr noch Kinder wart, beiseite nahmen und überredeten und mich ohne jeden Grund beschuldigten: es gäbe einen gewissen Sokrates, einen weisen Mann, der die Dinge am Himmel betrachtete und alles unter der Erde erforscht hätte und der schlechteren Sache zum Siege verhelfe. Diese, ihr Männer Athens, die solches Gerücht ausgestreut haben, sind meine gefährlichen Ankläger. Denn die es hören, meinen, wer solches erforsche, glaube auch nicht mehr an Götter. (17 C–D)

Mit welchen Behauptungen verleumdeten mich die Verleumder? [...] „Sokrates verletzt das Gesetz und treibt Ungehöriges, indem er die Dinge unter der Erde und am Himmel untersucht, der schlechteren Sache zum Siege verhilft und andere dasselbe lehrt." Das ist ihr Inhalt. (18 D)

Wir müssen nun auch die von ihnen [den Anklägern] beschworene Klageschrift [...] uns vornehmen. Sie lautet etwa so: „Sokrates frevelt, indem er die Jünglinge verdirbt und an die Götter, an welche der Staat glaubt, nicht glaubt, sondern an ein anderes neues Dämonisches"[141]
(23 D)

Sokrates' Verteidigung

Vielleicht möchte nun jemand von euch einwenden: aber Sokrates, was ist denn also dein Tun? Woher kamen diese Verleumdungen gegen dich auf? [...] Ich habe nämlich, Männer Athens, diesen Ruf durch nichts anderes erworben als durch eine Art Weisheit. – Was ist das aber für eine Art Weisheit? – Vielleicht ist die die menschliche Weisheit. Denn es könnte wohl in der Tat so sein, daß ich in ihr weise wäre. Jene anderen aber, die ich eben nannte, mögen in einer mehr als menschlichen Weisheit weise sein, oder ich weiß nicht, wie ich sie nennen soll – denn ich verstehe sie ja nicht, sondern wer das behauptet, lügt und sagt es zu meiner Verleumdung. (20 A–B)

[Sokrates' Ergebnis der Prüfung derjenigen, die in Athen für weise gehalten werden, lautet:] Ich begab mich zu einem der berufenen Weisen und glaubte, bei ihm, wenn irgendwo, den Spruch zu widerlegen und dem Orakel zu beweisen: Dieser ist weiser als ich, du aber sagtest, ich

---

[140] Die drei Kläger vor Gericht sind Anytos, ein Staatsmann, Lykon, ein Redner, und Meletos, ein Dichter.

[141] Sokrates beschreibt dieses „dämonische Wesen" (das daimonion) als das „gewohnte Zeichen des Gottes", das ihm immer abrät, wenn er im Begriff ist, etwas Schlechtes zu tun; dies ist Sokrates' Deutung des Gewissens.

wäre es! Als ich jenen nun betrachtete – ihn mit Namen zu nennen ist ja unnötig, es war aber einer der Staatsmänner, bei dessen Betrachtung mir folgendes widerfuhr, ihr Athener – und als ich mich mit ihm unterredete, da schien mir dieser Mann vielen andern Menschen, und vor allem sich selber weise zu *scheinen*, es zu *sein* aber nicht. Und darauf versuchte ich ihm zu zeigen, daß er wohl weise zu sein glaube, es aber nicht sei. So kam es, daß ich diesem und auch vielen der Zuhörer verhaßt wurde, bei mir selber aber bedachte ich im Fortgehen: weiser als dieser Mensch bin ich zwar – denn es möchte wohl sein, daß keiner von uns etwas Gutes und Schönes[142] weiß, aber dieser glaubt doch etwas zu wissen, was er nicht weiß, ich aber, gerade wie ich nicht weiß, glaube auch nicht zu wissen. Ich scheine doch wenigstens um ein Kleines weiser zu sein als dieser, weil ich, was ich nicht weiß, auch nicht zu wissen glaube.(21 A–B)

Wirklich weise, ihr Männer, mag der Gott sein und er mag in seinem Orakel dies meinen: die menschliche Weisheit ist wenig wert oder nichts. Und offenbar nennt er diesen Sokrates und gebraucht meinen Namen, um sich meiner als Beispiel zu bedienen, wie wenn er sagte: der ist von euch, ihr Menschen, der Weiseste, der wie Sokrates erkannt hat, daß er in Wahrheit nichts wert ist, was Weisheit anbelangt. Darum wandere ich jetzt auch weiter herum, um im Auftrage des Gottes zu suchen und zu spüren, unter Bürgern und Fremden, ob ich einen für weise halten kann, und wenn er es mir dann nicht scheint, so zeige ich ihm als Gehilfe des Gottes, daß er nicht weise ist. (22C–D)

Die Verurteilung des Sokrates macht deutlich, daß damals – und nicht nur damals – die Kritik an den mythischen Göttern, d. h. die **Kritik an den „Göttern, an welche der Staat glaubt"**, als „Frevel" und „**Verletzung der Gesetze**" betrachtet wurde. „**Gottlosigkeit' (Asebie) war und ist für diejenigen politischen Herrscher ein todeswürdiges Verbrechen, die ihre politische Herrschaft und die Gesetze durch den Willen Gottes rechtfertigen.** Unbestritten ist für Athen, das seinen Ursprung und seine Blüte unmittelbar aus dem Wirken und dem Schutz der Göttin Athene ableitete, daß die vorgegebene mythische Religion als die letzte Legitimation für die staatliche Ordnung galt. Eine Trennung von Staat und Religion gibt es nicht. Dies unterscheidet den vormodernen Staat, auch die attische Demokratie, vom modernen Rechts- und Verfassungsstaat. Es gibt keine Vorstellungen vom Menschen als Subjekt mit seinen unverzichtbaren Rechten und Freiheiten, der Re-

---

[142] Das Gute und Schöne (kalon kai agathon) ist bei Platon auch die Bezeichnung für die höchste, immerseiende, göttliche Idee.

ligions- und Gewissensfreiheit. Die attische Demokratie beruht auf der Einheit der Bürger und deren Einheit wiederum auf der Gemeinsamkeit der Religion. So dienten Asebieprozesse dem Schutz des Staates. Der Asebieprozeß gegen Sokrates wird geführt zur Zeit der Krise der attischen Demokratie. Wer die Göttervorstellungen Athens wie Sokrates und vor ihm die Vorsokratiker Xenophanes und Anaxagoras (500–428 v. Chr) kritisiert und entsprechend den neuen naturwissenschaftlichen Erkenntnissen lehrt, Sonne und Mond seien Steine, gefährdet die politische Ordnung.

Sokrates akzeptiert grundsätzlich diese vormodernen allgemeinen Voraussetzungen des politischen Lebens. Nach seinem Selbstverständnis stellt er nicht die religiöse Legitimation der politischen Herrschaft in Frage. Er bestreitet nur vehement den Vorwurf der Gottlosigkeit. Er akzeptiert das ungerechte Todesurteil durch einen ungerechten Richterspruch, weil man sich den Gesetzen der Stadt unterordnen muß. Sie sind von Menschen gemacht, d. h. unvollkommen. Aber sie sind sozusagen die kleinen Brüder der ewigen, gerechten göttlichen „Gesetze im Hades".

Für die eigentliche Ursache der gerichtlichen Anklage hält Sokrates die Beschuldigungen: „Sokrates, ein weiser Mann", erforsche Himmel und Erde; und „wer solches erforsche, glaube auch nicht mehr an Götter". Sokrates' Verteidigung gegen die einzelnen Punkte der gerichtlichen Anklage ist zum Teil so ironisch und die Ankläger verletzend, daß es den Anschein hat, Sokrates wolle verurteilt werden. Der Kern seiner Verteidigung besteht darin zu erklären, was es damit auf sich hat, daß das Orakel in Delphi verkündet hatte, „keiner sei weiser" als Sokrates. Dies kann das Orakel nur in Bezug auf „die menschliche Weisheit" verkündet haben; denn für „in einer mehr als menschlichen Weisheit weise" hält er sich nicht. Über sie sagt er: „Ich verstehe sie ja nicht." Der Mensch kann nur die menschliche Weisheit besitzen. Über die Götter und die menschliche Vernunft übersteigenden Dinge kann er kein genaues Wissen haben. **Das berühmte ‚Nichtwissen' des Sokrates („Ich weiß, daß ich nichts weiß.") bezieht sich nicht auf die Kenntnis der „menschlichen" Dinge, sondern auf die der göttlichen. Im Blick auf sie ist *„die menschliche Weisheit ... wenig wert oder nichts". „Wirklich weise mag der Gott sein".***

An der Anklage und Verteidigung des Sokrates im Prozeß wegen Gottlosigkeit wird deutlich:
- Die mythischen Vorstellungen, die die Grundlage für das sittlich-politische Handeln bilden und die Einheit der Bürger in der attischen Demokratie garantierten und weiterhin garantieren sollen, gelten nicht mehr für alle Menschen. Die ‚naturwissenschaftlichen‘ Forschungen machen Aussagen der Mythen unglaubwürdig. Daher stellen sie die Legitimation des Staates in Frage.
- Sokrates akzeptiert die religiöse Legitimation des Staates und der Gesetze. Sie wird erst in der Moderne durch die Trennung von Staat und Religion in Frage gestellt.
- Er lehnt es ab, daß es ein Wissen über das Göttliche gibt. Die *„menschliche Weisheit"* wird von der *„mehr als menschlichen Weisheit"* unterschieden. *„Wirklich weise mag der Gott sein."*

Kritias aus Athen (460–403 v. Chr.), Sisyphos, Satyrspiel (98–99)

Es gab eine Zeit, da war der Menschen Leben ungeordnet und tierhaft und der Stärke untertan, da gab es keinen Preis für die Edlen noch auch ward Züchtigung den Schlechten zuteil. Und dann scheinen mir die Menschen Gesetze aufgestellt zu haben als Züchtiger, auf daß das Recht Herrscherin sei und die Frevelei zur Sklavin habe. Und bestraft wurde jeder, der sich nur verging. Dann als zwar die Gesetze sie hinderten, offen Gewalttaten zu begehen, sie aber im Verborgenen solche beginnen, da scheint mir, hat zuerst ein schlauer und gedankenkluger Mann die Götterfurcht den Sterblichen erfunden, auf daß ein Schreckmittel da sei für die Schlechten, auch wenn sie im Verborgenen etwas täten oder sprächen oder dächten. Von dieser Überlegung also aus führte er das Überirdische ein: ‚Es ist ein Daimon [göttliches Wesen], in unvergänglichem Leben prangend, mit dem Geiste hörend und sehend, denkend im Übermaß, sich selbst gehörend, göttlich Wesen in sich tragend, der alles unter Sterblichen Gesprochene hören, alles Getane schauen kann. Wenn du aber mit Schweigen etwas Schlechtes planst, so wird das nicht verborgen sein den Göttern; denn dafür ist die Vernunft zu stark in ihnen.‘ Mit diesen Reden führte er die lockendste der Lehren ein, mit lügnerischem Wort die Wahrheit verhüllend. Es wohnten aber, sagte er, die Götter an einem Ort, dessen Benennung die Menschen am meisten erschrecken mußte, woher, wie er erkannte, die Ängste den Sterblichen kommen und die Hilfen für ihr mühselig Leben, aus dem sich drehenden Gewölbe dort oben, wo er die Blitze wahrnahm und das furchtbare Donnergetöse und den sternäugigen Himmelsbau, der Zeit, des weisen Baumeisters, schönes Buntwerk, wo die strahlende Masse des Sonnengestirns wandelt und von wo der feuchte Regen zur Erde herabkommt. Und rings um die Menschen stellte er solche Schrecken, durch die er in seiner Rede der Gottheit eine schöne Wohnung gab und an einem geziemenden Ort, und er löschte die Gesetzlosigkeit durch die Satzungen. So, denke ich, hat zuerst einer die Sterblichen dazu bestimmt, zu glauben, es gebe das Geschlecht der Götter.

Für Kritias, Schüler des Sokrates, Onkel Platons, Politiker in Athen, liegen der **Ursprung und die Funktion von Religion und Götterglauben ausschließlich in der Sicherung der Gesetze und der Moral**. Religion tritt nicht, wie bei Platon, mit Wahrheitsanspruch auf, sondern ist eine „Lüge" zur Disziplinierung der Menschen. Was **Funktionalisierung der Religion im Dienste der Politik** bedeutet und bis heute bedeuten kann, kann an dem kurzen Text des Kritias deutlich werden.

Platon (427–347 v. Chr.), „Richtlinien für die Götterlehre"[143] (108–112)

Es gibt [...] zwei Arten von Reden, die wahren und die unwahren?
„Ja."
[...]
An den größeren Mythen, sagte ich, können wir auch die kleineren beurteilen. Denn die größeren müssen doch dasselbe Gepräge und dieselbe Wirkung haben wie die kleineren, oder meinst du nicht?
„Doch", sagte er, „aber ich weiß noch nicht einmal, welche du als die größeren bezeichnest."
Die, sagte ich, welche uns Hesiod und Homer erzählt haben und die anderen Dichter. Sie sind es doch, die unwahre Mythen erdacht und den Menschen erzählt haben und das jetzt noch tun.
„Welche meinst du denn", fragte er, „und was tadelst du daran?"
Das, was man vor allem und am meisten tadeln muß, erwiderte ich, besonders, wenn die Unwahrheiten nicht einmal schön sind.
„Was denn nur?"

---

[143] Jubiläumsausgabe sämtlicher Werke, 8 Bde., eingeleitet von O. Gigon, übertragen von R. Rufener, Zürich, München 1974.
Gesprächsteilnehmer in Platons Dialog sind Sokrates, Glaukon und Adeimantos, die Brüder Platons.

Wenn einer durch seine Darstellung ein falsches und häßliches Bild von den Göttern und Heroen gibt, wie wenn ein Maler etwas malt, das dem ganz unähnlich ist, was er abbilden will.
„Es ist auch recht", sagte er, „wenn man solches tadelt. Aber wie meinst du das und was verstehst du darunter?"
Zunächst, sagte ich, ist es die allergrößte Unwahrheit und zwar über die allerhöchsten Dinge, die einer auf unschöne Art erfunden hat, daß Uranos das begangen habe, was Hesiod von ihm behauptet, und was ihm dann Kronos wiederum aus Rache zugefügt haben soll.[144] Was Kronos getan und was er von seinen Söhnen erlitten hat, das, meine ich, sollte man, auch wenn es wahr wäre, nicht so leichthin vor unverständigen und jungen Leuten erzählen, sondern man sollte es am besten verschweigen. Ist es aber doch nötig, davon zu reden, dann sollte man das heimlich vor möglichst wenigen Zuhörern tun, und zuerst opfern, und zwar nicht nur ein Schwein, sondern ein großes und schwer erschwingliches Opfer, damit möglichst wenige in den Fall kommen, das zu hören.
„Allerdings", sagte er, „sind diese Geschichten anstößig."
Man soll sie auch in unserer Stadt nicht erzählen, Adeimantos. Und man darf auch einem jugendlichen Zuhörer nicht sagen, daß es nichts Besonderes sei, wenn er die schlimmsten Verbrechen begeht oder wenn er seinen Vater auf jede Weise straft, weil dieser ein Unrecht begangen hat, sondern daß er damit genau das tue, was die ersten und größten Götter getan haben.
„Nein, beim Zeus", erwiderte er, „ich selber glaube, daß dies zum Erzählen nicht geeignet ist."
[...]
Darum ist es doch wohl von größter Wichtigkeit, daß die Mythen, die sie [die Kinder] zuerst zu Gehör bekommen, möglichst schön ersonnen sind, um sie zur Tüchtigkeit zu führen.
„Das hat Sinn", sagte er. „Aber wenn uns jemand die weitere Frage stellte, was das nun heiße und was für Mythen darunter zu verstehen seien – welche könnten wir ihm da nennen?"
Da sagte ich: Adeimantos, wir beide, du und ich, sind jetzt nicht Dichter, sondern Gründer einer Stadt. Gründer aber müssen die Richtlinien kennen, nach denen die Dichter ihre Mythen verfassen sollen und von denen abzuweichen man ihnen nicht erlauben darf; aber sie brauchen doch nicht selbst Mythen zu erfinden.
„Richtig", sagte er. „Aber nun eben diese Richtlinien für die Götterlehre – welche wären das?"
Etwa folgende, erwiderte ich: So, wie der Gott ist, so muß man ihn auch allezeit darstellen, ob man ihn nun in einem Epos, in lyrischen Gedichten oder in einer Tragödie auftreten läßt.

---

[144] Platon bezieht sich auf Hesiods Mythos vom Kampf der Göttergenerationen um das Königtum im Himmel in der ‚Theogonie'.

„Ja, das muß man."
Gott ist aber doch in Wirklichkeit gut und muß auch so dargestellt werden?
„Ganz gewiß."
Und etwas Gutes ist doch nie schädlich, nicht wahr?
„Ich glaube nicht."
Und was nicht schädlich ist, richtet auch keinen Schaden an?
„Auf keinen Fall."
Und was nicht schadet, tut auch nichts Schlechtes?
„Auch das nicht."
Was aber nichts Schlechtes tut, das kann auch nicht Ursache von etwas Schlechtem sein?
„Natürlich nicht!"
Wie aber: ist das Gute förderlich?
„Ja."
Und Ursache von Wohlergehen?
„Ja."
So ist also das Gute nicht Ursache von allen Dingen. Es ist wohl Ursache von dem, was sich gut verhält; an dem Schlechten aber ist es unschuldig.
„Ja, durchaus", sagte er.
Dann ist also auch der Gott, sagte ich, wenn anders er gut ist, nicht Ursache von allen Dingen, wie die Menge behauptet. Nur an wenigem, was die Menschen betrifft, ist er schuld, an vielem dagegen unschuldig; denn des Guten, das wir haben, ist viel weniger als des Schlechten. Die Ursache für das Gute dürfen wir niemand anderem zuschreiben; für das Schlechte aber müssen wir irgendwelche anderen Ursachen suchen, nicht aber den Gott.
[...]
Aus welchen von diesen Gründen soll nun aber für Gott die Unwahrheit nützlich sein? Wird er etwa, weil er die Ereignisse der Vorzeit nicht kennt, ähnliche Geschichten nachbilden und auf diese Weise lügen?
„Das wäre zum Lachen", erwiderte er.
So steckt also in Gott kein Lügendichter?
„Ich glaube nicht."
Aber aus Furcht vor seinen Feinden könnte er vielleicht lügen?
„Weit entfernt davon!"
Aber infolge von Torheit oder Wahnsinn derer, die ihm nahestehen?
„Aber kein Tor und kein Wahnsinniger ist doch ein Freund der Götter", gab er zurück.
Dann gibt es also keinen Grund, weshalb Gott lügen sollte.
„Nein, es gibt keinen."
Ganz ohne Unwahrheit ist also die Gottheit und das Göttliche.
„Ganz und gar", erwiderte er.
Der Gott ist also ganz einfach und wahr in Wort und Tat. Er verwandelt

sich nicht und täuscht auch nicht andere, weder durch Trugbilder, noch durch Worte, noch indem er ihnen Zeichen schickt, weder im Wachen noch im Traume.

„Das glaube auch ich, belehrt durch deine Worte", sagte er.

Du bist also damit einverstanden, fuhr ich fort, daß dies die zweite Richtigkeit ist, wie man über die Götter reden und sie darstellen soll: daß sie selbst keine Gaukler sind, die sich verwandeln, noch daß sie uns durch Unwahrheiten in Wort und Tat irreführen?

„Ich bin damit einverstanden."

Wenn wir also auch vieles an Homer rühmen, so werden wir doch das nicht gutheißen, wie Zeus dem Agamemnon jenen Traum schickt.[145]
[...]
Wenn einer solches von den Göttern sagt, dann sind wir empört und werden ihm keinen Chor bewilligen und auch nicht zulassen, daß die Lehrer bei der Erziehung der jungen Leute davon Gebrauch machen, wofern unsere Wächter gottesfürchtig und göttlich werden sollen, soweit dies einem Menschen überhaupt möglich ist.

„Ich bin mit diesen Richtlinien durchaus einverstanden", sagte er, „und möchte ihnen Gesetzeskraft geben." (Der Staat 377 A–383 C)

Welche **Konsequenzen** es haben kann, **wenn Politik mit religiös begründetem Wahrheitsanspruch auftritt**, dafür ist bis heute Platon *das* Beispiel. Schon bei Xenophanes hatte es geheißen: „Da von Anfang an alle von Homer gelernt haben". Die Mythen des Homer und Hesiod mit ihren Göttergeschichten gaben den Griechen Gesamtorientierung für Leben, Denken, individuelles und politisches Handeln. Diese Funktion dürfen sie nach Platon aber nur haben, wenn sie wahr sind. Daher ist das Thema der berühmten ‚Dichterkritik und Dichteraustreibung' in Platons ‚Staat': Was ist die wahre Rede über die Götter? oder: Die Bedeutung der Religion in Staat und Erziehung.

„Hesiod und Homer" haben „unwahre Mythen erdacht und den Menschen erzählt" und dadurch „ein falsches und häßliches Bild von den Göttern" gegeben. Wenn diese Geschichten wahr wären, müßte man sie „am besten verschweigen". „Man sollte sie auch in unserer Stadt nicht erzählen." Die Götter erscheinen in den Mythen – so auch Xenophanes – als Verbrecher; dadurch sind auch Verbre-

---

[145] Die Anspielung bezieht sich auf den Beginn des 2. Gesangs der Ilias: Zeus sendet Agamemnon, dem König von Mykene und obersten Feldherrn der Griechen im Kampf gegen Troja, einen täuschenden Traum, der ihn zum Kampf bewegen soll.

chen der Bürger eines Staates legitimiert. Der gute Bürger ist nach Platon der tugendhafte Bürger. Daher ist es konsequent für ihn, daß bei der Erörterung darüber, was der beste Staat ist, die „Gründer einer Stadt" die Richtlinien für die Dichter aufstellen, d. h. aber „die Richtlinien für die Götterlehre" erlassen. Die Richtlinien haben zur Voraussetzung: *„Gott ist aber doch in Wirklichkeit gut und muß auch so dargestellt werden"*. Dies ist die **erste „Richtlinie"**. Die **zweite** lautet: *„Ganz ohne Unwahrheit ist also die Gottheit und das Göttliche"*. Gott lügt nicht und täuscht nicht die Menschen. **Wer Falsches von den Göttern sagt, soll nicht nur kein Gehör finden in der Stadt, sondern aus der Stadt vertrieben werden:** *„Wenn also ein Mann [...] in unsere Stadt käme und uns seine Dichtungen vorführen wollte, dann würden wir ihn wohl als einen heiligen und wunderbaren und liebenswürdigen Mann verehren, würden ihm aber sagen, daß es einen solchen Mann in unserer Stadt nicht gebe und nicht geben dürfe. Wir würden Salböl auf sein Haupt gießen und es mit Wolle bekränzen und ihn dann in eine andere Stadt weiterziehen lassen. Wir selbst aber würden, zu unserem Nutzen, mit dem strengeren und weniger anmutigen Dichter und Mythenerzähler vorliebnehmen, der uns die Vortragsweise des anständig denkenden nachahmte und seine Worte nach jenen Richtlinien setzte, die wir am Anfang als Gesetze aufgestellt haben."* (398 A)

Wer aber weiß wirklich die Wahrheit über Gott/Götter? Bei Platon glauben die Philosophen als Gründer der Stadt diese Wahrheit zu kennen. Die Folge ist die politische Säuberung der Stadt von Unwahrheit. Mit solch ‚totalitären' Konsequenzen muß man von Platon an bei jeder Politik rechnen, die mit Wahrheitsanspruch auftritt, vor allem mit dem Wahrheitsanspruch einer Religion oder Weltanschauung. Andersdenkende müssen dann entfernt werden; sie werden getötet, in Gefängnisse gebracht, in Irrenhäuser – sie können ja nur geistig verwirrt sein, wenn sie die Wahrheit nicht erkennen oder anerkennen –, oder – bestenfalls – ausgewiesen. Hierfür liefern Geschichte, auch die jüngste Geschichte, und Gegenwart, vor allem im Fundamentalismus, hinreichend viele Beispiele.

> Die Aussagen von **Kritias und Platon** stellen zwei **Beispiele dar für eine religiös legitimierte Politik**.
> - Beiden ist angesichts der Unglaubwürdigkeit der mythischen Vorstellungen über die Götter in der Krise der attischen Demokratie an einer Stabilisierung der politischen Ordnung gelegen.
> - **Kritias** betrachtet den **Götterglauben als „Lüge"**. Diese „Lüge" hat aber ihre unverzichtbare Funktion für die Moralisierung der Bürger. Daher wird die **staatserhaltende Lüge** beibehalten.
> - **Platons Idealstaat** ist eine Alternative zur unvollkommenen und ungerechten Demokratie – die Krise der Demokratie zeigt sich für ihn in aller Deutlichkeit an der ungerechten Verurteilung des Sokrates. Die **Politik**, die er fordert, tritt **mit Wahrheitsanspruch** auf. Die Philosophenkönige haben für das gute Leben der Bürger zu sorgen. Dazu gehört, daß die unwahren Mythen verbannt werden. Deshalb geben sie auch die Richtlinien für die Götterlehre und sorgen für ihre Durchsetzung.

Epikur (341–270 v. Chr.), Von der Überwindung der Furcht[146]

Entweder will Gott die Übel beseitigen und kann es nicht, oder er kann es und will es nicht, oder er kann es nicht und will es nicht, oder er kann es und will es. Wenn er nun will und nicht kann, so ist er schwach, was auf Gott nicht zutrifft. Wenn er kann und nicht will, dann ist er mißgünstig, was ebenfalls Gott fremd ist. Wenn er nicht will und nicht kann, dann ist er sowohl mißgünstig wie auch schwach und dann auch nicht Gott. Wenn er aber will und kann, was allein sich für Gott ziemt, woher kommen dann die Übel, und warum nimmt er sie nicht weg?

Laktanz, der dieses Argument überliefert, schreibt dazu: Ich weiß, daß die Mehrzahl der Philosophen, die die Vorsehung verteidigen, durch dieses Argument verwirrt werden und gegen ihren Willen zu der Folgerung gedrängt werden, daß Gott für nichts sorgt, worauf ja Epikur vor allem hinaus will.

---

[146] Epikur, Von der Überwindung der Furcht, eingel. und übertr. von O. Gigon, Zürich, Stuttgart ²1968, 80.

Epikurs Philosophie ist im Unterschied zu Sokrates, Kritias und Platon eine Antwort auf die Frage, wie nach dem Untergang der griechischen Polis der einzelne Mensch ein glückliches Leben in Ataraxie [Gemütsruhe] führen kann. Für Epikur ist dies ein zurückgezogenes Leben des mäßigen Genusses fern von der Politik mit Freunden bei Gesprächen im Garten. Die Welt ist für ihn nicht ein vernünftig geordneter Kosmos. Alles, was ist, ist eine zufällig entstandene und zufällig vergehende Atomkomposition. Seine Überlegungen zielen insgesamt darauf, wie man das Leben von Beunruhigungen und Furcht befreien kann. Ein wichtiger Grund für Beunruhigungen ist bei Menschen die Götterfurcht. Diese beruht jedoch auf falschen Vorstellungen von den Göttern. Diese kümmerten sich jedoch weder um den Lauf der Welt noch um die Menschen. Epikurs Kritik der mythischen Göttervorstellungen zielt nicht auf Monotheismus, aber auch nicht auf Atheismus. Nach ihm leben die Götter in Intermundien [Zwischenwelten] und sollten die Menschen daher nicht beunruhigen. Beunruhigend sind für die Menschen Krankheit, Leiden und Tod. **Die beunruhigende Frage ist, woher Leiden, Übel und Böses kommen und ob die Übel mit der Existenz eines mächtigen und guten Gottes vereinbart werden können.** Bei Epikur bleibt die Frage unbeantwortet. Gottfried Wilhelm Leibniz (1646–1716) kritisiert in seiner ‚Theodizee' Epikur deswegen; er meint die Antwort zu wissen: *"Ich würde lieber gesagt haben, er [Gott] könne sie vermeiden, wolle es aber nicht, absolut genommen, und zwar mit Recht, denn er würde zu gleicher Zeit die Güter und mehr Gutes als Böses vermeiden."*[147] Aber ist das eine glaubwürdige Antwort auf Leiden und Katastrophen, Tod und Untergang?

> Epikurs berühmtes Argument wird bis heute immer wieder im Zusammenhang der allgemeinen Theodizeefrage, d. h. der Rechtfertigung Gottes angesichts des Übels und Leidens in der Welt zitiert. Nach Epikur kümmern sich die Götter weder um die Welt noch um die Menschen.

---

[147] G. W. Leibniz, Die Theodizee, übersetzt von A. Buchenau, Hamburg ²1968, 486.

Mit dem kurzen Text von Epikur wird hier im Rahmen der Religionskritik ein Problem angesprochen, das für viele Menschen wichtig und bedrängend ist. Anklagen und Klagen wegen der Widerfahrnisse von Leiden in der Welt sind weder nur ein hochspekulatives theoretisches Problem noch auch nur ein Thema für die ‚Frommen'. Die Erfahrungen und Widerfahrnisse von Leiden, Krankheit und Tod, Schuld und Angst, Zerstörung und Untergang in Natur und Geschichte, von Bosheit und Ungerechtigkeit, von Gewalt und Unterdrückung, sind für ‚Fromme' und ‚Unfromme', für alte und junge Menschen bedrängend, wenn sie und weil sie die Dimensionen alltäglichen menschlichen Handelns sprengen. Sie stellen die letzten Voraussetzungen des Lebens infrage.

II.2.2.2. Die jüdische Aufklärung

- „Du sollst dir kein Gottesbild machen." (Mose)
- „Die Götzen ... sie sind alle nichtig" (Jesaja)
- „Ich will sprechen zu Gott: Verdamme mich nicht, laß mich wissen, warum du wider mich haderst. [...] Deine Hände haben mich kunstvoll gemacht und gebildet; danach hast du dich abgewandt und mich vernichtet." (Hiob)

Das Bilderverbot der Bibel[148]

Du sollst dir kein Gottesbild machen, keinerlei Abbild, weder dessen, was oben im Himmel, noch dessen, was unten auf Erden, noch dessen, was in den Wassern unter der Erde ist; du sollst sie nicht anbeten und ihnen nicht dienen; denn ich, der Herr, dein Gott, bin ein eifersüchtiger Gott. (2 Mose 20, 4–5)

Ihr sollt euch keine Götzen machen, und Gottesbilder und Malsteine sollt ihr euch nicht aufrichten, auch keine Steine mit Bildern hinstellen in eurem Lande, um euch davor niederzuwerfen; denn ich bin der Herr, euer Gott. (3 Mose 26, 1)

---

[148] Die Heilige Schrift des Alten und des Neuen Testaments (Zürcher Bibel), Zürich 1978.

Das Bilderverbot 2 Mose 20, 4–5 ist das zweite der ‚Zehn Gebote' der Bibel nach dem ersten: *„Ich bin der Herr, dein Gott, der ich dich aus dem Lande Ägypten, aus dem Sklavenhause, herausgeführt habe; du sollst keine andern Götter neben mir haben."* Die Entstehung des Bilderverbots hat man verschieden erklärt, z. B. aus der nomadischen Vergangenheit Israels und politisch aus der Verteidigung des israelitischen Staates gegenüber den orientalischen Großmächten. Entscheidend für die Entstehung des Bilderverbots war, die Verehrung fremder Götter zu verbieten. Das Judentum grenzt sich durch das Bilderverbot als Religion des Wortes von dem Bilderkult des Vorderen Orients ab, wo – wie auch bei den Griechen – galt, daß das Bild eine adäquate Darstellung des Gottes war; Gott selbst war in dem Bilde anwesend und wurde darin verehrt.

> Das Bilderverbot der Bibel verbietet die Darstellung Gottes im Bild, weil der eine nicht von Menschen geschaffene unbegreifliche Gott überhaupt nicht angemessen mit menschlichen Bildern dargestellt werden kann.

Das biblische Bilderverbot gilt auch für das Christentum und den Islam. Die drei monotheistischen Religionen, besonders das Christentum, verstehen bis heute jedoch das Bilderverbot verschieden.

Aus dem Jesajabuch (44, 9–20) (95–96)

Die Götzen bilden – sie sind alle nichtig / und ihre Lieblinge vermögen nichts. / Und ihre Zeugen, sie sehen nichts, / sie nehmen nichts wahr, so daß sie zunichte werden.
Wer bildet einen Gott und gießt einen Götzen – / es ist zu nichts nütze. / Siehe, alle seine Freunde werden zunichte / und seine Werkleute sind ja Menschen. Sollen sie sich doch alle versammeln, sollen hertreten – / sie werden doch erschrecken und allesamt zuschanden werden!
Ein Eisenschmied (schärft) seine Axt, / mit der Glut macht er sein Werk, / mit Hämmern formt er es / und bearbeitet es mit seinem starken Arm. / Dabei wird er hungrig und wird kraftlos, / trinkt kein Wasser und wird müde.
Der Holzschnitzer spannt die Schnur, / zeichnet den Umriß mit einem Stift, / macht es mit Schnitzmessern, / und mit dem Zirkel zeichnet er es. / Er macht es wie die Figur eines Mannes, / wie das Prachtexemplar eines Menschen, um ein Haus zu bewohnen.

Er fällt sich Zedern, / er nimmt eine Terebinthe oder eine Eiche, / er läßt sie für sich stark werden unter den Bäumen des Waldes. / Er pflanzt eine Fichte, und der Regen macht sie groß. / Sie dient den Leuten zur Feuerung, / und er nimmt davon und wärmt sich. / Teils zündet er es an und backt Brot, / teils macht er daraus einen Gott und fällt vor ihm nieder, / macht einen Götzen und beugt sich vor ihm.
Die Hälfte verbrennt er im Feuer, / über seinen Kohlen brät er Fleisch, / ißt einen Braten und sättigt sich. / Wärmt sich auch und sagt: „Ha, / mir wird warm, ich spüre die Glut!"
Und den Rest macht er zu einem Gott, zu einem Götzen, / er beugt sich vor ihm und wirft sich vor ihm nieder. / Er fleht ihn an und sagt: „Rette mich, denn du bist mein Gott!"
Sie nehmen nichts wahr und verstehen nichts, / denn zu verklebt, um zu sehen, sind ihre Augen, / und um zu verstehen, ihre Herzen.
Keiner denkt darüber nach, / keiner hat so viel Einsicht und Verstand, daß er sagt: / „Die Hälfte habe ich im Feuer verbrannt, / und habe auf den Kohlen Brot gebacken, / habe Fleisch gebraten und gegessen, / und den Rest habe ich zum Greuelbild gemacht, / vor einem Holzklotz beuge ich mich!"
Wer Asche weidet, / den hat sein betrogenes Herz verleitet. / Er wird sich nicht retten / und sich nicht sagen können: „Es ist doch Trug in meiner Hand!"

(Übersetzt von J. Ebach)

Das Jesajabuch des Alten Testaments ist eine Sammlung prophetischer Worte aus verschiedenen Jahrhunderten. Der poetische Text Jes 44, 9–20 stammt aus der Zeit des Babylonischen Exils der Israeliten (586–539 v. Chr.), ist also fast gleichzeitig zu den polemischen Gedichten des Xenophanes entstanden. In einer fremden Umgebung mit einer überlegenen Kultur wird die Gottesfrage neu gestellt, nachdem und weil die politische Selbständigkeit von Israel und Juda zerbrochen ist und Gott daher nicht mehr verstanden werden kann als der Gott des Landes Israel, nicht als Gott, der an bestimmte Kultorte gebunden war. In der Auseinandersetzung mit der Religion der Umwelt wird Gott zum einzigen Gott, der die Welt geschaffen hat und sie lenkt. Er ist der eine Gott, der nicht von Menschen gemacht ist.

Die **Kritik am Götterglauben Babyloniens** erfolgt in der Form eines satirischen Gedichts. Die Abgrenzung geschieht in der Weise argumentativer Kritik, nicht, wie in dieser Zeit sonst üblich, durch Fluch oder Ritus. Die „*Götzen*" der Babylonier sind aus demselben Holz geschnitzt, das verbrannt wird und zum Wärmen und Kochen dient. „*Den Rest macht er [der Holzschnitzer] zu einem Gott, zu* *einem Götzen, er beugt sich vor ihm und wirft sich vor ihm nieder. Er fleht ihn an und sagt: ‚Rette mich, denn du bist mein Gott!'"* **Gegenüber dem bilderlosen einzigen Gott Israels, der nicht von Menschen gemacht ist, sondern der die Menschen gemacht hat, sind diese Götzen machtlos: Sie „vermögen nichts".** Und die Menschen, die solche Götzen verehren, „nehmen nichts wahr und verstehen nichts". Sie handeln ohne „Einsicht und Verstand" und durchschauen nicht ihren Selbstbetrug und den „Trug" für Gott. Im Unterschied zu dem einen Gott Israels sind **alle anderen Götter nur Projektionen.**

> Jesaja 44, 9–20 unterscheidet in der Form argumentativer Kritik den einen Gott Israels als Schöpfer der Welt und des Menschen von den von Menschen geschaffenen Göttern („Götzen") der anderen Völker. Deren Göttervorstellungen sind „Trug".

Aus dem Buch Hiob[149]

[Hiob kritisiert seine Freunde, die sein ‚schuldloses' Leiden als Strafe Gottes für seine Schuld verstehen; sie können sich die ‚Gerechtigkeit' Gottes nur als Tauschgeschäft im Tun-Ergehens-Zusammenhang vorstellen.]

Hiob antwortete und sprach: Gewiss, ich weiss, dem ist also, und wie kann ein Mensch Recht haben vor Gott? Hätte Er Lust, mit ihm zu rechten, nicht auf eins von tausend könnte er ihm antworten: Der weisen Herzens ist und stark an Kraft – wer böte ihm Trotz und bliebe heil? [...] Denn er ist nicht ein Mensch, wie ich, dass ich ihm erwiderte, dass wir zusammen vor Gericht gingen; es ist kein Schiedsrichter zwischen uns, der seine Hand auf uns beide legte. Er nehme weg von mir seine Rute, dass mich der Schrecken vor ihm nicht verstöre! So will ich reden und ihn nicht fürchten; denn solcher Dinge bin ich mir nicht bewusst.
Meiner Seele ekelt ob meines Lebens, ich will meiner Klage wider ihn freien Lauf lassen, will reden in der Bitternis meiner Seele, will sprechen zu Gott: Verdamme mich nicht, lass mich wissen, warum du wider mich haderst. Ist dir's denn Gewinn, dass du unterdrückst, dass du verwirfst das Werk deiner Hände und zum Rate der Gottlosen leuchtest? Hast du

---

[149] Zürcher Bibel, a. a. O.

denn Fleisches Augen, oder siehest du etwa, wie Menschen sehen? Sind wie Tage der Menschen deine Tage, sind deine Jahre wie die eines Mannes, dass du forschest nach meiner Schuld und suchest nach meiner Sünde, da du doch weisst, dass ich schuldlos bin und dass niemand errettet aus deiner Hand? Deine Hände haben mich kunstvoll gemacht und gebildet; danach hast du dich abgewandt und mich vernichtet. Gedenke doch, dass du wie Ton mich gebildet! Und zu Staube willst du mich wieder machen? [...] (9, 1-4, 32-35; 10, 1-9)

[Die Freunde preisen die Weisheit Gottes, die sich in seiner Schöpfung und in seinen Werken zeige. Hiob antwortet darauf:]

Siehe dies alles hat mein Auge gesehen, mein Ohr gehört und darauf gemerkt. So viel ihr wisset, weiss auch ich; ich bin nicht minder als ihr. Aber zum Allmächtigen möchte ich reden, und mich gelüstet, mit Gott zu rechten. Denn ihr, ihr übertüncht [die Wahrheit] mit Lügen, und Pfuschärzte seid ihr alle. O dass ihr doch nur stille schwieget! – Als Weisheit würde es euch angerechnet. So höret nun meines Mundes Rüge und vernehmet das Hadern meiner Lippen. Für Gott wollt ihr Verkehrtes reden und ihn mit Trug verteidigen? Für ihn wollt ihr Partei ergreifen, und Gottes Sache wollt ihr führen? Stünde es wohl gut, wenn er euch erforschte? Oder wollt ihr ihn täuschen, wie man Menschen täuscht? Strenge strafen wird er euch, wenn ihr hinterhältig seine Partei nehmt.

(13,1-10)

[Gott antwortet Hiob auf seine Klagen. Er gibt ihm keine Erklärung für die Leiden, aber er tadelt die Freunde:]

Als nun der Herr diese Worte zu Hiob geredet hatte, da sprach er zu Eliphas von Theman [einem der drei Freunde Hiobs]: Mein Zorn ist entbrannt wider dich und deine zwei Freunde; denn ihr habt nicht recht von mir geredet wie mein Knecht Hiob. (42,7)

Der Hiob des Alten Testaments stellt klagend und anklagend an Gott die Frage nach seinen Leiden, die er nicht bereit ist zu akzeptieren nach dem Tauschprinzip: Wohlergehen gegen Wohlverhalten, Leiden gegen Sünde. Er weiß, daß „ein Mensch kein Recht haben [kann] vor Gott", und er weiß auch, daß der Mensch Gott nicht vor Gericht ziehen kann: „Denn er ist nicht ein Mensch, wie ich, [...] dass wir zusammen vor Gericht gingen." Aber Hiob will seiner „Klage wider ihn freien Lauf lassen": „Zum Allmächtigen möchte ich reden, und mich gelüstet, mit Gott zu rechten." Er will wissen, warum Gott „das Werk deiner Hände verwirfst". **Er weiß, daß er schuldlos leidet, und er kann es nicht begreifen, warum Gott sein Geschöpf zerstört**: „Deine Hände haben mich kunstvoll gemacht und gebildet; danach hast du dich abgewandt und mich vernichtet." **Die angeblichen Rechtfertigungen Gottes durch seine Freunde** sind für Hiob nicht nur ein Zeichen von Dummheit („O dass ihr doch nur stille schwieget! – Als Weisheit würde es euch angerechnet."), sondern sie **sind eine hinterhältige Lüge, „Trug für Gott".**[150]

> Seit dem Buch Hiob gehört zu den monotheistischen Religionen des Judentums, Christentums und des Islam die Auseinandersetzung mit der Frage: Wie kann man über den einen Gott, der die Welt gut geschaffen hat, angesichts der Leiden und Katastrophen glaubwürdig sprechen? Hiob entläßt Gott nicht aus der Verantwortung für das Leiden wie Epikur mit dem Argument: die Götter kümmern sich in ihrem seligen Leben in den Intermundien nicht um die Welt und den Menschen. Für Hiob gilt: *„Wenn nicht Er, wer tut es denn?"* (9, 24)

Die Fragen und Antworten der griechischen und jüdischen Aufklärung am Beginn der europäischen Geschichte werden bis heute immer wieder in der Religionsphilosophie diskutiert, und sie beschäftigen vom Beginn der europäischen Geschichte bis heute Menschen, die kritisch und selbstkritisch Fragen an die Religionen und an Gott stellen, um glaubwürdige Antworten für ihr Leben zu finden.

---

[150] S. hierzu: J. Ebach, Die Welt, „in der Erlösung nicht vorweggenommen werden kann" (G. Scholem) *oder:* Wider den „Trug für Gott" (Hi 13, 7). Thesen zum Hiobbuch, in: Oelmüller (Hrsg.) 1986, 20–27; ders., Hiob/Hiobbuch, in: Theologische Realenzyklopädie, Bd. 16, Berlin, New York 1986, 360–380.

II.2.3. Die zwei Formen der Religionsphilosophie in der Moderne

II.2.3.1. Totale Religionskritik

Die totale Religionskritik will die Religion als überwundenes Stadium der Menschheit, als durchschaute Projektion, falsches Bewußtsein, illusionäre Befriedigung menschlicher Bedürfnisse, Ängste und Wünsche kritisieren und abschaffen oder als überholte ‚unmoderne' und ‚unwissenschaftliche' Vorstellung durch wissenschaftliche Erklärungen ablösen.

- „Das Gesetz der Geistesentwicklung der Menschheit oder das Dreistadiengesetz": Nach der Überwindung „des theologischen oder fiktiven Stadiums" und „des metaphysischen oder abstrakten Stadiums" ist „das positive oder reale Stadium" charakterisiert durch „die einfache Erforschung von Gesetzen", „zu sehen um vorauszusehen" (Comte)
- „Den übernatürlichen Mysterien der Religion [liegen] ganz einfache, natürliche Wahrheiten zugrunde." „Die Religion, wenigstens die christliche, ist das Verhalten des Menschen zu sich selbst." „Gott ist sein alter ego", der „vollkommene Mensch". „Der Begriff der Gattung [wird] zum Begriff Gottes." (Feuerbach)
- „Der Mensch macht die Religion." Religion „ist in einem der Ausdruck des wirklichen Elendes und in einem die Protestation gegen das wirkliche Elend. [...] Sie ist das Opium des Volks." (Marx)
- „Gott ist tot! Gott bleibt tot! Und wir haben ihn getötet!" „Nachdem dieser Glaube untergraben ist, [muß alles] nunmehr einfallen, weil es auf ihm gebaut, an ihn gelehnt, in ihn hineingewachsen war: zum Beispiel unsre ganze europäische Moral." (Nietzsche)
- „Das zusammenfassende Urteil der Wissenschaft über die religiöse Weltanschauung lautet also: [...] Religion ist ein Versuch, die Sinnenwelt, in die wir gestellt sind, mittels der Wunschwelt zu bewältigen." (Freud)

Der Kritik der Religion mit dem Ziel, sie abzuschaffen, liegen bei Comte, Feuerbach, Marx, Nietzsche und Freud unterschiedliche Deutungen der Religion zugrunde, die auch zu unterschiedlichen Gründen für die Abschaffung der Religion führen. Auch die Folgen des Endes der Religion werden unterschiedlich gesehen.

Auguste Comte, Rede über den Geist des Positivismus (1844)[151]

Erstes Kapitel. Das Gesetz der Geistesentwicklung der Menschheit oder das Dreistadiengesetz

2. – Gemäß dieser grundlegenden Lehre müssen alle unsere Theorien, welcher Art sie auch sein mögen, beim Individuum wie bei der Gattung notwendig nacheinander drei verschiedene theoretische Stadien durchlaufen, die durch die üblichen Benennungen als theologisches, metaphysisches und positives (Stadium) hier, wenigstens für diejenigen, die deren wahren allgemeinen Sinn gut erfaßt haben, hinlänglich genau bezeichnet sein können. Obgleich zunächst in jeder Hinsicht unentbehrlich, muß das erste Stadium hinfort stets als bloß provisorisch und vorbereitend aufgefaßt werden; dem zweiten, das tatsächlich nur eine auflösende Abart des ersten darstellt, kommt stets nur eine vorübergehende Bestimmung zu, um schrittweise zum dritten hinzuführen; in dem, als dem allein vollständig normalen (normgemäßen) in jeder Beziehung die endgültige Herrschaft der menschlichen Vernunft besteht.

I. Das theologische oder fiktive Stadium

3. – Bei ihrem ersten, notwendig theologischen, Aufschwung weisen alle unsere Forschungen spontan eine typische Vorliebe für die unlösbarsten Fragen über Gegenstände auf, die einer entscheidenden Nachprüfung am unzugänglichsten sind. Durch einen Widerspruch, der (zwar) heute zunächst unerklärlich scheint, der aber doch im Grunde damals vollständig mit der wirklichen Ausgangssituation unseres Intellekts übereinstimmte, sucht der menschliche Geist in einer Zeit, in der er den einfachsten wissenschaftlichen Problemen noch nicht gewachsen ist, begierig und fast ausschließlich nach den wesentlichen *Ursachen*, seien sie nun Erstursachen oder Endursachen – der verschiedenen Erscheinungen, die ihn beeindrucken, sowie nach der ihnen zugrunde liegenden Erzeugungsweise, mit einem Wort nach absoluten Erkenntnissen. Dieses urtümliche Bedürfnis findet seine natürliche Befriedigung, soweit sie eine derartige Si-

---

[151] A. Comte, Rede über den Geist des Positivismus, übers., eingel. und hrsg. von I. Fetscher, Hamburg 1956.

tuation erfordert, und tatsächlich sogar soweit es jemals befriedigt werden kann, durch unsere anfängliche Neigung, menschliche Art und Weise auf alles zu übertragen, indem wir alle nur möglichen Phänomene denen angleichen, die wir selbst produzieren und welche uns deshalb auch als erste, infolge der unmittelbaren Intuition, von der sie begleitet sind, ziemlich bekannt erscheinen.

[Das theologische Stadium durchläuft drei Phasen: den Fetischismus, den Polytheismus und den Monotheismus.]

7. – So unvollkommen jetzt auch eine solche Art und Weise des Philosophierens erscheinen mag – es ist sehr wichtig, daß der gegenwärtige Zustand des menschlichen Geistes mit der Gesamtheit seiner vergangenen Zustände verbunden wird, da man so in angemessener Form erkennt, daß sie lange Zeit hindurch ebenso unentbehrlich wie unvermeidlich sein mußte. Indem wir uns hier auf die bloße Beurteilung in intellektueller Hinsicht beschränken, könnte es auf den ersten Blick als überflüssig (erscheinen), auf die unwillkürliche Tendenz hinzuweisen, die uns alle selbst heute noch offensichtlich zu wesentlich theologischen Erklärungen führt, sobald wir unmittelbar das unerreichbare Geheimnis der irgendwelchen Phänomenen zugrunde liegenden Erzeugungsweise zu durchdringen suchen, und vor allem bei solchen (Phänomenen), deren wirkliche Gesetze wir noch nicht kennen. Die hervorragendsten Denker können dann ihre natürliche Disposition zum naivsten Fetischismus feststellen, wenn dieses Nichtwissen noch zufällig zeitweilig mit irgendeiner ausgeprägten Leidenschaft verbunden ist. Wenn daher alle theologischen Erklärungsweisen bei den Europäern in der Neuzeit in zunehmendem und entscheidendem Maße außer Gebrauch gekommen sind, so liegt das einzig daran, daß die geheimnisvollen Forschungen, auf welche sie abzielten, mehr und mehr als unserer Intelligenz grundsätzlich unerreichbar ausgeschaltet worden sind, und diese sich schrittweise daran gewöhnt hat, an deren Stelle unwiderruflich solche Studien zu setzen, die wirksamer sind und mit unseren wahren Bedürfnissen besser übereinstimmen.

(a. a. O., 5–11)

II. Das metaphysische oder abstrakte Stadium

9. – Wie bedrängt auch hier die allgemeinen Erklärungen über die provisorische Natur und die vorbereitende Bestimmung der einzigen Philosophie sein mußten, die der Kindheit der Menschheit in der Tat angemessen war, sie lassen uns doch leicht einsehen, daß diese anfängliche Denkweise sich in jeder Hinsicht allzutief von derjenigen unterscheidet, die – wie wir sehen werden – dem Mannesalter des Geistes entspricht, als daß der schrittweise Übergang von der einen zur anderen – sei es beim Individuum, sei es bei der Gattung – sich ursprünglich ohne den wachsenden Beistand einer Art Zwischenphilosophie, die wesentlich auf diese vor-

übergehende Aufgabe beschränkt war, hätte vollziehen können. Darin besteht die besondere Mithilfe des eigentlich metaphysischen Stadiums an der Grundentwicklung unserer Intelligenz, die sich – aller plötzlichen Veränderung feind – so fast unmerklich vom rein theologischen zum offen positiven Stadium erheben kann, wenn auch diese zweideutige Situation (der Zwischenphilosophie) sich im Grunde viel mehr dem ersten als dem letzten Stadium nähert. Die herrschenden Theorien haben hier den gleichen Grundcharakter einer zur Gewohnheit gewordenen Neigung zu absoluten Erkenntnissen bewahrt: nur die Lösung hat eine beachtliche Umbildung erfahren, die besser geeignet war, den Aufschwung positiver Vorstellungen zu erleichtern. Tatsächlich versucht die Metaphysik (genau) wie die Theologie vor allem die innerste Natur der Wesenheiten, Ursprung und Bestimmung aller Dinge und die wesentliche Erzeugungsweise aller Phänomene zu erklären; aber anstatt hierzu übernatürliche Wirkkräfte im eigentlichen Sinne zu verwenden, ersetzt sie diese mehr und mehr durch jene Wesenheiten oder personifizierte Abstraktionen, deren wahrhaft charakteristischer Gebrauch es oft erlaubte, sie mit dem Namen *Ontologie*[152] zu bezeichnen. Heute ist es nur zu leicht, auf bequeme Weise eine solche Art des Philosophierens zu beobachten, die gegenüber den kompliziertesten Phänomenen noch vorherrschend, tagtäglich selbst bei den einfachsten und am wenigsten zurückgebliebenen Theorien so viele merkliche Spuren ihrer langen Herrschaft zeigt.

(a. a. O., 17–19)

III. Das positive oder reale Stadium
1. Hauptsächliche Eigentümlichkeit: Das Gesetz oder die ständige Unterordnung der Einbildungskraft unter die Beobachtung

12. Diese lange Reihe notwendiger Vorstufen führt schließlich unsere schrittweise frei gewordene Intelligenz zu ihrem endgültigen Stadium rationaler Positivität [,...,]. Nachdem derartige vorbereitende Übungen von selbst die völlige Nichtigkeit der der anfänglichen Philosophie – sei sie nun theologisch oder metaphysisch – eigenen unklaren und unwillkürlichen Erklärungen bewiesen haben, verzichtet der menschliche Geist fortan auf absolute Forschungen, wie sie nur seiner Kindheit angemessen waren, und beschränkt seine Bemühungen auf das von da an rasch sich entwickelnde Gebiet der echten Beobachtung, der einzig möglichen Grundlage der wirklich erreichbaren und unseren tatsächlichen Bedürfnissen weise angemessenen Erkenntnisse. Die spekulative Logik hatte bis dahin darin bestanden, auf eine mehr oder weniger subtile Weise gemäß unklaren Prinzipien, die keinerlei hinlänglichen Beweis zuließen

---

[152] Ontologie (griech.) – ‚Seinslehre‘, – d. h. die allgemeine Lehre vom Seienden, insofern es in Wirklichkeit ist; Grunddisziplin der metaphysischen Philosophie.

und stets endlose Debatten erregten, zu argumentieren. Sie anerkennt von nun an als *Grundregel*, daß keine Behauptung, die nicht genau auf die einfache Aussage einer besonderen oder allgemeinen Tatsache zurückführbar ist, einen wirklichen und verständlichen Sinn enthalten kann. Die Prinzipien, die sie anwendet, sind selbst nur echte, lediglich allgemeinere und abstraktere Tatsachen, als die, deren Band sie bilden sollen. Welches übrigens auch die Methode sei, um zu ihrer Aufdeckung zu gelangen, ob rational oder experimentell, ihre wissenschaftliche Wirksamkeit geht stets ausschließlich aus ihrer mittelbaren oder unmittelbaren Übereinstimmung mit den beobachteten Phänomenen hervor. Die reine Einbildungskraft verliert dann unwiderruflich ihre alte geistige Vorherrschaft und ordnet sich notwendig der Beobachtung unter, so daß ein völlig normaler Geisteszustand herbeigeführt wird; nichtsdestoweniger leistet sie auch weiterhin den positiven Theorien einen ebenso wesentlichen wie unerschöpflichen Dienst, indem sie die Mittel endgültiger oder provisorischer Verbindung schafft oder vervollkommnet. Mit einem Wort, die grundlegende Revolution, die das Mannesalter unseres Geistes charakterisiert, besteht im wesentlichen darin, überall anstelle der unerreichbaren Bestimmung der eigentlichen Ursachen die einfache Erforschung von *Gesetzen*, d. h. der konstanten Beziehungen zu setzen, die zwischen den beobachteten Phänomenen bestehen. Ob es sich nun um die geringsten oder die höchsten Wirkungen, um Stoß und Schwerkraft oder um Denken und Sittlichkeit handelt, wahrhaft erkennen können wir hier nur die verschiedenen wechselseitigen Verbindungen, die ihrem Ablauf eigentümlich sind, ohne jemals das Geheimnis ihrer Erzeugung zu ergründen. (a. a. O., 25–29)

3. Der Endzweck der positiven Gesetze: rationale Voraussicht

15. [...] Betrachtet man nun den ständigen Endzweck dieser Gesetze, so kann man ohne jede Übertreibung sagen, daß die echte Wissenschaft – weit davon entfernt, aus einfachen Tatsachen zusammengesetzt zu sein – immer darauf ausgeht, so weit wie möglich von der unmittelbaren Erforschung zu entbinden, indem sie diese durch jene rationale Voraussicht ersetzt, die in jeder Beziehung das Hauptkennzeichen des positiven Geistes darstellt, wie die Gesamtheit der astronomischen Wissenschaft klar zum Bewußtsein bringen wird. Diese Voraussicht, eine notwendige Folge der Entdeckung der konstanten Relationen zwischen den Erscheinungen, wird verhindern, daß die wirkliche Wissenschaft mit jener eitlen *Gelehrsamkeit* verwechselt wird, die mechanisch Fakten anhäuft ohne danach zu streben, sie auseinander abzuleiten. Diese bedeutsame Eigenschaft all unserer gesunden Theorien ist ebenso wichtig für ihren praktischen Nutzen wie für ihre eigentliche Würde; denn die unmittelbare Erforschung fertiger Erscheinungen würde nicht ausreichen, um uns die Änderung ihres Ablaufs zu gestatten, wenn sie uns nicht dahin führen

würde, diesen Geist vor allem darin *zu sehen um vorauszusehen*, zu erforschen was ist, um daraus auf Grund des allgemeinen Lehrsatzes von der Unwandelbarkeit der Naturgesetze – das zu erschließen, was sein wird. (a. a. O., 35)

Auguste Comte, Philosoph, Soziologe und Mathematiker, will mit der von ihm erstmals so genannten exakten Wissenschaft der ‚Soziologie' die Gesetze der menschlichen Gesellschaft und ihrer Entwicklung erforschen. Der **für den Positivismus**[153] **typische Fortschrittsglaube** ist bei Comte begründet in der Lehre von den drei Stadien der Menschheitsentwicklung, dem „Dreistadiengesetz". Mit ihm glaubt Comte „das große Gesetz [...] für die gesamte geistige Entwicklung der Menschheit aufgestellt [zu] haben" (a. a. O., 3). Das theologische, metaphysische und positive (endgültige) Stadium, sind nach Comte die drei Stufen der Höherentwicklung, die „beim Individuum wie bei der Gattung **notwendig** nacheinander [...] durchlaufen" werden. Das theologische und das metaphysische Stadium, das „in Wahrheit im Grunde nichts anderes als eine Art durch auflösende Vereinfachungen schrittweise entnervter Theologie" ist, haben ihre Berechtigung nur darin und so lange, als „die wirklichen Gesetze (irgendwelcher Phänomene) wir **noch nicht** kennen". Nur so lange sind sie „unentbehrlich" für die Entwicklung der Intelligenz wie der Gesellschaft. Wenn im „Mannesalter" der Menschheit der Mensch endlich begreift, daß er auf die Erforschung solcher Probleme verzichten muß, die „unserer Intelligenz grundsätzlich unerreichbar" sind, wird er sich im „positiven Stadium" nur den Studien zuwenden, die „mit unseren wahren Bedürfnissen besser übereinstimmen". Zwar ist sich Comte der „notwendig relativen Natur aller unserer wirklichen Erkenntnisse" bewußt, aber durch die Erforschung der Gesetze statt der Ursachen wird es, wie er glaubt, möglich sein, alle Beziehungen zwischen den Phänomenen unserer Wirklichkeit „wahrhaft erkennen zu können", „ob es sich nun um die geringsten oder die höchsten Wirkungen, um Stoß und Schwerkraft oder um Denken und Sittlichkeit

---

[153] Positivismus (lat.), eine von den Naturwissenschaften abgeleitete Methode auch der Philosophie: Die Philosophie hat die Aufgabe – wie die Einzelwissenschaften je innerhalb ihrer Bereiche –, das in der sinnlichen Erfahrung unmittelbar ‚Gegebene' (= Positive), das ‚Tatsächliche' (= Faktische) zu ordnen durch das Aufstellen letzter, allgemeiner und konstanter Wirklichkeitsbeziehungen (‚Gesetze').

handelt". Dann wird die „**rationale Voraussicht" möglich sein, die ermöglicht, aufgrund der ‚positiven' Erkenntnis dessen was ist, „zu erschließen, was sein wird"**.

Comtes eigene Voraussagen sind allerdings nicht eingetroffen. Er glaubte, daß die moderne Industrie zur Abschaffung der Kriege führen würde, der wissenschaftlich abgesicherte soziale Fortschritt zur Achtung vor dem Menschenleben. Und angesichts der Wiederkehr von Religionen mit und ohne Gott in der Gegenwart spricht nichts dafür, daß das theologische Stadium endgültig, und zwar zu Recht, überwunden ist.

Ludwig Feuerbach (1804–1872),
Aus: Das Wesen des Christentums (1841)[154] (194–199)

Die Religion, wenigstens die christliche, ist das *Verhalten des Menschen zu sich selbst* oder richtiger: *zu seinem* (und zwar subjektiven) Wesen, aber das Verhalten zu seinem Wesen *als zu einem andern Wesen. Das göttliche Wesen ist nichts andres* als das menschliche Wesen oder besser: *das Wesen des Menschen*, gereinigt, befreit von den Schranken des individuellen Menschen, verobjektiviert, d. h. *angeschaut* und *verehrt als ein andres, von ihm unterschiednes, eignes Wesen* – alle *Bestimmungen des göttlichen Wesens* sind darum menschliche Bestimmungen. [...]

Die Religion ist die *Entzweiung* des Menschen mit sich: Er setzt sich Gott als ein ihm *entgegengesetztes* Wesen gegenüber. Gott ist *nicht,* was der Mensch ist – der Mensch *nicht,* was Gott ist. Gott ist das unendliche, der Mensch das endliche Wesen, Gott vollkommen, der Mensch unvollkommen, Gott ewig, der Mensch zeitlich, Gott allmächtig, der Mensch unmächtig, Gott heilig, der Mensch sündhaft. Gott und Mensch sind Extreme: Gott das schlechthin Positive, der Inbegriff aller Realitäten, der Mensch das schlechtweg Negative, der Inbegriff aller Nichtigkeiten.

Aber der Mensch vergegenständlicht in der Religion sein eignes, geheimes Wesen. Es muß also nachgewiesen werden, daß auch dieser Gegensatz, dieser Zwiespalt, mit welchem die Religion anhebt, *ein Zwiespalt des Menschen mit seinem eignen Wesen* ist. [...]

Gott ist die Liebe – d. h. *das Gemüt ist der Gott* des Menschen, ja Gott schlechtweg, das absolute Wesen. Gott ist das sich gegenständliche Wesen des Gemüts, das *schrankenfreie, reine Gemüt* – Gott ist der in das

---

[154] L. Feuerbach, Werke in sechs Bänden, hrsg. von E. Thies, Frankfurt a. M. 1976, 55, 32, 47–48, 145, 231–232, 406–407.

tempus finitum [hier: die ein Faktum anzeigende bestimmte Zeitform], in das gewisse selige Ist verwandelte Optativ [Wunsch] des menschlichen Herzens, die rücksichtslose Allmacht des Gefühls, das sich selbst erhörende Gebet, das *sich selbst vernehmende Gemüt*, das Echo unserer Schmerzenslaute. Äußern muß sich der Schmerz; unwillkürlich greift der Künstler nach der Laute, um in ihren Tönen seinen eignen Schmerz auszuhauchen. Er befriedigt seinen Schmerz, indem er ihn vernimmt, indem er ihn vergegenständlicht; er erleichtert die Last, die auf seinem Herzen ruht, indem er sie der Luft mitteilt, seinen Schmerz zu einem *allgemeinen* Wesen macht. Aber die Natur erhört nicht die Klagen des Menschen – sie ist gefühllos gegen seine Leiden. Der Mensch wendet sich daher weg von der Natur, weg von den sichtbaren Gegenständen überhaupt – er kehrt sich nach innen, um hier, verborgen und geborgen vor den gefühllosen Mächten, Gehör für seine Leiden zu finden. Hier spricht er seine drückenden Geheimnisse aus, hier macht er seinem gepreßten Herzen Luft. *Diese freie Luft des Herzens,* dieses *ausgesprochene* Geheimnis, dieser entäußerte Seelenschmerz ist *Gott*. Gott ist eine Träne der Liebe in tiefster Verborgenheit, vergossen über das menschliche Elend. [...]

Die Religion betrachtet [...] die Dinge nur von dem praktischen Standpunkt aus. Selbst der Mensch ist ihr nur als praktisches, moralisches Subjekt, darum nicht in seiner Gattung, nicht wie er im Wesen ist, sondern nur in seiner beschränkten, bedürftigen Individualität Gegenstand. Aber eben deswegen, weil sie abstrahiert von dem Standpunkt, von dem Wesen der Theorie, so bestimmt sich das ihr verborgene, nur dem theoretischen Auge gegenständliche, wahre, allgemeine Wesen der Natur und Menschheit zu einem *andern, wunderbaren, übernatürlichen Wesen – der Begriff der Gattung zum Begriffe Gottes*, der selbst wieder ein individuelles Wesen ist, aber sich dadurch von den menschlichen Individuen unterscheidet, daß er die Eigenschaften derselben im Maße der Gattung besitzt. Notwendig setzt daher in der Religion der Mensch sein Wesen *außer sich*, sein Wesen als ein *andres Wesen –* notwendig, weil das Wesen der Theorie außer ihm liegt, weil all sein *bewußtes* Wesen aufgeht in die praktische Subjektivität. Gott ist sein *alter ego* [zweites Ich], seine andere, verlorne Hälfte; in Gott *ergänzt er sich*; in Gott ist er erst *vollkommner* Mensch. Gott ist ihm ein *Bedürfnis;* es fehlt ihm etwas, ohne zu wissen, was ihm fehlt – Gott ist dieses *fehlende Etwas*, Gott ihm unentbehrlich; Gott *gehört* zu seinem Wesen. [...]

Der Vorwurf, daß nach meiner Schrift die Religion Unsinn, nichts, pure Illusion sei, hätte nur dann Grund, wenn ihr zufolge auch *das*, worauf ich die Religion zurückführe, was ich als ihren *wahren Gegenstand* und Inhalt nachweise, der Mensch, die Anthropologie, *Unsinn, nichts, pure Illusion* wäre. Aber, weit gefehlt, daß ich der Anthropologie eine nichtige oder auch nur untergeordnete Bedeutung gebe – eine Bedeutung, die ihr gerade nur so lange zukommt, als über ihr und ihr entgegen eine Theologie steht –, indem ich die Theologie zur Anthropologie erniedrige, erhebe ich vielmehr die Anthropologie zur Theologie, gleichwie das Christentum, indem es Gott zum Menschen erniedrigte, den Menschen zu Gott machte, freilich wieder zu einem dem Menschen entfernten, transzendenten, phantastischen Gott [– ...].

Die Religion ist der Traum des menschlichen Geistes. Aber auch im Traume befinden wir uns nicht im Nichts oder im Himmel, sondern auf der Erde – im Reiche der Wirklichkeit, nur daß wir die wirklichen Dinge nicht im Lichte der Wirklichkeit und Notwendigkeit, sondern im entzükkenden Scheine der Imagination und Willkür erblicken. Ich tue daher der Religion – auch der spekulativen Philosophie oder Theologie – nichts weiter an, als daß ich ihr die *Augen öffne* oder vielmehr nur ihre *einwärts* gekehrten Augen *auswärts* richte, d. h. ich verwandle nur den Gegenstand der Vorstellung oder Einbildung in den Gegenstand in der Wirklichkeit.

Wie die antike Kritik anthropomorpher Gottesbilder kritisiert Feuerbach Gott als eine Projektion. *„Das göttliche Wesen ist nichts andres als das menschliche Wesen oder besser, das Wesen des Menschen, gereinigt, befreit von den Schranken des individuellen Menschen."* Im Gegensatz zu Xenophanes will Feuerbach jedoch zeigen, daß Gott als das „alter ego" gar nicht existiert. Die **Religion ist die Entzweiung des Menschen mit sich selbst**. Alle positiven Eigenschaften des Menschen (unendlich, vollkommen, ewig, allmächtig, heilig) hat der Mensch sich abgesprochen und in Gott projiziert und ist nun nach seinem Verständnis mit den nur negativen Eigenschaften (endlich, unvollkommen, zeitlich, unmächtig, sündhaft) der „Inbegriff aller Nichtigkeiten". Das „schlechtweg Negative" ist der beschränkte individuelle Mensch. Die „andere, verlorene Hälfte", die er sich in der Religion als **Gott** „entgegensetzt", **ist der „vollkommene Mensch"**, ist das „wahre, allgemeine Wesen der Natur und Menschheit", **die „Gattung" Mensch**. Wenn der Mensch diese vollkommene Gattungsnatur wieder als seine eigene Natur versteht, dann ist nach Feuerbach die Religion in der Tat „Unsinn", nicht aber ist ihr „wahrer Gegenstand und Inhalt", der Mensch, „Unsinn". Theologie wird „erniedrigt" zur Anthropologie, aber Anthropologie wird insofern zur Theologie erhoben, als es über dem Menschen kein Wesen mehr gibt. Der „Optativ des menschlichen Herzens" Gott – Feuerbach nennt wie Freud den Inhalt der Religion „Illusion" – ist als „Echo unserer Schmerzenslaute" durchschaut. Ebenso wenig wie die Kunst unsere

Schmerzen lindern kann, kann es die Religion. Unsere Hoffnungen und Wünsche können wir nur selbst erfüllen.

Karl Marx (1818–1883), Einleitung zur Kritik der Hegelschen Rechtsphilosophie (1844)[155] (199–200)

Für Deutschland ist die *Kritik der Religion* im wesentlichen beendigt, und die Kritik der Religion ist die Voraussetzung aller Kritik.

Die *profane* Existenz des Irrtums ist kompromittiert, nachdem seine *himmlische oratio pro aris et focis* [Gebet für Altar und Herd] widerlegt ist. Der Mensch, der in der phantastischen Wirklichkeit des Himmels, wo er einen Übermenschen suchte, nur den *Widerschein* seiner selbst gefunden hat, wird nicht mehr geneigt sein, nur den *Schein* seiner selbst, nur den Unmenschen zu finden, wo er seine wahre Wirklichkeit sucht und suchen muß.

Das Fundament der irreligiösen Kritik ist: Der *Mensch macht die Religion*, die Religion macht nicht den Menschen. Und zwar ist die Religion das Selbstbewußtsein und das Selbstgefühl des Menschen, der sich selbst entweder noch nicht erworben oder schon wieder verloren hat. Aber *der Mensch*, das ist kein abstraktes, außer der Welt hockendes Wesen. Der Mensch, das ist *die Welt des Menschen*, Staat, Sozietät. Dieser Staat, diese Sozietät produzieren die Religion, ein *verkehrtes Weltbewußtsein*, weil sie eine *verkehrte Welt* sind. Die Religion ist die allgemeine Theorie dieser Welt, ihr enzyklopädisches Kompendium, ihre Logik in populärer Form, ihr spiritualistischer Point-d'honneur [Ehrenpunkt], ihr Enthusiasmus, ihre moralische Sanktion, ihre feierliche Ergänzung, ihr allgemeiner Trost- und Rechtfertigungsgrund. Sie ist die *phantastische Verwirklichung* des menschlichen Wesens, weil das *menschliche Wesen* keine wahre Wirklichkeit besitzt. Der Kampf gegen die Religion ist also mittelbar der Kampf gegen *jene Welt*, deren geistiges *Aroma* die Religion ist.

Das *religiöse* Elend ist in einem der *Ausdruck* des wirklichen Elendes und in einem die *Protestation* gegen das wirkliche Elend. Die Religion ist der Seufzer der bedrängten Kreatur, das Gemüt einer herzlosen Welt, wie sie der Geist geistloser Zustände ist. Sie ist das *Opium* des Volks.

Die Aufhebung der Religion als des *illusorischen* Glücks des Volkes ist die Forderung seines *wirklichen* Glücks. Die Forderung, die Illusionen über seinen Zustand aufzugeben, ist die *Forderung, einen Zustand auf-*

---

[155] K. Marx, F. Engels, Werke in vierzig Bänden, hrsg. vom Institut für Marxismus-Leninismus beim ZK der SED, Berlin 1957 ff., 1, 378–379.

zugeben, der der Illusionen bedarf. Die Kritik der Religion ist also im Keim die *Kritik des Jammertales,* dessen *Heiligenschein* die Religion ist. Die Kritik hat die imaginären Blumen an der Kette zerpflückt, nicht damit der Mensch die phantasielose, trostlose Kette trage, sondern damit er die Kette abwerfe und die lebendige Blume breche. Die Kritik der Religion enttäuscht den Menschen, damit er denke, handele, seine Wirklichkeit gestalte wie ein enttäuschter, zu Verstand gekommener Mensch, damit er sich um sich selbst und damit um seine wirkliche Sonne bewege. Die Religion ist nur die illusorische Sonne, die sich um den Menschen bewegt, solange er sich nicht um sich selbst bewegt.

Es ist also die *Aufgabe der Geschichte,* nachdem das *Jenseits der Wahrheit* verschwunden ist, die *Wahrheit des Diesseits* zu etablieren. Es ist zunächst die *Aufgabe der Philosophie,* die im Dienste der Geschichte steht, nachdem die *Heiligengestalt* der menschlichen Selbstentfremdung entlarvt ist, die Selbstentfremdung in ihren *unheiligen Gestalten* zu entlarven. Die Kritik des Himmels verwandelt sich damit in die Kritik der Erde, die *Kritik der Religion* in die *Kritik des Rechts,* die *Kritik* der Theologie in die *Kritik der Politik.*

Für Karl Marx ist Feuerbach mit seiner Religionskritik nicht weit genug gegangen. In der 6. ‚Feuerbachthese' heißt es: *„Feuerbach löst das religiöse Wesen in das <u>menschliche</u> Wesen auf. Aber das menschliche Wesen ist kein dem einzelnen Individuum inwohnendes Abstraktum. In seiner Wirklichkeit ist es das Ensemble der gesellschaftlichen Verhältnisse." „Der Mensch, das ist die Welt des Menschen, Staat, Sozietät. Dieser Staat, diese Sozietät produzieren die Religion, ein verkehrtes Weltbewußtsein, weil sie eine verkehrte Welt sind."* Nach Marx müssen Menschen, wenn die **Religion als „Opium des Volks"** durchschaut ist, **daran arbeiten, „einen Zustand aufzugeben, der der Illusionen bedarf."** Darum ist es „die Aufgabe der Geschichte, nachdem das Jenseits der Wahrheit verschwunden ist, die Wahrheit des Diesseits zu etablieren."

Gegenwartsdiagnosen und Zukunftsprognosen über die Religion von Marx und deren Zusammenhang mit anderen Aufklärungsmodellen stellt der Erste Teil ausführlich dar.

Nicht nur für Marxisten und Sozialisten, auch für bürgerliche Denker hatte die totale Religionskritik von Feuerbach und Marx wichtige Argumente für das Absterben der Religion. Auch Theologen, die ein ‚religionsloses Christentum' fordern, berufen sich bei ihrer Kritik der Religion als einer Projektion, Vergegenständlichung und Vergöttlichung menschlicher Wünsche, Hoffnungen und

Ängste, auf Argumente von Feuerbach und Marx. Heute zeigt sich deutlich, daß die Religionen nicht einfach abgestorben sind. Alte und neue Religionen, Religionen mit und ohne Gott, gute, harmlose und gefährliche Religionen finden eine große Anhängerschaft.

Friedrich Nietzsche (1844–1900), Die fröhliche Wissenschaft (1882)[156] (211–215)

Der tolle Mensch. – Habt ihr nicht von jenem tollen Menschen gehört, der am hellen Vormittage eine Laterne anzündete, auf den Markt lief und unaufhörlich schrie: „Ich suche Gott! Ich suche Gott!" – Da dort gerade viele von denen zusammenstanden, welche nicht an Gott glaubten, so erregte er ein großes Gelächter. Ist er denn verlorengegangen? sagte der eine. Hat er sich verlaufen wie ein Kind? sagte der andere. Oder hält er sich versteckt? Fürchtet er sich vor uns? Ist er zu Schiff gegangen? ausgewandert? – so schrien und lachten sie durcheinander. Der tolle Mensch sprang mitten unter sie und durchbohrte sie mit seinen Blicken. „Wohin ist Gott?" rief er, „ich will es euch sagen! *Wir haben ihn getötet* – ihr und ich! Wir alle sind seine Mörder! Aber wie haben wir dies gemacht? Wie vermochten wir das Meer auszutrinken? Wer gab uns den Schwamm, um den ganzen Horizont wegzuwischen? Was taten wir, als wir diese Erde von ihrer Sonne losketteten? Wohin bewegt sie sich nun? Wohin bewegen wir uns? Fort von allen Sonnen? Stürzen wir nicht fortwährend? Und rückwärts, seitwärts, vorwärts, nach allen Seiten? Gibt es noch ein Oben und ein Unten? Irren wir nicht wie durch ein unendliches Nichts? Haucht uns nicht der leere Raum an? Ist es nicht kälter geworden? Kommt nicht immerfort die Nacht und mehr Nacht? Müssen nicht Laternen am Vormittage angezündet werden? Hören wir noch nichts von dem Lärm der Totengräber, welche Gott begraben? Riechen wir noch nichts von der göttlichen Verwesung? – auch Götter verwesen! Gott ist tot! Gott bleibt tot! Und wir haben ihn getötet! Wie trösten wir uns, die Mörder aller Mörder? Das Heiligste und Mächtigste, was die Welt bisher besaß, es ist unter unsern Messern verblutet – wer wischt dies Blut von uns ab? Mit welchem Wasser könnten wir uns reinigen? Welche Sühnefeiern, welche heiligen Spiele werden wir erfinden müssen? Ist nicht die Größe dieser Tat zu groß für uns? Müssen wir nicht selber zu Göttern werden, um nur ihrer würdig zu erscheinen? Es gab nie eine größere Tat – und wer nur immer nach uns geboren wird, gehört um dieser Tat willen in eine höhere Geschichte, als alle Geschichte bisher war!" – Hier schwieg

---

[156] F. Nietzsche, Werke in drei Bänden, hrsg. von K. Schlechta, München ⁶1969, 2, 126–128, 205, 208.

der tolle Mensch und sah wieder seine Zuhörer an: auch sie schwiegen und blickten befremdet auf ihn. Endlich warf er seine Laterne auf den Boden, daß sie in Stücke sprang und erlosch. „Ich komme zu früh", sagte er dann, „ich bin noch nicht an der Zeit. Dies ungeheure Ereignis ist noch unterwegs und wandert – es ist noch nicht bis zu den Ohren der Menschen gedrungen. Blitz und Donner brauchen Zeit, das Licht der Gestirne braucht Zeit, Taten brauchen Zeit, auch nachdem sie getan sind, um gesehn und gehört zu werden. Diese Tat ist ihnen immer noch ferner als die fernsten Gestirne – *und doch haben sie dieselbe getan!*" – Man erzählt noch, daß der tolle Mensch desselbigen Tages in verschiedene Kirchen eingedrungen sei und darin sein *Requiem aeternam deo*[157] angestimmt habe. Hinausgeführt und zur Rede gesetzt, habe er immer nur dies entgegnet: „Was sind denn diese Kirchen noch, wenn sie nicht die Grüfte und Grabmäler Gottes sind?" (§ 125)

Daß größte neuere Ereignis – daß ‚Gott tot ist', daß der Glaube an den christlichen Gott unglaubwürdig geworden ist, beginnt bereits seine ersten Schatten über Europa zu werfen. Für die wenigen wenigstens, deren Augen, deren *Argwohn* in den Augen stark und fein genug für dies Schauspiel ist, scheint eben irgendeine Sonne untergegangen, irgendein altes tiefes Vertrauen in Zweifel umgedreht: ihnen muß unsre alte Welt täglich abendlicher, mißtrauischer, fremder, ‚älter' scheinen. In der Hauptsache aber darf man sagen: das Ereignis selbst ist viel zu groß, zu fern, zu abseits vom Fassungsvermögen vieler, als daß auch nur seine Kunde schon *angelangt* heißen dürfte; geschweige denn, daß viele bereits wüßten, *was* eigentlich sich damit begeben hat – und was alles, nachdem dieser Glaube untergraben ist, nunmehr einfallen muß, weil es auf ihm gebaut, an ihn gelehnt, in ihn hineingewachsen war: zum Beispiel unsre ganze europäische Moral. (§ 343)

Doch man wird es begriffen haben, worauf ich hinaus will, nämlich daß es immer noch ein *metaphysischer Glaube* ist, auf dem unser Glaube an die Wissenschaft ruht – daß auch wir Erkennenden von heute, wir Gottlosen und Antimetaphysiker, auch *unser* Feuer noch von dem Brande nehmen, den ein jahrtausendealter Glaube entzündet hat, jener Christen-Glaube, der auch der Glaube Platos war, daß Gott die Wahrheit ist, daß die Wahrheit göttlich ist ... Aber wie, wenn dies gerade immer mehr unglaubwürdig wird, wenn nichts sich mehr als göttlich erweist, es sei denn der Irrtum, die Blindheit, die Lüge – wenn Gott selbst sich als unsre längste Lüge erweist? (§ 344)

---

[157] Dem Gott die ewige Ruhe! Abwandlung des Eingangs der katholischen Totenmesse: requiem aeternam dona eis domine (Herr, gib ihnen die ewige Ruhe)!

Nietzsche macht in aller Schärfe klar, daß die Konsequenzen der Abschaffung der jüdisch-christlichen Gottesvorstellung nicht nur einlinig als Befreiung von falschen Vorstellungen oder Aufhebung der Entzweiung (Feuerbach) und Befreiung zur Arbeit an einer besseren Gesellschaft (Marx) verstanden werden können. Für Nietzsche ist **„die Größe dieser Tat" zu groß für die Menschen. Sie begreifen gar nicht, daß mit dem Tod Gottes alle Vorstellungen der griechischen und jüdisch-christlichen Kultur nicht mehr gelten können.** Das „unendliche Nichts", der „leere Raum" des **Nihilismus folgt dem Tod Gottes** und dem Ende der bisherigen Deutungen der Welt (Die Menschen haben „den ganzen Horizont weggewischt", „die Erde von ihrer Sonne losgekettet".) Die Deutung des Menschen als Subjekt im Zusammenhang der europäischen Moral und der neuzeitlichen Demokratie (Textbeleg s. Erster Teil, Anm. 60) sowie alle Vorstellungen von Wissenschaft und Wahrheit, die in der europäischen Kultur entwickelt wurden, sind mit dem Tod Gottes, „dem Heiligsten und Mächtigsten, was die Welt bisher besaß", zusammengebrochen. „Nachdem dieser Glaube untergraben ist, [muß dies alles] einfallen, weil es auf ihm gebaut, an ihn gelehnt, in ihn hineingewachsen war: zum Beispiel unsre ganze europäische Moral". Denn es gibt keine neue Moral, nach Nietzsches Meinung: noch nicht. Die Bedeutung des ‚Todes Gottes' ist zu groß für die Menschen. Sie müßten „selber zu Göttern werden". Aber auch die „Erkennenden von heute", die „Gottlosen und Antimetaphysiker", nehmen ihren „Glauben an die Wissenschaft" aus dieser europäischen metaphysisch-theologischen Tradition, aus dem „Christen-Glauben, der auch der Glaube Platos war".

Der Aphorismus ‚Der tolle Mensch' ist die ‚klassische' Nietzsche-Stelle über den Tod Gottes. Sie ist nach meinen Erfahrungen gar nicht so einfach zu verstehen. Es bedarf einiger Hilfen, um die vielen Metaphern zu entschlüsseln.

Sigmund Freud (1856–1939),
Über eine Weltanschauung (1933)[158]

Von den drei Mächten, die der Wissenschaft Grund und Boden bestreiten können, ist die Religion allein der ernsthafte Feind. Die Kunst ist fast immer harmlos und wohltätig. [...] Die Philosophie ist der Wissenschaft nicht gegensätzlich. [...] Die Philosophie hat keinen unmittelbaren Einfluß auf die große Menge von Menschen, sie ist das Interesse einer geringen Anzahl selbst von der dünnen Oberschicht der Intellektuellen, für alle anderen kaum faßbar. Dahingegen ist die Religion eine ungeheure Macht, die über die stärksten Emotionen der Menschen verfügt. Es ist bekannt, daß sie früher einmal alles umfaßte, was als Geistigkeit im Menschenleben eine Rolle spielt, daß sie die Stelle der Wissenschaft einnahm, als es noch kaum eine Wissenschaft gab, und daß sie eine Weltanschauung von unvergleichlicher Folgerichtigkeit und Geschlossenheit geschaffen hat, die, wiewohl erschüttert, heute noch fortbesteht.

Will man sich vom großartigen Wesen der Religion Rechenschaft geben, so muß man sich vorhalten, was sie den Menschen zu leisten unternimmt. Sie gibt ihnen Aufschluß über Herkunft und Entstehung der Welt, sie versichert ihnen Schutz und endliches Glück in den Wechselfällen des Lebens und sie lenkt ihre Gesinnungen und Handlungen durch Vorschriften, die sie mit ihrer ganzen Autorität vertritt. Sie erfüllt also drei Funktionen. In der ersten befriedigt sie die menschliche Wißbegierde, tut dasselbe, was mit ihren Mitteln die Wissenschaft versucht, und tritt hier in Rivalität mit ihr. Ihrer zweiten Funktion verdankt sie wohl den größten Anteil ihres Einflusses. Wenn sie die Angst der Menschen vor den Gefahren und Wechselfällen des Lebens beschwichtigt, sie des guten Ausganges versichert, ihnen Trost im Unglück spendet, kann die Wissenschaft es nicht mit ihr aufnehmen. Diese lehrt zwar, wie man gewisse Gefahren vermeiden, manche Leiden erfolgreich bekämpfen kann; es wäre sehr unrecht zu bestreiten, daß sie den Menschen eine mächtige Helferin ist, aber in vielen Lagen muß sie den Menschen seinem Leid überlassen und weiß ihm nur zur Unterwerfung zu raten. In ihrer dritten Funktion, wenn sie Vorschriften gibt, Verbote und Einschränkungen erläßt, entfernt sie sich von der Wissenschaft am meisten. Denn diese begnügt sich damit, zu untersuchen und festzustellen. Aus ihren Anwen-

---

[158] S. Freud, Über eine Weltanschauung, in: Studienausgabe, hrsg. von A. Mitscherlich, A. Richards, J. Strachey, Frankfurt a. M. 1974, 1, 588–589, 593–595.
In dieser Vorlesung faßt Freud seine Thesen zur Religion zusammen, die er ausführlich vor allem in den Schriften ‚Der Mann Moses und die monotheistische Religion', ‚Das Unbehagen in der Kultur' und ‚Die Zukunft einer Illusion' entwickelt hat. Eine Textauswahl aus diesen Schriften in: Diskurs: Religion 253–266.

dungen leiten sich allerdings Regeln und Ratschläge für das Verhalten im Leben ab. Unter Umständen sind es dieselben, die von der Religion geboten werden, aber dann mit anderer Begründung. [...]

Der wissenschaftliche Geist, an der Beobachtung der Naturvorgänge erstarkt, hat im Laufe der Zeiten begonnen, die Religion wie eine menschliche Angelegenheit zu behandeln und sie einer kritischen Prüfung zu unterziehen. Der konnte sie nicht standhalten. Es waren zunächst ihre Wunderberichte, die Befremden und Unglauben hervorriefen, weil sie allem widersprachen, was die nüchterne Beobachtung gelehrt hatte, und überdeutlich den Einfluß menschlicher Phantasietätigkeit verrieten. Dann mußten ihre Lehren zur Erklärung der bestehenden Welt Ablehnung finden, denn sie zeugten von einer Unwissenheit, die den Stempel alter Zeiten an sich trug und der man sich dank gesteigerter Vertrautheit mit den Naturgesetzen überlegen wußte. Daß die Welt durch Zeugungs- oder Schöpfungsakte entstanden sein sollte, analog der Entstehung des einzelnen Menschen, erschien nicht mehr als die nächste, selbstverständliche Annahme, seitdem sich dem Denken die Unterscheidung von belebten und seelenvollen Wesen und einer unbelebten Natur aufgedrängt hatte, mit der das Festhalten am ursprünglichen Animismus [Lehre von der Beseeltheit aller Dinge] unmöglich wurde. Nicht zu übersehen ist auch der Einfluß des vergleichenden Studiums verschiedener religiöser Systeme und der Eindruck ihrer gegenseitigen Ausschließung und ihrer Intoleranz gegeneinander.

An diesen Vorübungen erstarkt, hat der wissenschaftliche Geist endlich den Mut gewonnen, sich an die Prüfung der bedeutsamsten und affektiv wertvollsten Stücke der religiösen Weltanschauung zu wagen. Man hätte es immer sehen können, aber man getraute sich erst spät es auszusprechen, daß auch die Behauptungen der Religion, die dem Menschen Schutz und Glück versprechen, wenn er nur gewisse ethische Anforderungen erfüllt, sich als unglaubwürdig erweisen. Es scheint nicht zuzutreffen, daß es eine Macht im Weltall gibt, die mit elterlicher Sorgfalt über das Wohlergehen des Einzelnen wacht und alles, was ihn betrifft, zu glücklichem Ende leitet. Vielmehr sind die Schicksale der Menschen weder mit der Annahme der Weltgüte noch mit der – ihr zum Teil widersprechenden – einer Weltgerechtigkeit zu vereinen. Erdbeben, Sturmfluten, Feuersbrünste machen keinen Unterschied zwischen dem Guten und Frommen und dem Bösewicht oder dem Ungläubigen. Auch wo nicht die unbelebte Natur in Betracht kommt und insoferne das Schicksal des einzelnen Menschen von seinen Beziehungen zu den anderen Menschen abhängt, ist es keineswegs die Regel, daß die Tugend belohnt wird und das Böse seine Strafe findet, sondern oft genug reißt der Gewalttätige, Schlaue, Rücksichtslose die beneideten Güter der Welt an sich und der Fromme geht leer aus. Dunkle, fühllose und lieblose Mächte bestimmen das menschliche Schicksal; das System von Belohnungen und Strafen, dem die Religion die Weltherrschaft zugeschrieben hat, scheint nicht zu existieren. Hier ist wiederum ein Anlaß, ein Stück der Beseelung, das sich aus dem Animismus in die Religion gerettet hatte, fallenzulassen.

Den letzten Beitrag zur Kritik der religiösen Weltanschauung hat die Psychoanalyse geleistet, indem sie auf den Ursprung der Religion aus der kindlichen Hilflosigkeit hinwies und ihre Inhalte aus den ins reife Leben fortgesetzten Wünschen und Bedürfnissen der Kinderzeit ableitete. Das bedeutete nicht gerade eine Widerlegung der Religion, aber es war doch eine notwendige Abrundung unseres Wissens um sie und wenigstens in einem Punkt ein Widerspruch, da sie selbst göttliche Abkunft für sich in Anspruch nimmt. Freilich hat sie damit nicht unrecht, wenn man unsere Deutung Gottes annimmt.

Das zusammenfassende Urteil der Wissenschaft über die religiöse Weltanschauung lautet also: Während die einzelnen Religionen miteinander hadern, welche von ihnen im Besitz der Wahrheit sei, meinen wir, daß der Wahrheitsgehalt der Religion überhaupt vernachlässigt werden darf. Religion ist ein Versuch, die Sinneswelt, in die wir gestellt sind, mittels der Wunschwelt zu bewältigen, die wir infolge biologischer und psychologischer Notwendigkeiten in uns entwickelt haben. Aber sie kann es nicht leisten. Ihre Lehren tragen das Gepräge der Zeiten, in denen sie entstanden sind, der unwissenden Kinderzeiten der Menschheit. Ihre Tröstungen verdienen kein Vertrauen. Die Erfahrung lehrt uns: Die Welt ist keine Kinderstube. Die ethischen Forderungen, denen die Religion Nachdruck verleihen will, verlangen vielmehr eine andere Begründung, denn sie sind der menschlichen Gesellschaft unentbehrlich und es ist gefährlich, ihre Befolgung an die religiöse Gläubigkeit zu knüpfen. Versucht man, die Religion in den Entwicklungsgang der Menschheit einzureihen, so erscheint sie nicht als ein Dauererwerb, sondern als ein Gegenstück der Neurose, die der einzelne Kulturmensch auf seinem Wege von der Kindheit zur Reife durchzumachen hat.

Wie für Feuerbach, so ist auch für Freud die **Religion** Projektion, Projektion der Bedürfnisse, Wünsche, Hoffnungen ins Jenseits. Freud bezeichnet sie als **„Illusion"**. In der Entwicklung der Menschheit bedeutet sie eine neurotische Phase, die nun aber im Erwachsenenzeitalter überwunden werden muß. Die Wissenschaft, der **„Gott Logos" tritt an die Stelle** infantiler Wünsche. Illusion ist nicht identisch mit Irrtum. In seiner Schrift ‚Die Zukunft einer Illusion' (1927) definiert Freud den Begriff so: *__„Religiöse Vorstellungen [...], die sich als Lehrsätze ausgeben, sind nicht Niederschläge der Erfahrung oder Endresultate des Denkens, es sind Illusionen, Erfüllungen der ältesten, stärksten, dringendsten Wün-__*

sche der Menschheit; das Geheimnis ihrer Stärke ist die Stärke dieser Wünsche" (258) Deshalb „ist die Religion eine ungeheure Macht". Mehr als die Wissenschaft verfügt sie „über die stärksten Emotionen der Menschen". Sie ist „allein der ernsthafte Feind" der Wissenschaft im Fortschrittsprozeß der Menschheit. Sie hat „eine Weltanschauung von unvergleichlicher Folgerichtigkeit und Geschlossenheit geschaffen".[159] **Das „großartige Wesen der Religion"** sieht Freud in ihren **„drei Funktionen"**: Mit ihrer **Wirklichkeitserklärung** „befriedigt sie die menschliche Wißbegierde". Mit ihrem **Trost** nimmt „sie die Angst der Menschen vor den Gefahren

---

[159] In der Vorlesung ‚Über eine Weltanschauung' setzt sich Freud nicht nur mit der Religion, sondern auch mit der **Weltanschauung des Marxismus** auseinander. Er schreibt dazu: „Die Stärke des Marxismus liegt offenbar nicht in seiner Auffassung der Geschichte und der darauf gegründeten Vorhersage der Zukunft, sondern in dem scharfsinnigen Nachweis des zwingenden Einflusses, den die ökonomischen Verhältnisse der Menschen auf ihre intellektuellen, ethischen und künstlerischen Einstellungen haben. Eine Reihe von Zusammenhängen und Abhängigkeiten wurden damit aufgedeckt, die bis dahin fast völlig verkannt worden waren. Aber man kann nicht annehmen, daß die ökonomischen Motive die einzigen sind, die das Verhalten der Menschen in der Gesellschaft bestimmen. Schon die unzweifelhafte Tatsache, daß verschiedene Personen, Rassen, Völker unter den nämlichen Wirtschaftsbedingungen sich verschieden benehmen, schließt die Alleinherrschaft der ökonomischen Momente aus. Man versteht überhaupt nicht, wie man psychologische Faktoren übergehen kann, wo es sich um die Reaktionen lebender Menschenwesen handelt, denn nicht nur, daß solche bereits an der Herstellung jener ökonomischen Verhältnisse beteiligt waren, auch unter deren Herrschaft können Menschen nicht anders als ihre ursprünglichen Triebregungen ins Spiel bringen, ihren Selbsterhaltungstrieb, ihre Aggressionslust, ihre Liebesbedürfnis, ihren Drang nach Lusterwerb und Unlustvermeidung." „Und obwohl der praktische Marxismus mit allen idealistischen Systemen und Illusionen erbarmungslos aufgeräumt hat, hat er doch **selbst Illusionen entwickelt, die nicht weniger fragwürdig und unbeweisbar sind als die früheren.** Er hofft, im Laufe weniger Generationen die menschliche Natur so zu verändern, daß sich ein fast reibungsloses Zusammenleben der Menschen in der neuen Gesellschaftsordnung ergibt und daß sie die Aufgabe der Arbeit zwangsfrei auf sich nehmen. Unterdes verlegt er die in der Gesellschaft unerläßlichen Triebeinschränkungen an andere Stellen und lenkt die aggressiven Neigungen, die jede menschliche Gemeinschaft bedrohen, nach außen ab, stürzt sich auf die Feindseligkeit der Armen gegen die Reichen, der bisher Ohnmächtigen gegen die früheren Machthaber. Aber eine solche **Umwandlung der menschlichen Natur ist sehr unwahrscheinlich.**" (a. a. O., 1, 604–605, 606)
Dieser Text wird in der Forschung oft zu einem Vergleich der Positionen von Marx und Freud herangezogen, er eignet sich auch zur kritischen Diskussion der beiden Positionen.

und Wechselfällen des Lebens". Mit ihren **moralischen "Vorschriften"**, die letztlich auf der Vorstellung einer sittlichen Weltordnung und der Erfüllung der Gerechtigkeit, wenn nicht im Diesseits, so im Jenseits beruhen, erfüllt sie das Verlangen der Menschen nach Glück und "Weltgerechtigkeit". In der ersten Funktion erfüllt sie die gleiche Aufgabe wie die Wissenschaft. Die Erkenntnisse der modernen Wissenschaften sind jedoch ein starkes Argument gegen die Annahme eines Schöpfergottes, der die Welt gut geschaffen hat. Religiöse Weltvorstellungen "zeugen von einer Unwissenheit"; sie sind nicht in "Übereinstimmung mit der Realität", so wie "wissenschaftliches Denken" sie uns erschließt. Daher **darf "der Wahrheitsgehalt der Religion überhaupt vernachlässigt werden"**. **Die Normen der Religion** und ihre Begründungen erweisen sich zunehmend **"als unglaubwürdig"**. "Das System von Belohnungen und Strafen, dem die Religion die Weltherrschaft zugeschrieben hat, scheint nicht zu existieren." Es ist "keineswegs die Regel, daß die Tugend belohnt wird und das Böse seine Strafe findet". "Dunkle, fühllose und lieblose Mächte bestimmen das menschliche Schicksal", nicht ein "mit elterlicher Sorgfalt" über die Menschen wachender Gott. **Nur in der zweiten Funktion der Religion, dem Trost, "kann die Wissenschaft es nicht mit ihr aufnehmen"**. In ‚Das Unbehagen in der Kultur (II)' schreibt Freud jedoch: *"Das Leben, wie es uns auferlegt ist, ist zu schwer für uns, es bringt uns zuviel Schmerzen, Enttäuschungen, unlösbare Aufgaben. Um es zu ertragen, können wir Linderungsmittel nicht entbehren. ("Es geht nicht ohne Hilfskonstruktionen", hat uns Theodor Fontane gesagt.)"* Aber die Religion lindert die Leiden nicht. Auch sie *"kann ihr Versprechen nicht halten. Wenn der Gläubige sich endlich genötigt findet, von Gottes ‚unerforschlichem Ratschluß' zu reden, so gesteht er damit ein, daß ihm als letzte Trostmöglichkeit und Lustquelle im Leiden nur die bedingungslose Unterwerfung übriggeblieben ist. Und wenn er zu dieser bereit ist, hätte er sich wahrscheinlich den Umweg ersparen können."*[160] Bleibt uns dann nichts übrig, als unser "menschliches Schicksal" trostlos zu ertragen? Das Urteil der Wissenschaft über die Religion mit ihrer Gottesvorstellung lautet so: **Religion ist nichts als der "Versuch, die Sinneswelt, in die wir gestellt sind, mittels der Wunschwelt zu**

---

[160] Studienausgabe, a. a. O., 9, 207 und 216.

bewältigen". Nach Freud muß eine mit den Ergebnissen der Wissenschaften übereinstimmende andere Begründung für die ethischen Forderungen gefunden werden.

Ist jedoch Freuds gedämpfter Optimismus berechtigt, daß der „Gott Logos", die „Herrschaft der Vernunft", nicht nur durch bessere Kenntnisse der Natur wenigstens einen großen Teil der Leiden und Übel beseitigen wird, sondern auch „sich als das stärkste einigende Band unter den Menschen erweisen" (a. a. O., 598) wird? Wissenschaft und Technik haben nicht nur – etwa in der Medizin, Biologie, Psychologie und in anderen Wissenschaften – zur Verminderung von Krankheit, Hunger, Armut und Not geführt, sondern auch zu größerem Leiden, massenhafter Vernichtung, Naturkatastrophen, Bedrohung der Umwelt. Es ist auch nicht vor allem die falsche „religiöse Weltanschauung", die das Zusammenleben der Menschen erschwert, z. B. in neuen Fundamentalismen und religiösen Kriegen.

Wenn man in privater Lektüre oder im Unterricht zwei oder mehrere Positionen zu einem gleichen Problemzusammenhang behandelt hat, kann es nie genügen, verschiedene Positionen additiv nebeneinanderzustellen. Schon bei der Lektüre können die gleichen Fragen bei allen Autoren leitend sein:

– Wie deutet Comte (Feuerbach, Marx, Nietzsche, Freud) die Religion?

– Welche Gründe führt er an für die Abschaffung/das Absterben der Religion?

– Welche Ziele hat die Abschaffung/das Absterben der Religion und worin bestehen die Folgen?

Die gleichen Leitfragen für die Lektüre und Interpretation verschiedener Autoren machen einen Vergleich der Positionen leicht. Bei den im Zusammenhang der totalen Religionskritik vorgestellten Autoren Comte, Feuerbach, Marx, Nietzsche, Freud lassen sich die Gemeinsamkeiten und Differenzen klar herausarbeiten. Ein solcher Vergleich ist dann die Basis für die kritische Diskussion über die Tragfähigkeit der Antworten auch für gegenwärtige Orientierungen; eine kritische Diskussion kann auch nach den Themen der Leitfragen strukturiert werden.

II.2.3.2. Neue Denkmodelle

- „Unbegreifbar ist, daß Gott ist, und unbegreifbar, daß er nicht ist." – „Wenn es einen Gott gibt, ist er unendlich unbegreifbar. [...] Wägen wir Gewinn und Verlust für den Fall, [...,] daß Gott ist. Schätzen wir diese beiden Möglichkeiten ab. Wenn Sie gewinnen, gewinnen Sie alles, wenn Sie verlieren, verlieren Sie nichts." (Pascal)
- Bei einem Vergleich der Religionen kann man nicht so vorgehen: „Als ob die Wahrheit Münze wäre!" – „Mein Rat ist aber der: ihr nehmt die Sache völlig wie sie liegt: hat von Euch jeder seinen Ring von seinem Vater: So glaube jeder sicher seinen Ring den echten." Die „unbestochne von Vorurteilen freie Liebe" soll „die Kraft des Steins in seinem Ring' an Tag legen"; danach wird Gott, „ein weisrer Richter", am Ende der Geschichte urteilen. (Lessing)
- „Es mag wohl erlaubt sein, das Dasein" Gottes „anzunehmen. [...] Allein, sich so viel herauszunehmen, daß man so gar sage: ein solches Wesen existiert notwendig, ist [...] dreiste Anmaßung." – „Es ist nicht wesentlich, und also nicht jedermann notwendig zu wissen, was Gott zu seiner Seligkeit tue, oder getan habe; aber wohl, was er selbst zu tun habe, um dieses Beistandes würdig zu werden." – „Die Welt, als ein Werk Gottes, [...] ist für uns oft ein verschlossenes Buch; jederzeit aber ist sie dies, wenn es darauf angesehen ist, sogar die Endabsicht Gottes [...] abzunehmen." [...] „Die authentische Theodizee" ist, anders als die gescheiterte „doktrinale Theodizee", „nicht Auslegung einer vernünftelnden (spekulativen), sondern einer machthabenden praktischen Vernunft. [...] Eine solche authentische Interpretation finde ich nun in einem alten heiligen Buche allegorisch ausgedrückt. [...] Nur die Aufrichtigkeit des Herzens, nicht der Vorzug der Einsicht, die Redlichkeit, seine Zweifel unverhohlen zu gestehen, und der Abscheu, Überzeugung zu heucheln, wo man sie doch nicht fühlt, vornehmlich nicht vor Gott (wo diese List ohne das ungereimt ist): diese Eigenschaften sind es, welche den Vorzug des redlichen Mannes, in der Person Hiobs, [...] im göttlichen Richterausspruch entschieden haben." (Kant)

Blaise Pascal (1623–1662), Pensées (1658–1662)[161]

Man muß sich selbst kennen: dient das nicht dazu, die Wahrheit zu finden, so dient es zum mindesten dazu, unser Leben zu leiten, und Richtigeres gibt es nicht. (66)

Denn was ist zum Schluß der Mensch in der Natur? Ein Nichts vor dem Unendlichen, ein All gegenüber dem Nichts, eine Mitte zwischen Nichts und All. Unendlich entfernt von dem Begreifen der äußersten Grenzen, sind ihm das Ende aller Dinge und ihre Gründe undurchdringlich verborgen, unlösbares Geheimnis; er ist gleich unfähig, das Nichts zu fassen, aus dem er gehoben, wie das Unendliche, das ihn verschlingt.
Was also wird er tun, wenn er nichts anderes erkennt als in etwas den Anschein von der Mitte der Dinge, weil er weder ihren Grund noch ihr Ende erkennt? Alle Dinge entwachsen dem Nichts und ragen bis in das Unendliche. Wer kann diese erschreckenden Schritte mitgehen? Der Schöpfer dieser Wunder begreift sie; niemand anderes vermag es. Weil die Menschen versäumten, über diese Unendlichkeiten nachzudenken, unterfingen sie sich, die Natur zu erforschen, so als hätten sie irgendein gemeinsames Maß mit ihr. Rätselhaftes Ding, daß sie in einer Anmaßung, die so unendlich wie ihr Gegenstand ist, die Gründe der Dinge verstehen und dahin gelangen wollten, alles zu wissen. Denn es ist außer Zweifel, daß man diesen Plan nicht fassen kann ohne eine Anmaßung oder eine Fähigkeit so unendlich wie die Natur. [...]
Das ist unsere wirkliche Lage. Sie ist es, die uns unfähig macht, etwas gewiß zu wissen und restlos ohne Wissen zu sein. Auf einer unermeßlichen Mitte treiben wir dahin, immer im Ungewissen und treibend und von einem Ende gegen das andere gestoßen. [...] Das ist die Lage, die uns natürlich ist und in jedem Fall die gegensätzlichste zu unseren Wünschen; wir brennen vor Gier, einen festen Grund zu finden und eine letzte beständige Basis, um darauf einen Turm zu bauen, der bis in das Unendliche ragt; aber all unsere Fundamente zerbrechen, und die Erde öffnet sich bis zu den Abgründen.
Also suche man keine Sicherheit und Beständigkeit. Immer täuscht die Vergänglichkeit der Erscheinungen unsere Vernunft, nichts kann das Endliche zwischen den beiden Unendlichen bannen, die es einschließen und es fliehen. Hat man das recht begriffen, so wird man sich, glaube ich, ruhig verhalten und jeder in der Lage, wohin ihn die Natur gestellt hat. (72)

Das also sehe ich, und das erregt mich. Wohin ich auch schaue, ich finde ringsum nur Dunkelheit. Nichts zeigt mir die Natur, was nicht Anlaß des

---

[161] B. Pascal, Über die Religion und über einige andere Gegenstände (Pensées [Gedanken]), übers. von E. Wasmuth, Heidelberg ⁷1972. (Stellenangaben: Nummern der Pensées nach dieser Ausgabe).

Zweifels und der Beunruhigung wäre; fände ich gar nichts, was eine Gottheit zeigt, würde ich mich zur Verneinung entscheiden; sähe ich überall die Zeichen eines Schöpfers, so würde ich gläubig im Frieden ruhen. Da ich zu viel sehe, um zu leugnen, und zu wenig, um gewiß zu sein, bin ich beklagenswert, und hundertmal wünschte ich, daß, wenn ein Gott die Natur erhält, sie es unzweideutig zeigen möge oder daß, wenn die Zeichen, die sie von ihm weist, Trug sind, sie diese völlig vernichten möge; daß sie alles oder nichts zeige, damit ich wisse, welcher Seite ich folgen soll, während ich in der Seinslage, in der ich bin, in der ich nicht weiß, was ich bin, noch was ich tun soll, weder meine Beschaffenheit noch meine Pflicht kenne. Mein Herz wünscht von ganzer Seele zu wissen, welches das wahre Gut ist, um ihm zu folgen, nichts würde mir zu teuer für die Ewigkeit sein. (229)

Unbegreifbar ist, daß Gott ist und unbegreifbar, daß er nicht ist; daß die Seele dem Körper vereint ist und daß wir keine Seele haben; daß die Welt geschaffen ist, daß sie es nicht ist; daß es die Erbsünde gibt und daß es sie nicht gibt. (230)

Wir sind ohnmächtig etwas zu beweisen, was unwiderleglich den Dogmatikern wäre. Wir haben einen Begriff von der Wahrheit, die völlig unwiderleglich dem Skeptizismus bleibt. (395)

Die Stoiker lehren: Kehr bei dir selbst ein; dort findest du Ruhe; und das ist nicht wahr.
Die andern lehren: Geh hinaus; such das Glück in der Zerstreuung; und das ist nicht wahr: Krankheiten kommen.
Das Glück ist weder außer uns, noch in uns; es ist in Gott, und sowohl außer als in uns. (465)

Drei Arten von Menschen gibt es: die einen, die Gott dienen, weil sie ihn gefunden haben; die andern, die bemüht sind, ihn zu suchen, weil sie ihn nicht gefunden haben; die dritten, die leben, ohne ihn zu suchen und ohne ihn gefunden zu haben. Die ersten sind vernünftig und glücklich, die letzteren sind töricht und unglücklich, die dazwischen sind unglücklich und vernünftig. (257)

[Pascals ‚Wette' (Pensée 233) ist ein Gedankenspiel der Nutzen und Nachteil kalkulierenden Vernunft. Sie ist eine Anwendung der von ihm erfundenen Wahrscheinlichkeitsrechnung auf einen ‚Gottesbeweis'. Der Mensch hat im Leben zwei Möglichkeiten: Entweder setzt er darauf, daß Gott existiert, oder er setzt darauf, daß Gott nicht existiert. Beim Werfen einer Münze im Spiel setzt er entweder auf Kreuz oder auf Schrift. Die ‚Wette' ist ein Streitgespräch zwischen einem Christen und einem Atheisten.]

Wenn es einen Gott gibt, ist er unendlich unbegreifbar; da er weder Teile noch Grenzen hat, besteht zwischen ihm und uns keine Gemeinsam-

keit. Also sind wir unfähig zu wissen, was er ist, noch ob er ist. Und wer würde, da das so ist, wagen, diese Frage lösen zu wollen? Wir, die wir keine Gemeinsamkeit mit ihm haben, jedenfalls nicht.
Wer also wird die Christen tadeln, wenn sie keinen Beweis ihres Glaubens erbringen können, sie, die einen Glauben bekennen, den sie nicht beweisen können? Sie erklären, wenn sie ihn der Welt darlegen, daß er ein Ärgernis der Vernunft sei, stultitiam [Torheit]; und da beklagen Sie sich darüber, daß sie ihn nicht beweisen! Bewiesen sie ihn, so hielten sie nicht Wort: grade da ihnen Beweise fehlen, fehlt ihnen nicht der Sinn. – „Zugegeben, das mag die entschuldigen, die ihn derart lehren, und sie von dem Vorwurf entlasten, keine Gründe aufzuführen, es entschuldigt nicht die, die ihn ohne Beweise annehmen." – Prüfen wir das also, nehmen wir an: Gott ist oder er ist nicht. Wofür werden wir uns entscheiden? Die Vernunft kann hier nichts bestimmen: ein unendliches Chaos trennt uns. Am äußersten Rande dieser unendlichen Entfernung spielt man ein Spiel, wo Kreuz oder Schrift fallen werden. Worauf wollen sie setzen. Aus Gründen der Vernunft können sie weder dies noch jenes abtun. Zeihen Sie also nicht die des Irrtums, die eine Wahl getroffen, denn hier ist nichts zu wissen. – „Nein, aber ich werde sie tadeln gewählt zu haben, nicht diese Wahl, sondern eine Wahl, denn mögen auch beide, der, der Kreuz wählte, und der andere den gleichen Fehler begehen, so sind doch beide im Irrtum, richtig ist überhaupt nicht auf eines zu setzen."
Ja, aber man muß auf eines setzen, darin ist man nicht frei, Sie sind mit im Boot. Was werden Sie also wählen? Sehen wir also zu, da man wählen muß, wobei Sie am wenigsten wagen? Zwei Dinge haben Sie zu verlieren: Die Wahrheit und das höchste Gut; und zwei Dinge haben Sie einzubringen: Ihre Vernunft und Ihren Willen, Ihr Wissen und Ihre Seligkeit, und zweierlei haben Sie von Natur zu meiden: den Irrtum und das Elend. Ihre Vernunft ist nicht mehr betroffen, wenn sie sich für das eine oder das andere entscheidet, da man sich mit Notwendigkeit entscheiden muß. Das ist ausgemacht, wie ist es dann mit Ihrer Seligkeit? Wägen wir Gewinn und Verlust für den Fall, daß wir auf Kreuz setzen, daß Gott ist. Schätzen wir diese beiden Möglichkeiten ab. Wenn Sie gewinnen, gewinnen Sie alles, wenn Sie verlieren, verlieren Sie nichts. Setzen Sie also, ohne zu zögern, darauf, daß er ist. (233)

Ich würde mich eher fürchten, mich getäuscht zu haben und zu erfahren, daß die christliche Religion Wahrheit ist, als mich nicht getäuscht zu haben, als ich sie für wahr glaubte. (241)

Daß Gott sich verbergen wollte. Wenn es nur eine Religion gäbe, dann wäre Gott darin völlig offenbar. Gäbe es nur Märtyrer in unserer Religion, gleichfalls.
Da Gott aber derart verborgen ist, ist jede Religion, die nicht lehrt, Gott sei verborgen, nicht die wahre, und eine Religion, die uns hierüber nicht

unterrichtet, kann uns nicht belehren. Unsere tut beides: Vere tu es Deus absconditus.[162] (585)

Die inhaltlichen Zusammenhänge sind im Ersten Teil erläutert. Schwierig ist die Lektüre Pascals vor allem deswegen, weil die ‚Pensées‘, das wichtigste philosophische Werk Pascals, Fragmente seines nicht vollendeten Werkes ‚Apologie der christlichen Religion‘ ist. Die überlieferten Aphorismen lassen die Zuordnung zu bestimmten systematischen Abschnitten der ‚Apologie‘ erkennen, ergeben aber nicht einen fortschreitenden Argumentationsgang. Die Anordnung der Fragmente ist bei verschiedenen Herausgebern unterschiedlich. Die hier abgedruckten ‚Pensées‘ sind entsprechend den systematischen Ausführungen im Ersten Teil zusammengestellt.

Gotthold Ephraim Lessing (1729–1781), Die Ringparabel
(Nathan der Weise [1779], Dritter Aufzug, Fünfter bis Siebenter Auftritt)[163]

Wegen seiner Religionskritik hatte Lessing durch Kabinettsbeschluß Publikationsverbot für weitere religionskritische Schriften erhalten. Er war jedoch nicht bereit, dem Befehl zu gehorchen. An seinen Bruder schreibt er: *„Du siehst also, daß ich in meiner Streitigkeit fortfahre, ungeachtet mir das Ministerium allhier verboten, auch nicht einmal auswärts etwas drucken zu lassen, was ich nicht zuvor zur Zensur ihm eingesandt. Das wäre mir eben recht! Ich tue das nicht, mag auch daraus entstehen, was da will."* Und Elise Reimarus kündigt er den ‚Nathan‘ so an: *„Das Angeschlossene ist eine Ankündigung, über welche meine Freunde sich zum Teil wundern werden. Aber wenn Sie im „Decameron" des Boccaz (I.3.) die Geschichte vom Juden Melchisedech, welche in meinem Schauspiele zum Grunde liegen wird, aufschlagen wollen, so werden Sie den Schlüssel dazu leicht finden. Ich muß versuchen, ob man mich auf meiner alten Kanzel, auf dem Theater wenigstens noch ungestört will predigen lassen."* (9, 802, 798–799)

---

[162] Jes. 45, 15: Fürwahr, Du bist ein verborgener Gott.
[163] G. E. Lessing, Gesammelte Werke, hrsg. von P. Rilla, 10 Bde., Berlin 1954–1958, 2, 401–408.

Ort der Handlung ist Jerusalem, die Stadt der drei Weltreligionen, zur Zeit der Kreuzzüge. Judentum, Christentum und Islam treffen hier unmittelbar aufeinander und bekämpfen sich – wie bis heute. Der Tempelherr ist Christ, der Sultan Saladin Muslim, Nathan der Weise Jude. Am Schluß des Dramas erweisen sich die Menschen verschiedenen Glaubens als Verwandte, als Mitglieder einer Familie. Genau in der Mitte des Dramas steht die Ringparabel. Der Sultan Saladin, der in finanziellen Schwierigkeiten ist, will sowohl die Freigebigkeit des reichen Juden Nathan, vor allem aber seine Vernunft erproben und stellt die Frage nach der wahren Religion.

Saladin: Da du nun
    So weise bist: so sage mir doch einmal –
    Was für ein Glaube, was für ein Gesetz
    Hat dir am meisten eingeleuchtet?
Nathan: Sultan,
    Ich bin ein Jud'.
Saladin: Und ich ein Muselmann.
    Der Christ ist zwischen uns. – Von diesen drei
    Religionen kann doch eine nur
    Die wahre sein. – Ein Mann, wie du, bleibt da
    Nicht stehen, wo der Zufall der Geburt
    Ihn hingeworfen: oder wenn er bleibt,
    Bleibt er aus Einsicht, Gründen, Wahl des Bessern.
    Wohlan! so teile deine Einsicht mir
    Dann mit. Laß mich die Gründe hören, denen
    Ich selber nachzugrübeln, nicht die Zeit
    Gehabt. Laß mich die Wahl, die diese Gründe
    Bestimmt, – versteht sich, im Vertrauen – wissen,
    Damit ich sie zu meiner mache. – Wie?
    Du stutzest? wägst mich mit dem Auge? – Kann
    Wohl sein, daß ich der erste Sultan bin,
    der eine solche Grille hat; die mich
    Doch eines Sultans eben nicht so ganz
    Unwürdig dünkt – Nicht wahr? – So rede doch!
    Sprich! – Oder willst du einen Augenblick,
    Dich zu bedenken? Gut; ich geb' ihn dir. –
    [...]
Nathan: Hm! hm! – wunderlich! – Wie ist
    Mir denn? – Was will der Sultan? was? – Ich bin
    Auf Geld gefaßt, und er will – Wahrheit. Wahrheit!
    Und will sie so, – so bar, so blank, – als ob
    Die Wahrheit Münze wäre! – Ja wenn noch
    Uralte Münze, die gewogen ward! –

Das ginge noch! Allein so neue Münze,
Die nur der Stempel macht, die man aufs Brett
Nur zählen darf, das ist sie doch nun nicht!
Wie Geld in Sack, so striche man in Kopf
Auch Wahrheit ein? Wer ist denn hier der Jude?
Ich oder er? – Doch wie? Sollt' er auch wohl
Die Wahrheit nicht in Wahrheit fordern? [...]
                                      Ich muß
Behutsam gehn! – Und wie? wie das? – So ganz
Stockjude sein zu wollen, geht schon nicht. –
Und ganz und gar nicht Jude, geht noch minder.
Denn, wenn kein Jude, dürft' er mich nur fragen,
Warum kein Muselmann? – Das war's! Das kann
Mich retten! – Nicht die Kinder bloß, speist man
Mit Märchen ab. [...]

Saladin: Du bist zu Rande
Mit deiner Überlegung. – Nun, so rede!
Es hört uns keine Seele.

Nathan: Möcht' auch doch
Die ganze Welt uns hören.

Saladin: So gewiß
Ist Nathan seiner Sache? Ha! das nenn'
Ich einen Weisen! Nie die Wahrheit zu
Verhehlen! für sie alles auf das Spiel
Zu setzen! Leib und Leben! Gut und Blut!

Nathan:
Ja! ja! wann's nötig ist und nutzt. [...]
Doch, Sultan, eh ich mich dir ganz vertraue,
Erlaubst du wohl, dir ein Geschichtchen zu
Erzählen? [...]
Vor grauen Jahren lebt' ein Mann in Osten,
Der einen Ring von unschätzbarem Wert
Aus lieber Hand besaß. Der Stein war ein
Opal, der hundert schöne Farben spielte,
Und hatte die geheime Kraft, vor Gott
Und Menschen angenehm zu machen, wer
In dieser Zuversicht ihn trug. Was Wunder,
Daß ihn der Mann in Osten darum nie
Vom Finger ließ; und die Verfügung traf,
Auf ewig ihn bei seinem Hause zu
Erhalten? Nämlich so. Er ließ den Ring
Von seinen Söhnen dem geliebtesten;
Und setzte fest, daß dieser wiederum
Den Ring von seinen Söhnen dem vermache,
Der ihm der liebste sei; und stets der liebste,

              Ohn' Ansehn der Geburt, in Kraft allein
              Des Rings, das Haupt, der Fürst des Hauses werde. –
              Versteh mich, Sultan.
Saladin: Ich versteh' dich. Weiter!
Nathan: So kam nun dieser Ring, von Sohn zu Sohn,
              Auf einen Vater endlich von drei Söhnen;
              Die alle drei ihm gleich gehorsam waren,
              Die alle drei er folglich gleich zu lieben
              Sich nicht entbrechen konnte. Nur von Zeit
              Zu Zeit schien ihm bald der, bald dieser, bald
              Der dritte, – so wie jeder sich mit ihm
              Allein befand, und sein ergießend Herz
              Die andern zwei nicht teilten, – würdiger
              Des Ringes; den er denn auch einem jeden
              Die fromme Schwachheit hatte, zu versprechen.
              Das ging nun so, solang es ging. – Allein
              Es kam zum Sterben, und der gute Vater
              Kömmt in Verlegenheit. Es schmerzt ihn, zwei
              Von seinen Söhnen, die sich auf sein Wort
              Verlassen, so zu kränken. – Was zu tun? –
              Er sendet in geheim zu einem Künstler,
              Bei dem er, nach dem Muster seines Ringes,
              Zwei andere bestellt, und weder Kosten
              Noch Mühe sparen heißt, sie jenem gleich,
              Vollkommen gleich zu machen. Das gelingt
              Dem Künstler. Da er ihm die Ringe bringt,
              Kann selbst der Vater seinen Musterring
              Nicht unterscheiden. Froh und freudig ruft
              Er seine Söhne, jeden ins besondre;
              Gibt jedem ins besondre seinen Segen, –
              Und seinen Ring, – und stirbt. – Du hörst doch, Sultan?
Saladin (*der sich betroffen von ihm gewandt*):
              Ich hör', ich höre! – Komm mit deinem Märchen
              Nur bald zu Ende. – Wird's?
Nathan.   Ich bin zu Ende.
              Denn was noch folgt, versteht sich ja von selbst. –
              Kaum war der Vater tot, so kömmt ein jeder
              Mit seinem Ring, und jeder will der Fürst
              Des Hauses sein. Man untersucht, man zankt,
              Man klagt. Umsonst; der rechte Ring war nicht
              Erweislich; –
              (*nach einer Pause, in welcher er des Sultans Antwort
                                                        erwartet.*)
                      Fast so unerweislich, als
              Uns itzt – der rechte Glaube.

Saladin: Wie? das soll
Die Antwort sein auf meine Frage? ...

Nathan: Soll
Mich bloß entschuldigen, wenn ich die Ringe,
Mir nicht getrau' zu unterscheiden, die
Der Vater in der Absicht machen ließ,
Damit sie nicht zu unterscheiden wären.

Saladin:
Die Ringe! – Spiele nicht mit mir! – Ich dächte,
Daß die Religionen, die ich dir
Genannt, doch wohl zu unterscheiden wären.
Bis auf die Kleidung; bis auf Speis' und Trank!

Nathan:
Und nur von Seiten ihrer Gründe nicht. –
Denn gründen alle sich nicht auf Geschichte?
Geschrieben oder überliefert! – Und
Geschichte muß doch wohl allein auf Treu
Und Glauben angenommen werden? – Nicht? –
Nun wessen Treu und Glauben zieht man denn
Am wenigsten in Zweifel? Doch der Seinen?
Doch deren Blut wir sind? doch deren, die
Von Kindheit an uns Proben ihrer Liebe
Gegeben? die uns nie getäuscht, als wo
Getäuscht zu werden uns heilsamer war? –
Wie kann ich meinen Vätern weniger,
Als du den deinen glauben? Oder umgekehrt. –
Kann ich von dir verlangen, daß du deine
Vorfahren Lügen strafst, um meinen nicht
Zu widersprechen? Oder umgekehrt.
Das nämliche gilt von den Christen. Nicht? –

Saladin:
(Bei den Lebendigen! Der Mann hat Recht.
Ich muß verstummen.)

Nathan: Laß auf unsre Ring'
Uns wieder kommen. Wie gesagt: die Söhne
Verklagten sich; und jeder schwur dem Richter,
Unmittelbar aus seines Vaters Hand
Den Ring zu haben. – Wie auch wahr! – Nachdem
Er von ihm lange das Versprechen schon
Gehabt, des Ringes Vorrecht einmal zu
Genießen. – Wie nicht minder wahr! – Der Vater,
Beteu'rte jeder, könne gegen ihn
Nicht falsch gewesen sein; und eh' er dieses
Von ihm, von einem solchen lieben Vater,
Argwohnen lass': eh' müss' er seine Brüder,

So gern er sonst von ihnen nur das Beste
Bereit zu glauben sei, des falschen Spiels
Bezeihen; und er wolle die Verräter
Schon auszufinden wissen; sich schon rächen.

Saladin:
Und nun, der Richter? – Mich verlangt zu hören,
Was du den Richter sagen lässest. Sprich!

Nathan:
Der Richter sprach: wenn ihr mir nun den Vater
Nicht bald zur Stelle schafft, so weis' ich euch
Von meinem Stuhle. Denkt ihr, daß ich Rätsel
Zu lösen da bin? Oder harret ihr,
Bis daß der rechte Ring den Mund eröffne? –
Doch halt! Ich höre ja, der rechte Ring
Besitzt die Wunderkraft beliebt zu machen;
Vor Gott und Menschen angenehm. Das muß
Entscheiden! Denn die falschen Ringe werden
Doch das nicht können. – Nun: wen lieben zwei
Von euch am meisten? – Macht, sagt an! Ihr schweigt?
Die Ringe wirken nur zurück? und nicht
Nach außen? Jeder liebt sich selber nur
Am meisten? – O so seid ihr alle drei
Betrogene Betrüger! Eure Ringe
Sind alle drei nicht echt. Der echte Ring
Vermutlich ging verloren. Den Verlust
Zu bergen, zu ersetzen, ließ der Vater
Die drei für einen machen.

Saladin: Herrlich! herrlich!

Nathan:
Und also; fuhr der Richter fort, wenn ihr
Nicht meinen Rat, statt meines Spruches, wollt:
Geht nur! – Mein Rat ist aber der: ihr nehmt
Die Sache völlig wie sie liegt. Hat von
Euch jeder seinen Ring von seinem Vater:
So glaube jeder sicher seinen Ring
Den echten. – Möglich; daß der Vater nun
Die Tyrannei des *einen* Rings nicht länger
In seinem Hause dulden wollen! – Und gewiß;
Daß er euch alle drei geliebt, und gleich
Geliebt: indem er zwei nicht drücken mögen,
Um einen zu begünstigen. – Wohlan!
Es eifre jeder seiner unbestochnen
Von Vorurteilen freien Liebe nach!
Es strebe von euch jeder um die Wette,
Die Kraft des Steins in seinem Ring' an Tag

```
                Zu legen! komme dieser Kraft mit Sanftmut,
                Mit herzlicher Verträglichkeit, mit Wohltun,
                Mit innigster Ergebenheit in Gott,
                Zu Hülf'! Und wenn sich dann der Steine Kräfte
                Bei euern Kindes-Kindeskindern äußern:
                So lad' ich über tausend tausend Jahre,
                Sie wiederum vor diesen Stuhl. Da wird
                Ein weisrer Mann auf diesem Stuhle sitzen,
                Als ich; und sprechen. Geht! – So sagte der
                Bescheidne Richter.
Saladin:                            Gott! Gott!
Nathan:                                              Saladin,
                Wenn du dich fühlest, dieser weisere
                Versprochne Mann zu sein: ...
Saladin (der auf ihn zustürzt, und seine Hand ergreift, die er bis zu
                                    Ende nicht wieder fahren läßt):
                                    Ich Staub? Ich Nichts?
                O Gott!
Nathan:             Was ist dir, Sultan?
Saladin:                                Nathan, lieber Nathan! –
                Die tausend tausend Jahre deines Richters
                Sind noch nicht um. – Sein Richterstuhl ist nicht
                Der meine. – Geh! – Geh! – Aber sei mein Freund.
Nathan:
                Und weiter hätte Saladin mir nichts
                Zu sagen?
Saladin:        Nichts.
Nathan:                 Nichts?
Saladin:                                Gar nichts.
```

Immanuel Kant (1724–1804)[164]

Von der Unmöglichkeit eines kosmologischen Beweises vom Dasein Gottes

[...] Es mag wohl erlaubt sein, das Dasein eines Wesens von der höchsten Zulänglichkeit, als Ursache zu allen möglichen Wirkungen, *anzunehmen*, um der Vernunft die Einheit der Erklärungsgründe, welche sie sucht, zu erleichtern. Allein, sich so viel herauszunehmen, daß man so

---

[164] I. Kant, Werke in sechs Bänden, hrsg. von W. Weischedel, Darmstadt ⁴1975; Kritik der reinen Vernunft (1781, ²1787), Die Religion innerhalb der Grenzen der bloßen Vernunft (1793, ²1797), Über das Mißlingen aller philosophischen Versuche in der Theodizee (1791).

gar sage: *ein solches Wesen existiert notwendig,* ist nicht mehr die bescheidene Äußerung einer erlaubten Hypothese, sondern die dreiste Anmaßung einer apodiktischen [unwiderleglichen] Gewißheit; denn, was man als schlechthinnotwendig zu erkennen vorgibt, davon muß auch die Erkenntnis absolute Notwendigkeit bei sich führen. [...]

(Kritik der reinen Vernunft, a. a. O., 2, 542–543)

Man kann aber alle Religionen in die der *Gunstbewerbung* (des bloßen Kultus) und die *moralische,* d. i. die Religion *des guten Lebenswandels,* einteilen. Nach der erstern schmeichelt sich entweder der Mensch: Gott könne ihn wohl ewig glücklich machen, ohne daß er eben nötig habe, *ein besserer Mensch zu werden* (durch Erlassung seiner Verschuldungen) oder auch, wenn ihm dieses nicht möglich zu sein scheint: *Gott* könne ihn wohl *zum besseren Menschen machen,* ohne daß er selbst etwas mehr dabei zu tun habe, als darum zu *bitten;* welches, da es vor einem allsehenden Wesen nichts weiter ist, als *wünschen,* eigentlich nichts getan sein würde: denn wenn es mit dem bloßen Wunsch ausgerichtet wäre, so würde jeder Mensch gut sein. Nach der moralischen Religion aber (dergleichen unter allen öffentlichen, die es je gegeben hat, allein die christliche ist) ist es ein Grundsatz: daß ein jeder, so viel, als in seinen Kräften ist, tun müsse, um ein besserer Mensch zu werden; und nur alsdann, wenn er sein angebornes Pfund nicht vergraben (Lucä XIX, 12–16)[165], wenn er die ursprüngliche Anlage zum Guten benutzt hat, um ein besserer Mensch zu werden, er hoffen könne, was nicht in seinem Vermögen ist, werde durch höhere Mitwirkung ergänzt werden. Auch ist es nicht schlechterdings notwendig, daß der Mensch wisse, worin diese bestehe; vielleicht gar unvermeidlich, daß, wenn die Art, wie sie geschieht, zu einer gewissen Zeit offenbart worden, verschiedene Menschen zu einer andern Zeit sich verschiedene Begriffe, und zwar mit aller Aufrichtigkeit, davon machen würden. Aber alsdann gilt auch der Grundsatz: „Es ist nicht wesentlich, und also nicht jedermann notwendig zu wissen, was Gott zu seiner Seligkeit tue, oder getan habe"; aber wohl, *was er selbst zu tun habe,* um dieses Beistandes würdig zu werden.

(Die Religion innerhalb ..., a. a. O., 4, 703–704)

Unter einer Theodizee versteht man die Verteidigung der höchsten Weisheit des Welturhebers gegen die Anklage, welche die Vernunft aus dem Zweckwidrigen in der Welt gegen jene erhebt. – Man nennt dieses, die Sache Gottes verfechten; ob es gleich im Grunde nichts mehr als die Sache unserer anmaßenden, hiebei aber ihre Schranken verkennenden Vernunft sein möchte, welche zwar nicht eben die beste Sache ist, insofern

---

[165] Im Lukasevangelium Gleichnis von dem Herrn, der seinen Knechten bei seinem Abschied Geld (jedem ein Pfund) gab und nach seiner Rückkehr Rechenschaft forderte, ob sie mit diesem Geld gearbeitet und es vermehrt hatten.

aber doch gebilligt werden kann, als (jene Eigendünkel bei Seite gesetzt) der Mensch als ein vernünftiges Wesen berechtigt ist, alle Behauptungen, alle Lehre, welche ihm Achtung auferlegt, zu prüfen, ehe er sich ihr unterwirft, damit diese Achtung aufrichtig und nicht erheuchelt sei.

Zu dieser Rechtfertigung wird nun erfordert, daß der vermeintliche Sachwalter Gottes *entweder* beweise: daß das, was wir in der Welt als zweckwidrig beurteilen, es nicht sei; *oder*: daß, wenn es auch dergleichen wäre, es doch gar nicht als Faktum, sondern als unvermeidliche Folge aus der Natur der Dinge beurteilt werden müsse; *oder* endlich: daß es wenigstens nicht als Faktum des höchsten Urhebers aller Dinge, sondern bloß der Weltwesen, denen etwas zugerechnet werden kann, d. i. der Menschen (allenfalls auch höherer, guter oder böser, geistiger Wesen) angesehen werden müsse. [...]

Alle Theodizee soll eigentlich *Auslegung* der Natur sein, sofern Gott durch dieselbe die Absicht seines Willens kund macht. Nun ist jede Auslegung des deklarierten Willens eines Gesetzgebers entweder *doktrinal* oder *authentisch*. Die erste ist diejenige, welche jenen Willen aus den Ausdrücken, deren sich dieser bedient hat, in Verbindung mit den sonst bekannten Absichten des Gesetzgebers, herausvernünftelt; die zweite macht der Gesetzgeber selbst.

Die Welt, als ein Werk Gottes, kann von uns auch als eine göttliche Bekanntmachung der *Absichten* seines Willens betrachtet werden. Allein hierin ist sie für uns *oft* ein verschlossenes Buch; *jederzeit* aber ist sie dies, wenn es darauf angesehen ist, sogar die *Endabsicht* Gottes (welche jederzeit moralisch ist) aus ihr, obgleich einem Gegenstande der Erfahrung, abzunehmen. Die philosophischen Versuche dieser Art Auslegung sind doktrinal, und machen die eigentliche Theodizee aus, die man daher die doktrinale nennen kann. – Doch kann man auch der bloßen Abfertigung aller Einwürfe wider die göttliche Weisheit den Namen einer Theodizee nicht versagen, wenn sie ein *göttlicher Machtspruch*, oder (welches in diesem Falle auf eins hinausläuft) wenn sie ein Ausspruch der selben Vernunft ist, wodurch wir uns den Begriff von Gott als einem moralischen und weisen Wesen notwendig und vor aller Erfahrung machen. Denn da wird Gott durch unsre Vernunft selbst der Ausleger seines durch die Schöpfung verkündigten Willens; und diese Auslegung können wir eine *authentische* Theodizee nennen. Das ist aber alsdann nicht Auslegung einer *vernünftelnden* (spekulativen), sondern einer *machthabenden* praktischen Vernunft, die, so wie sie ohne weitere Gründe im Gesetzgeben schlechthin gebietend ist, als die unmittelbare Erklärung und Stimme Gottes angesehen werden kann, durch die er dem Buchstaben seiner Schöpfung einen Sinn gibt. Eine solche authentische Interpretation finde ich nun in einem alten heiligen Buche allegorisch ausgedrückt.

Hiob wird als ein Mann vorgestellt, zu dessen Lebensgenuß sich alles vereinigt hatte, was man, um ihn vollkommen zu machen, nur immer ausdenken mag. Gesund, wohlhabend, frei, ein Gebieter über andre, die er glücklich machen kann, im Schoße einer glücklichen Familie, unter geliebten Freunden; und über das alles (was das Vornehmste ist) mit sich selbst zufrieden in einem guten Gewissen. Alle diese Güter, das letzte ausgenommen, entriß ihm plötzlich ein schweres über ihn zur Prüfung verhängtes Schicksal. Von der Betäubung über diesen unerwarteten Umsturz allmählich zum Besinnen gelangt, bricht er nun in Klagen über seinen Unstern aus; worüber zwischen ihm und seinen vorgeblich sich zum Trösten einfindenden Freunden es bald zu einer Disputation kommt, worin beide Teile, jeder nach seiner Denkungsart (vornehmlich aber nach seiner Lage) seine besondere Theodizee, zur moralischen Erklärung jenes schlimmen Schicksals, aufstellt. Die Freunde Hiobs bekennen sich zu dem System der Erklärung aller Übel in der Welt aus der göttlichen *Gerechtigkeit*, als so vieler Strafen für begangene Verbrechen; und, ob sie zwar keine zu nennen wußten, die dem unglücklichen Mann zu Schulden kommen sollten, so glaubten sie doch a priori [ohne alle Erfahrung] urteilen zu können, er müßte deren auf sich ruhen habe, weil es sonst nach der göttlichen Gerechtigkeit nicht möglich wäre, daß er unglücklich sei. Hiob dagegen – der mit Entrüstung beteuert, daß ihm sein Gewissen seines ganzen Lebens keinen Vorwurf mache; was aber menschliche unvermeidliche Fehler betrifft, Gott selbst wissen werde, daß er ihn als ein gebrechliches Geschöpf gemacht habe, – erklärt sich für das System des *unbedingten göttlichen Ratschlusses*. „Er ist einig", sagt er, „Er macht's, wie er will" (Hiob XXIII, 13).

In dem, was beide Teile vernünfteln oder übervernünfteln, ist wenig Merkwürdiges; aber der Charakter, in welchem sie es tun, verdient desto mehr Aufmerksamkeit. Hiob spricht, wie er denkt, und wie ihm zu Mute ist, auch wohl jedem Menschen in seiner Lage zu Mute sein würde; seine Freunde sprechen dagegen, wie wenn sie in Geheim von dem Mächtigern, über dessen Sache sie Recht sprechen, und bei dem sich durch ihr Urteil in Gunst zu setzen ihnen mehr am Herzen liegt als an der Wahrheit, behorcht würden. Diese ihre Tücke, Dinge zum Schein zu behaupten, von denen sie doch gestehen mußten, daß sie sie nicht einsahen, und eine Überzeugung zu heucheln, die sie in der Tat nicht hatten: sticht gegen Hiobs gerade Freimütigkeit, die sich so weit von falscher Schmeichelei entfernt, daß sie fast an Vermessenheit grenzt, sehr zum Vorteil des letztern ab. „Wollt ihr", sagt er (Hiob XIII, 7 bis 11, 16), „Gott verteidigen mit Unrecht? Wollt ihr seine Person ansehen? Wollt ihr Gott vertreten? Er wird euch strafen, wenn ihr Personen ansehet heimlich! – Es kommt kein Heuchler vor Ihn." […]

Der Schluß ist dieser: daß, indem Hiob gesteht, nicht etwa *frevelhaft*, denn er ist sich seiner Redlichkeit bewußt, sondern nur unweislich über

Dinge abgesprochen zu haben, die ihm zu hoch sind, und die er nicht versteht: Gott das Verdammungsurteil wider seine Freunde fället, weil sie nicht so gut (der Gewissenhaftigkeit nach) von Gott geredet hätten als sein Knecht Hiob. Betrachtet man nun die Theorie, die jede von beiden Seiten behauptete: so möchte die seiner Freunde eher den Anschein mehrerer spekulativen Vernunft und frommer Demut bei sich führen; und Hiob würde wahrscheinlicher Weise vor einem jeden Gerichte dogmatischer Theologen, vor einer Synode, einer Inquisition, einer ehrwürdigen Classis [Bezirkssynode], oder einem jeden Oberkonsistorium unserer Zeit (ein einziges ausgenommen)[166], ein schlimmes Schicksal erfahren haben. Also nur die Aufrichtigkeit des Herzens, nicht der Vorzug der Einsicht, die Redlichkeit, seine Zweifel unverhohlen zu gestehen, und der Abscheu, Überzeugung zu heucheln, wo man sie doch nicht fühlt, vornehmlich nicht vor Gott (wo diese List ohne das ungereimt ist): diese Eigenschaften sind es, welche den Vorzug des redlichen Mannes, in der Person Hiobs, vor dem religiösen Schmeichler im göttlichen Richterausspruch entschieden haben.

Der Glauben aber, der ihm durch eine so befremdliche Auflösung seiner Zweifel, nämlich bloß die Überführung von seiner Unwissenheit, entsprang, konnte auch nur in die Seele eines Mannes kommen, der mitten unter seinen lebhaftesten Zweifeln sagen konnte (XXVII, 5, 6): „Bis daß mein Ende kömmt, will ich nicht weichen von meiner Frömmigkeit, u.s.w." Denn mit dieser Gesinnung bewies er, daß er nicht seine Moralität auf den Glauben, sondern den Glauben auf die Moralität gründete: in welchem Falle dieser, so schwach er auch sein mag, doch allein lauter und echter Art, d. i. von derjenigen Art ist, welche eine Religion, nicht der Gunstbewerbung, sondern des guten Lebenswandels, gründet.
(Über das Mißlingen ..., 211–217, a. a. O., 6. 105, 115–119) (158–162)

Ähnlich wie Lessing hatte Kant Publikationsverbot für seine religionsphilosophischen Schriften erhalten. In Preußen versuchte die Zensurbehörde durch das sog. ‚Wöllnersche Religionsedikt' (1788) der Aufklärung entgegenzuwirken. Der Schrift ‚Religion innerhalb der Grenzen der bloßen Vernunft' wurde das Imprimatur, die Druckerlaubnis, verweigert. Eine Kabinettsordre des Preußenkönigs Friedrich Wilhelm II. warf Kant „Entstellung und Herabwürdigung mancher Haupt- und Grundlehren der Heiligen Schrift und des Christentums" vor und untersagte die Behandlung der Schrift im akademischen Studium. Anders als Lessing, der nicht bereit

---

[166] Gemeint ist wohl das überwiegend aufklärerische Berliner Oberkonsistorium, das unter anderem auch gegen das Wöllnersche Religionsedikt entschieden protestierte.

war, dem Publikationsverbot zu folgen, gelobte Kant „als Euer Majestät getreuester Untertan", sich weiterer Erörterungen über Religion zu enthalten. Erst nach dem Tod des Königs 1797 hat er wieder religionsphilosophische Schriften veröffentlicht.

Eine oft von Christen formulierte **pauschale Kritik an Kant** lautet so: Kant negiert jede Form eines religiösen Kultes, und es geht ihm bei seiner radikalen Kritik Gottes und des Christentums nur um **eine bloß humanistische, von Gott und Christentum völlig unabhängige, autonome und säkularisierte Begründung der Moral**. Die Lektüre der hier abgedruckten Aussagen Kants sowie die Ausführungen und die ausführlichen Kantzitate im Ersten Teil des Grundkurses können zweierlei zeigen:

– **Kant kritisiert die Religionen „der Gunstbewerbung** (des bloßen Kultus)". Sie gehen letztlich davon aus, daß es allein auf Gottes Handeln ankommt, ob ein Mensch gut ist: Gott soll den Menschen „ewig glücklich machen" oder „zum besseren Menschen machen", ohne daß der Mensch irgendetwas selbst tut, „als darum zu bitten". D. h. aber, bei diesen Religionen wird der Mensch nicht als frei und verantwortlich handelndes Wesen betrachtet. Diese Religionen können auch schon deshalb nicht als „moralische" angesehen werden, weil man sich hier Gott als ein Wesen vorstellt, das man durch Gebete und Kult in seinem Handeln an den Menschen beeinflussen kann. Diese Vorstellung ist bis heute nicht nur in anderen Religionen, sondern auch im Christentum bei vielen Frommen herrschend: Die Religion wird als ein Tauschgeschäft verstanden, bei dem die Menschen durch „Gunstbewerbungen" (Kulthandlungen, Gebete, Teilnahme an Riten, Wallfahrten usw.) und Wohltätigkeit (Spenden) als Gegenleistung Gottes oder der Götter ihr Wohlergehen in diesem Leben und im Jenseits erwarten. Eine solche Vorstellung wird von vielen zu Recht als Argument gegen die Religion angeführt.

Kant kritisiert ähnlich wie Hiob und Gott im ‚Buch Hiob' des Alten Testaments die theologisierenden Freunde Hiobs und **diejenigen religiösen Reden und Kultvorstellungen, bei denen es sich nicht um Sprechen und Handeln des Menschen vor Gott in „Gewissenhaftigkeit" und mit „Aufrichtigkeit des Herzens" handelt, sondern um „Tücke", „Unrecht"** von „Heuchlern" und „religiösen Schmeichlern". Genau dies kennzeichnet die Religion „der Gunsterwerbung". Hiobs Religion ist die „des guten Lebenswandels". Kant sagt, daß Hiob „den Glauben auf die Moralität gründete", d. h. er handelt nach seinem Gewissen und „beteuert, daß ihm sein Gewissen seines ganzen Lebens halber keinen Vorwurf mache". Kant selbst verstand zumindest **die unbedingte Forderung des Gewissens und des sittlichen Handelns nicht als eine bloß humanistische Alternative zu den biblischen Forderungen**. Dies zeigt seine Hiobinterpretation; dies zeigt seine Beurteilung des Bilderverbots; dies zeigt auch seine Interpretation des „praktischen Imperativs", den er in Übereinstimmung sieht mit dem christlichen Gebot der Einheit von Gottes- und Nächstenliebe (s. Zitate im Ersten Teil S. 62). Wir können, aber wir brauchen auch gar nicht im einzelnen zu wissen, worin Gottes Handeln und Gottes „Beistand" besteht. Die Begriffe, die sich die Menschen „mit aller Aufrichtigkeit" davon machen, sind zu verschiedenen Zeiten „unvermeidlich" verschieden. Wichtig ist bei der „moralischen Religion", „daß ein jeder, so viel, als in seinen Kräften ist, tun müsse, um ein besserer Mensch zu werden", damit er hoffen kann, mit Gottes Beistand der Seligkeit teilhaftig zu werden. Das gute Handeln entscheidet sich am Handeln am Anderen. Die Hoffnung auf einen guten und gnädigen Gott stützt sich wesentlich auf die Einheit von Gottes-, Nächsten-, ja Fremdenliebe im Christentum; sie ist auch konstitutiv für das Judentum und den Islam.

– **An dem „alten heiligen Buch" Hiob macht Kant auch deutlich, daß der Mensch zwar zu Recht die Frage an Gott, an die „höchste Weisheit des Welturhebers", stellt wegen der Leiden und Katastrophen, Tod und Untergang**; Kant nennt all dies das „Zweckwidrige in der Welt". Die heuchlerischen und schmeichlerischen Freunde Hiobs maßen sich an, mit ihrer Religion der „Gunsterwerbung" „ein System der Erklärung aller Übel in der Welt aus der göttlichen Gerechtigkeit" zu haben. Hiob, der „aufrichtig und nicht erheuchelt" und mit redlichem Gewissen sich fragend und klagend an Gott wendet, hat keine Erklärung für seine Leiden. Die Gründe dafür „sind ihm zu hoch". Nur die „authentische Theodizee", in der Gott selbst seine Absichten mit der Schöpfung erklärt, kann Auskunft über den Willen Gottes, die Endabsicht der Welt und über das Leiden und das Böse geben. **Für den Menschen ist es unmöglich, die „Endabsichten" Gottes zu kennen**; er ist für die Menschen im Leiden, wie das Buch Hiob sowie Kants Interpretation dieses Buches zeigen, im Leiden eher abwesend als anwesend. Nicht wenige gläubige Juden und Christen, Laien und Theologen sagen dies heute, wie wir sehen werden, angesichts der

grauenhaften Verbrechen und Leiden, für die der Name Auschwitz steht.
Die Kant-Texte sind nicht einfach. Man muß sie genau, oft mehrmals lesen und sie in die eigene Sprache ‚übersetzen'. Aber auch Anfängern bereitet es nach meinen Erfahrungen Vergnügen, sich allmählich auch schwierigere philosophische Zusammenhänge verständlich zu machen.
Bei den Versuchen von Pascal, Lessing und Kant, unglaubwürdige Gottes- und Religionsvorstellungen zu kritisieren und neue Denkmodelle zu entwickeln, ergeben sich zahlreiche Gemeinsamkeiten, aber auch Unterschiede. Diese sollten in Hinsicht auf Kritikpunkte, Gottes- und Religionsvorstellungen, Konsequenzen für das menschliche Handeln betrachtet werden. Auch die verschiedene Methode und Sprache, sich den Problemen zu nähern, sollte man hierbei berücksichtigen.
Sowohl für das Verständnis der Aussagen von Pascal, Lessing und Kant wie für gegenwärtige Versuche, glaubwürdig von Gott zu sprechen, sind das Bilderverbot und das Gebot der Einheit von Gottes-, Nächsten- und Fremdenliebe von großer Bedeutung. Zumindest die folgenden Bibelstellen sollte man kennen:

Als aber die Pharisäer hörten, dass er [Jesus] den Sadduzäern[167] den Mund gestopft hatte, versammelten sie sich (alle) an demselben Ort; und einer von ihnen, ein Gesetzeskundiger, fragte ihn, um ihn zu versuchen: Meister, welches ist das grösste Gebot im Gesetz? Er aber sprach zu ihm: ‚Du sollst den Herrn, deinen Gott, lieben mit deinem ganzen Herzen und mit deiner ganzen Seele und mit deinem ganzen Denken.' Dies ist das grösste und erste Gebot. Das zweite ist ihm gleich: ‚Du sollst deinen Nächsten lieben wie dich selbst.' An diesen zwei Geboten hängt das ganze Gesetz und die Propheten. (Matthäus 22, 34–40) (s. auch: 5 Mose 6, 5; 3 Mose 19, 18)

Das einzige Kriterium, nach dem Gott im Weltgericht über das ewige Heil entscheiden wird, ist, was wir konkret Menschen getan haben, die „hungrig", „durstig", „fremd", „nackt", „krank" und „im Gefängnis" waren. Mit ihnen identifiziert sich Gott: „Wiefern ihr es einem dieser meiner geringsten Brüder getan habt, habt ihr es mir getan." „Wiefern ihr es einem dieser Geringsten nicht getan habt, habt ihr es auch mir nicht getan." (Matthäus 25, 40 und 46)

---

[167] Religiös-politische Parteien zur Zeit Jesu.

II.2.4. Religionsphilosophische Herausforderungen am Ende des 20. Jahrhunderts

II.2.4.1. Neue Mythen

Die gegenwärtige Mythenfreundlichkeit und Arbeit an harmlosen und gefährlichen Mythen auf sehr verschiedenen Ebenen hat in Europa seit dem 18. Jahrhundert eine wechselvolle Vorgeschichte. **Gemeinsam ist diesen Bewegungen von Anfang an** die kritische Distanz, die Kritik und die Korrektur bzw. **Überwindung derjenigen ambivalenten Modernisierungsziele und -prozesse, die unter den Begriffen Aufklärung, Vernunft, mehr Selbstbestimmung, Emanzipation, Säkularisierung sowie wissenschaftliche und technische Fortschritte, gesellschaftliche und politische Revolutionen oder Reformen gefordert wurden.** Arbeit am Mythos ist unter diesen geschichtlichen Bedingungen Suche nach einem „Kontrast" zu der „vermeintlichen oder tatsächlichen Verarmung der aufgeklärten Rationalität" (Blumenberg). Die sehr verschiedenen Texte von Blumenberg und Sorel können zeigen, welche Ziele die Arbeit an neuen Mythen hat auf der historisch-ästhetischen, philosophisch-theologischen und religiösen Ebene (Blumenberg) bzw. auf der gesellschaftlich-politischen Ebene (Sorel).

– Der Mythos wird „unter zwei antithetischen metaphorischen Kategorien vorgestellt [...]: als *Terror* und als *Poesie* – und das heißt: als reiner Ausdruck der Passivität dämonischer Gebanntheit *oder* als imaginative Ausschweifung anthropomorpher Aneignung der Welt und theomorpher Steigerung des Menschen." – Durch Mythologie können „die Enttäuschungen und Verluste rationaler Sachbewältigung kompensiert oder gar rückgängig gemacht werden". – Monotheismus und Bilderverbot „ist die eigentliche und strikte Gegenposition zu aller Mythologie und ihrer Leichtigkeit." – „Der Mythos löst die Aporie des Logos auf." (Blumenberg)
– „Die Menschen, die an den großen sozialen Bewegungen teilnehmen, stellen sich ihre bevorstehende Handlung in Gestalt von Schlachtbildern vor, die den Triumph ihrer Sa-

> che sichern, [...] als Mythen". „Revolutionäre Mythen" sind „Ausdrücke von Wollungen". „Unsere gegenwärtigen Mythen [führen] die Menschen dazu, sich auf einen Kampf vorzubereiten, um das Bestehende zu zerstören." (Sorel)

Hans Blumenberg (1920–1996), „Der Mythos löst die Aporie des Logos auf"

Es gibt nicht viele Stellen, an denen Blumenberg in seinen Büchern knapp zusammengefaßt darüber Auskunft gibt, welche Bedeutung der Mythos und die Arbeit am Mythos für ihn haben. An zwei Textauszügen läßt sich zeigen, wie Blumenberg seine neuen Arbeiten an Mythen und Metaphern versteht und was im Ersten Teil dieses Grundkurses als entgrenzte Mythen nach dem Tod des einen monotheistischen Gottes sowie nach dem Ende des philosophischen Logos und der Aufklärung erörtert wird:

Aus: Wirklichkeitsbegriff und Wirkungspotential des Mythos (1971)[168]

Ursprung und Ursprünglichkeit des Mythos werden im wesentlichen unter zwei antithetischen metaphorischen Kategorien vorgestellt. Um es auf die kürzeste mögliche Formel zu bringen: als *Terror* und als *Poesie* – und das heißt: als reiner Ausdruck der Passivität dämonischer Gebanntheit *oder* als imaginative Ausschweifung anthropomorpher Aneignung der Welt und theomorpher Steigerung des Menschen. Diese Kategorien sind leistungsfähig genug, um so gut wie alles ihnen zuzuordnen, was an Interpretation von Mythologie zutage gebracht worden ist.

Wenn Ernst Cassirer[169] definiert: „Myth is an objectification of man's

---

[168] H. Blumenberg, Wirklichkeitsbegriff und Wirkungspotential des Mythos (1971), in: M. Fuhrmann (Hrsg.), Terror und Spiel. Probleme der Mythenrezeption, Poetik und Hermeneutik IV, München 1971, 11–66, hier: 14–17. Zu Blumenberg s. W. Oelmüller, R. Dölle-Oelmüller, V. Steenblock, Diskurs: Sprache, Philosophische Arbeitsbücher 8, UTB 1615, Paderborn u. a. 1991, 253–268. Dazu: W. Oelmüller, Sprache zwischen Wissenschaft und Mythos, ebd. 9–61.

[169] (1874–1945), Philosoph der Marburger Schule, der vom Neukantianismus ausgeht. Die verschiedenen Grundformen des Verstehens der Welt sind nach ihm die symbolischen Formen in den Grundausprägungen von Sprache, Mythos, Wissenschaft. Die von Blumenberg angeführten Zitate aus: The Myth of the State, New York ²1955, p. 57 sq.

social experience ...", dann ist gemeint die Erfahrung lastender Unausweichlichkeiten und drückender Zwänge, zumindest aber die aus aktueller Zweckmäßigkeit nicht verstehbarer Handlungen, zu denen Mythologie eine Präfiguration [vorausdeutende Handlung, Urbild] liefert. Aber gerade diese entzieht das Unverstandene dem Anspruch, es aus den gegenwärtigen Bedingungen seines Vollzuges zu begreifen und gerechtfertigt zu sehen. Es ist eine Begründung, die immer zugleich darauf festlegt, wie allein begründet werden kann: „This reality cannot be rejected or criticized; it has to be acceptet in a passive way." In Freuds Konzeption der menschlichen Urgeschichte und ihrer Folgen[170] ist das Unverstandene die Institutionalisierung jenes frühen Triebverzichts des ‚Brüderbundes', der nach der Beseitigung des übermächtigen ‚Hordenvaters' in einer Art von Gesellschaftsvertrag die ersten sozialen Spielregeln festlegt, deren Inbegriff der Verzicht der Söhne „auf das Ideal, die Vaterstellung für sich zu erwerben, auf den Besitz von Mutter und Schwestern" gewesen sei. Die dem Totemismus zugehörigen Geschichten verschleiern diese urtümliche Konvention eher als daß sie sie in ihrem Gehalt erklären; der Horizont bildhafter Vorstellungen wird für das mythische Bewußtsein undurchdringlich, weil die Bilder, in denen es lebt, nicht als Bilder erkannt, sondern in der bloßen Sanktionspotenz erfahren werden. Hier wurzeln Furcht und Schrecken selbst dann noch, wenn das an die Stelle des Vaters gesetzte Totemtier anthropomorphe Züge anzunehmen beginnt. Und in der bildhaften Verstelltheit des nicht mehr durchschaubaren Sinnes von Institution, Norm und Zwang ist der abstraktere, aber nicht weniger düstere Gebrauch des Ausdrucks ‚Mythos' begründet, in dem sich die „vollkommene Unvereinbarkeit des Mythos mit der rationalisierten Gestalt der Wirklichkeit" noch aktuell zum Ausdruck bringen läßt: „Mythisch ist die Zelebration des Sinnlosen als Sinn ..."[171]

Andererseits: gegen solchen strengen und fast dämonisierten Funktionalismus des Mythos richtet sich die Beobachtung seiner schwebenden Freiheit, seines phantastischen Wuchses, der die Natürlichkeit und Gewaltlosigkeit des Organischen, die Selbstverständlichkeit des Urvorgegebenen zu haben scheint. [...]

[Blumenberg knüpft im folgenden an die Hochschätzung der Mythologie bei Giambattista Vico (1668–1744) und in der Romantik an, vor allem an Friedrich Schlegels (1772–1829) Schrift ‚Gespräch über die Poesie: Rede über die Mythologie' (Kritische Friedrich-Schlegel-Ausgabe, München 1967, 2, 319):]

---

[170] Freud stellt dies dar in dem Werk ‚Der Mann Moses und die monotheistische Religion'; Zitat, Studienausgabe, a. a. O. (Anm. 158), 9, 530. S. Diskurs: Reiigion, 253–255.

[171] Th. W. Adorno, Negative Dialektik, Frankfurt a. M. 1966, 122 sq.

„Denn das ist der Anfang aller Poesie, den Gang und die Gesetze der vernünftig denkenden Vernunft aufzuheben und uns wieder in die schöne Verwirrung der Fantasie, in das ursprüngliche Chaos der menschlichen Natur zu versetzen, für das ich kein schöneres Symbol bis jetzt kenne, als das bunte Gewimmel der alten Götter."

Aber könnte das Verhältnis von Chaos und Phantasie nicht auch eine sekundäre, erst *durch* Überwindung und *als* Aufhebung realisierte Freiheit andeuten? Als Aufarbeitung alter Bestände an schreckenden und bedrängenden Vorstellungen wäre Mythologie dann nicht das Anfängliche, sondern gegen dieses sich erhebende Befreiung, der Mythos „entkleidet von seiner alten mystischen Würde", wobei eine „religiöse Betrachtungsart" allein es beklagen könnte, „daß durch die poetische Mythik der Griechen der höchste Ernst grauer Vorzeit in ein freies Spiel der Phantasie ausgeartet sei".[172] Diese Konzeption verspräche, die antithetischen Kategorien der Interpretation des Mythos in ein fundierendes Verhältnis zueinander zu setzen.

Mythos als Programmwort eines romantischen Kontrastes folgt aus dem Selbstverständnis der Philosophie und der aus ihr entlassenen Wissenschaftlichkeit, Überwindung einer von Mythologie beherrschten und an der Erkenntnis der Welt durch sie verhinderten geschichtlichen Epoche zu sein, daß auch und zumal die Enttäuschungen und Verluste rationaler Sachbewältigung kompensiert oder gar rückgängig gemacht werden könnten, wenn man erneuern oder wieder hereinziehen würde, was im Selbstbewußtsein der rationalen Epoche als das von ihr Überwundene gilt. Aber der Kontrast setzt nicht nur ab auf die vermeintliche oder tatsächliche Verarmung der aufgeklärten Rationalität. Er zielt auch auf eine Differenzierung, in der noch das Gesamtphänomen ‚Aufklärung' nur als Teilphase des Prozesses der Theologisierung unserer Tradition erscheint, eines Prozesses, zu dem der biblische Monotheismus ebenso gehört wie die antike Metaphysik als Vorbereitung des scholastischen Verfahrens, jenem Monotheismus systematische Struktur zu geben. Die einschneidende Zäsur, die der biblischen wie der antiken Tradition gemeinsam wäre, würde damit die Auseinandersetzung mit dem Polytheismus als Dämonisierung seiner Freiheiten oder als Denunzierung seiner Irrationalität. Wenn man von einem Geschichtsbegriff ausgeht, der das Vergangene nicht als Inbegriff abgeschlossener und auf sich beruhender Fakten ansieht, die Geschichte nicht als Analogon einer stratigraphisch [Stratigraphie in der Geologie: Schichtenkunde] darstellbaren Struktur, wird auch das Entkräftete immer noch als eine Kraft, das Vergessene immer noch als potentielle Anamnesis [Erinnerung] zuzulassen sein: die Frei-

---

[172] Creuzer, Symbolik, Heidelberg ²1819, 93.
Friedrich Creuzer (1771–1858), Altertumswissenschaftler.

heiten des Polytheismus werden zur geheimen Sehnsucht aller Renaissancen und Romantiken als der Akte des Mißtrauens gegenüber dem ‚Resultat' und ‚Erfolg' der auf diese Weise in ihrer Einheit begriffenen Tradition. Worin liegt die Dignität, das einsichtige Maß an Recht dieser Kontrastierung?

Wenn Jean Paul[173] in der ‚Vorschule der Ästhetik' sagt: „Die Griechen glaubten, was sie sangen, Götter und Heroen", und hinzufügt, daß die griechischen Götter „uns nur flache Bilder und leere Kleider unserer Empfindungen, nicht lebendige Wesen seien", so ist die von ihm für diesen Wandel gegebene Erklärung, daß der Begriff der „falschen Götter" der ganzen Leichtigkeit der Produktion von Theologie durch Gesang ein Ende bereitet habe, schon eine wesentliche, aber noch nicht erschöpfende Feststellung. Daß die authentische Produktion von Mythologie als Freiheit verstanden werden konnte – und ihre Wiederholung damit als Manifestation eines bestimmten Anspruches auf diese Freiheit –, ist eben nicht eine ‚objektive' historische Feststellung über den Zustand einer ‚mythischen Epoche', sondern geschichtlich bedingte Perspektivität. Aber nicht erst die Unterscheidung zwischen dem ‚richtigen' Gott und den ‚falschen' Göttern – die Einführung der Möglichkeit von Orthodoxie also – hat die Fähigkeit zur mythischen Produktion ausgetrieben (und damit zugleich die Latenz der mythischen Rezeption vorbereitet), sondern überhaupt jene unendliche Erschwerung des Umganges mit Namen und Begriff des Göttlichen, die ihre Wurzel in der alttestamentlichen Scheu beim Gebrauch des heiligsten Namens hatte. Das Verbot des Dekalogs (Exodus 20, 7), den Gottesnamen unnütz zu gebrauchen, ist die eigentliche und strikte Gegenposition zu aller Mythologie und ihrer Leichtigkeit, mit der unfixierten Gestalt und Geschichte des Gottes und der Götter umzugehen. Nicht von ungefähr geht Mythologie in Dichtung über, und verwandelt dieser Übergang rückwirkend sein ‚Material'. Schelling[174] hat in der ersten seiner Vorlesungen zur ‚Philosophie der Mythologie' empfohlen, bei diesem „eigenthümlichen Ganzen menschlicher Vorstellungen ... auf den ersten Eindruck zurückzugehen." Dieser erste Eindruck ist gebunden an und bedingt durch einen Standort des Betrachters innerhalb oder vielleicht am Ende einer Geschichte, die bis auf den heutigen Tag im wesentlichen den Aggregatzustand einer Dogmengeschichte hat. Dadurch erscheint alles am Mythos als Kontrast: seine Leichtigkeit, seine Unverbindlichkeit und Plastizität, seine Disposition für Spielbarkeit

---

[173] (1763–1854), humoristischer und satirischer Dichter und philosophischer Schriftsteller. Die folgenden Zitate aus: Vorschule der Ästhetik I, 4, § 17; I, 5, § 21.

[174] Friedrich Wilhelm Joseph Schelling (1775–1854), Philosoph des Deutschen Idealismus. Das folgende Zitat aus: Einleitung in die Philosophie der Mythologie I, 2, Schellings Werke, hrsg. von M. Schröter, München 1927, 6, 9.

im weitesten Sinne, seine Ungeeignetheit zur Markierung von Ketzern und Apostaten. Mythologie spricht von ihren Gegenständen wie von etwas, was man hinter sich hat, nicht nur im Epos mit der Freude, die aus dem Abstreifen und Hintersichlassen traumatischer Ängste und Drohungen gespeist sein könnte, sondern auch in der Tragödie mit dem Aufatmen des Überstandenhabens, das der Sinn der aristotelischen Definition der Tragödie als ‚katharsis pathematon'[175] im Sinne des befreienden Durchganges durch die Affekte Furcht und Mitleid sein muß, wie es die zur ‚Poetik' analoge Stelle über die Wirkung der Musik in der ‚Politik' nahelegt. Nicht der Stoff des Mythos, sondern die ihm gegenüber zugestandene Distanz des Zuhörers und Zuschauers ist das entscheidende Moment. Was in der Mythologie Götterlehre im strengen Sinne gewesen sein mag, hat menschliches Leben vielleicht einmal mit Zwang und Furcht bedrückt; aber das alles ist in Geschichten aufgegangen, und daß selbst die Göttergeschichten nicht mehr schrecken und nicht mehr binden, disponiert sie zugleich zu ihrer ästhetischen Rezeption.

Blumenberg unterscheidet **zwei Formen des Umgangs mit Mythen. Der eine Umgang ist der, daß Mythen „Terror" bedeuten,** „Zwang und Furcht" erzeugen. Mythen können nicht abgelehnt oder kritisiert werden; die Menschen sind dämonischen Gewalten passiv ausgeliefert. **Andererseits sind Mythen „Poesie".** „Zwang und Furcht [sind] in Geschichten aufgegangen". Der „Stoff" des Mythos schlägt die Menschen nicht mehr in seinen Bann, sondern entscheidend ist die „Distanz des Zuhörers oder Zuschauers". **In der „ästhetischen Rezeption" des Mythos** kann seine „Leichtigkeit, seine Unverbindlichkeit und Plastizität, seine Disposition für Spielbarkeit", **können Freiheit und Phantasie zum Tragen kommen.** In den „Geschichten" mit dem „bunten Gewimmel der alten Götter", den „Freiheiten des Polytheismus" geschieht in „imaginativer Ausschweifung anthropomorphe Aneignung der Welt und theomorphe Steigerung des Menschen". Im distanzierten ästhetischen Umgang mit Mythen sind die in der Religionskritik von Xenophanes bis heute kritisierten anthropomorphen Göttervorstellungen für Blumenberg gerade ein Zeichen für die Freiheit der Menschen, die nach dem Tod Gottes den Anthropomorphismus der griechischen Götter als „theomorphe Steigerung des Menschen" versteht: Wenn die Götter Menschen sind, wird der Mensch zum Gott erhöht.

---

[175] Reinigung von Affekten; über die Wirkung der Musik spricht Aristoteles in: Politik VIII, 1–3, 1337 a bis 1340 b.

Der distanzierte, ästhetische Umgang mit dem **Mythos kompensiert nach Blumenberg alle „Enttäuschungen und Verluste rationaler Sachbewältigung"**. Er kann das „rückgängig machen", was in der abendländischen Geschichte durch das „Selbstverständnis der Philosophie", durch „Wissenschaftlichkeit", „Metaphysik", „Theologisierung" und „Aufklärung" unterdrückt worden ist. „Der biblische Monotheismus ebenso [...] wie die antike Metaphysik als Vorbereitung des scholastischen Verfahrens, jenem Monotheismus systematische Struktur zu geben", haben den Polytheismus wegen seiner Freiheiten dämonisiert oder wegen seiner Irrationalität denunziert. **Monotheismus und biblisches Bilderverbot sind „die eigentliche und strikte Gegenposition zu aller Mythologie und ihrer Leichtigkeit".**

Aus: Höhlenausgänge (1989)[176]

Auf dem Hintergrund dieses Verständnisses des Mythos muß man seine – bei vielen umstrittene – Interpretation des platonischen ‚Staates' und des ‚Höhlengleichnisses'[177] als Mythos sehen. **Es geht**

---

[176] H. Blumenberg, Höhlenausgänge, Frankfurt a. M. 1989.

[177] Im berühmten ‚Höhlengleichnis' im 7. Buch des ‚Staates' beschreibt Platon den Aufstieg des Menschen aus der Welt des Scheins in der Höhle zur Welt der Sonne, der wahren Wirklichkeit. Die in der Höhle gefesselten Menschen nehmen nur Schatten von Gegenständen auf der Höhlenwand wahr. Durch einen langen Prozeß der Befreiung, des Umwendens und Aufstiegs, gelangt ein Mensch in die Welt des Lichts, die durch die Sonne erleuchtet wird. Er erkennt sie als die Ursache alles Seienden. In die Höhle zurückgekehrt, wird er von den Höhlenbewohnern verlacht und verfolgt; er ist nicht in der Lage, seine Erkenntnis zu vermitteln. Nach Platon ist die Höhle Metapher für die sinnlich wahrnehmbare Welt, in der die Menschen nur Scheinwissen besitzen, keine wirkliche Erkenntnis gewinnen. Die Sonne ist Metapher für die höchste Idee des Guten, die der Mensch nur befreit von den Fesseln der Sinnlichkeit schauen kann.
Der Schlußmythos des ‚Staates', auf den Blumenberg anspielt, berichtet, wie die Seelen nach dem Tode im Jenseits ihre Lebensschicksale für ein künftiges Leben selbst wählen. „Der Gott ist" an den Lebensschicksalen der Menschen, an Unglück, Leid und Ungerechtigkeit „schuldlos". Durch den Mythos von Jenseitsvorstellungen, Präexistenz und Wiedergeburt versucht Platon verständlich zu machen, was sich der rationalen Einsicht des Menschen entzieht. An den Mythos zu glauben, ist nach Platon „ein schönes Wagnis"; denn „er wird vielleicht unsere Seele retten". Platon versucht, durch das Erzählen des Mythos auch das Problem der vollkommenen Gerechtigkeit zu lösen, das er durch seine Konstruktion des vollkommenen Staates lösen wollte, das sich in der Politik jedoch nicht vollkommen lösen läßt.

Blumenberg darum zu zeigen, daß Platon, obwohl er, wie wir in den hier abgedruckten Platontexten gesehen haben, die Mythen kritisiert, **in seiner Philosophie selbst nicht ohne Mythen auskommt.** Blumenberg versteht unter Mythos in Platons ‚Staat' nicht nur das Höhlengleichnis und den Schlußmythos, sondern die ganze **‚‚‚Politeia' [...] ist ein Dialog vom Versagen des Dialogs", d. h. von der ‚‚Unausweichlichkeit" des Mythos.**

Die Höhlen waren Zuflucht und Wohnung der frühesten Menschen. Um jedoch ihren Lebensunterhalt zu finden, mußten sie die Höhle verlassen. Blumenberg unterscheidet ‚‚die Welt da draußen" mit ihren Normen und Erfolgen von ‚‚der Welt hier drinnen", der Welt der Höhle, in der andere Normen gelten, die die Normen der ‚‚Welt da draußen" ‚‚verleugnete, mißachtete" (a. a. O., 33). In der Welt der Höhle erzählt der Mensch, ‚‚das träumende Tier" (ebd. 29), Mythen, Märchen und Geschichten und entwickelt Phantasie und Kultur. *‚‚Kultur ist und wird bleiben eine ‚Verschwörung' gegen die exklusive Standardisierung des Menschlichen durch die Tüchtigsten, Nützlichsten, Stärksten – ohne die alles andere nicht ginge –, mag dieser Konflikt auch seine Namen wechseln."* (ebd. 33) Blumenberg liegt daran zu zeigen, *‚‚wie sich die verblüffende frühe Perfektion des in Mythen und Kulten, Religionen und magischen Praktiken Überlieferten überhaupt verstehen ließe – eine Perfektion, die niemals wieder überboten werden sollte. [...] Sie kam aus der Höhle. Ihr Verlust führt dorthin zurück."* (ebd. 34) Wenn, wie in der Moderne, die Welt der ‚‚Tüchtigsten, Nützlichsten, Stärksten" Überhand gewinnt, wenn Wissenschaft, Theologie des Monotheismus und Rationalität allein gelten, dann bleibt nach Blumenberg nur noch übrig, an Mythen zu arbeiten.

Der Kunstmythos Platos von der Höhle und ihren Gefangenen zentriert auf seine Bedeutsamkeit und Wirkung alles, was Erinnerung und Imagination zum Heraustreten von Göttern und Menschen aus dem Schoß der Erde bewahrt und erfunden haben mochten. Das Gleichnis ist das didaktische Paradestück für philosophische Veranschaulichung bis in die Reste dessen hinein, was nur noch ‚Fach' genannt zu werden verdienen soll – aber eben diese unanfechtbare Geltung ruht auf einem uralten Boden mythischer und metaphorischer Vertrautheit. Die Affektion, mit der Platos kurzes Stückchen immer wieder und noch gelesen oder erzählt wird, ist ein Indikator für eine zwar rationale, doch nicht mit dem Funktionswert ausschöpfbare oder erklärbare ‚Ansprechbarkeit'. (a. a. O., 85)

[Der Dialog wird in Platons Werk] weithin zur bloßen Formalität degradiert, zuweilen vergessen. Das läßt sich nicht als bloßes Versagen auf Korrigierbarkeit bringen. Es ist Indiz dafür, daß in dieser Philosophie Unaufholbarkeiten für den Dialog stecken. Eben dafür steht im siebenten Buch des Staatsdialogs der Höhlenmythos. Er vergegenwärtigt die Hilflosigkeit des dialogischen Verfahrens gerade bei der Herbeiführung von Plausibilität für eine Ausgangssituation aller Philosophie, die durch eben jene Umstände und Vorgegebenheiten bestimmt sein soll, für die in der Imagination der Höhle eine ‚Rahmenhandlung‘ entworfen wird. [...]

Platos ‚Politeia‘, seine ‚Republik‘ (mit Kant gesprochen), ist ein Dialog vom Versagen des Dialogs, und die Höhlenparabel in dessen (ungefährer) Mitte koppelt Ideenlehre und deren Erfolgslosigkeit für ‚die anderen‘ derart aneinander, daß die gemeinsame Ausgangssituation die virtuelle Katastrophe am Ende plausibel macht: Die Mittel des Rückkehrers reichen nicht aus, Lust auf Nachvollzug der Befreiung zu wecken, weil dies der Dialog von Natur aus nicht kann. Der Rückkehrer scheitert, weil er auf sokratische Weise seiner Aufgabe genügen will.

Die Frage, was er denn sonst hätte tun können und sollen, ist die implizite Kernfrage des Staatsdialogs wie auch des Höhlenmythos. Die Antwort mag hier zunächst im Verdacht der gesuchten Paradoxie stehen, soll aber doch die Intentionalität für die weitere Erörterung intensivieren: Der Rückkehrer zu den Höhlengenossen in der Parabel hatte nur eine Chance, noch diesseits aller Belehrung und Dialogizität die bloße ‚Einstellung‘ seiner vormaligen Schicksalsgenossen, Teilhaber eines Lebens ohne Philosophie, zu beeinflussen: Er mußte ihnen die Parabel von der Höhle erzählen, um den Schatten die Suggestion der Selbstverständlichkeit zu nehmen. Aber das eben wäre der Verstoß gegen die Weigerung gewesen, von der Redekunst Gebrauch zu machen. Der Dialog mit seinem wichtigsten Mittel, den Partner in Widersprüche zu verwickeln und in Sackgassen zu treiben, bleibt angesichts der ästhetisch-belebenden Qualität der Schatten hilflos. Denn es gibt gar keine ‚Widersprüche‘ in einer Folge von Erscheinungen. Dagegen steht gerade die ‚theoretische‘ Erfolgsmöglichkeit der Vorhersage der Erscheinungsfolgen, die den ‚Zeitvertreib‘ und damit Lustgewinn der Troglodyten [Höhlenbewohner] ausmacht. Dafür scheint es eher hinderlich, so viel vom angeblich Wahren zu wissen wie der eine.

Es kommt in der Parabel nur deshalb nicht zum ‚Letzten‘, weil der zurückgekehrte Philosoph es darauf nicht ankommen läßt. Als ‚entschlossener‘ Paideut würde er Opfer der *Paideia* [Bildung, Ausbildung]. Die Problematik der Höhlenausgänge liegt darin, daß man in einer Höhle nicht darstellen kann, was eine Höhle ist. Nicht zufällig muß Sokrates den einen, der dies programmgemäß erfahren soll, mit Gewalt aus dem innerirdischen Gehäuse hinausschleppen lassen. Nichts hätte vermocht, ihn zum Selbergehen zu bringen.

Zwangsläufig stellt sich dann die Frage: Muß es denn sein? Es ist die Frage nach der Funktion des Höhlenmythos im Staatsdialog, nach der Institution der Höhle inmitten der *Polis* [griechischer Stadtstaat].

Im folgenden wird die Höhlenerzählung des Sokrates bezweckt unterschiedlich bezeichnet, sowohl als Mythos wie als Parabel. Ihre Doppeldeutigkeit bleibt dadurch erinnerlich: Sie ist sowohl ihrer Herkunft und ihrem szenarischen Typus nach ein Kunstmythos, wie die Kunstmythen anderer Dialoge oder der im letzten Buch der ‚Politeia‘, als auch ein Gleichnis im Sinne einer auf Veranschaulichung angelegten Erfindung, die sich nirgendwo darum bemüht, an Figuren oder Typen des genuinen Mythos anzuknüpfen. Die als Hörer gedachten Zeitgenossen werden das Mythische stärker empfunden haben, als es der nachholenden Vergegenwärtigung einer rhetorischen Argumentationsstruktur wirksam zu machen gelingen kann. Für den platonischen Sokrates im Staatsdialog ist der ganze ‚Aufbau‘ der fiktiven *Polis* ein Mythos, die Höhlenerzählung daher dies nicht im besonderen.

Die Mythenkritik des zweiten Buches macht die Betonung des mythischen Typus nicht unerlaubt. Unerlaubt sollen die Mythen sein wegen ihrer *Unwahrheit*, und deren Kriterium bei Homer, Hesiod und erst recht bei den Tragödiendichtern ist, daß die Götter als schuldig an Verblendung (atê) und Unheil der Menschen dargestellt sind. In dieser Richtung ist kein Verdacht erlaubt, wer das Los der Gefesselten in der Höhle bestimmt haben könnte – dazu gibt eher der Schlußmythos der ‚Politeia‘ eine mit der ‚Theodizee‘ vereinbare Antwort. Die Schwierigkeit verweist auf das Dilemma der ‚selbstverschuldeten Unmündigkeit‘ – wo die Vernunft mächtig erscheinen soll, muß sie die Möglichkeit der Verblendung im Dunkel lassen, und wenn es das des ‚finsteren Mittelalters‘ ist.

(a. a. O., 87–90)

Wenn die Gründer der *Polis* den Mythen und den Dichtern Grenzen zu setzen haben, dann die, solche Geschichten wie die von Uranos und Kronos ganz zu verschweigen, und dies sogar dann, wenn sie wahr wären. Sollte es dennoch nötig sein, davon zu reden, sei dies heimlich und vor möglichst wenigen Zuhörern zu tun, zuvor ein Opfer darzubringen, und zwar nicht nur ein Schwein. Mythen von den Schrecklichkeiten der frühen Götterzeit gehören aus der Stadt hinaus verwiesen in die Verschwiegenheit der Mysterienkulte, eingebettet in sichernde Rituale und Opfer. Die Stadtgründer (oikistaí) sollten zwar wissen, wie Mythen gemacht sind und gemacht werden, mithin deren *typoi* kennen, aber nicht selbst solche herstellen. Das gehört nun gewiß zu den ironischen Paradoxen der platonischen Kunst, daß sich der fiktive Staatsgründer Sokrates ausdrücklich verbietet, Mythen zu machen, dann aber doch den großen Schlußmythos der ‚Politeia‘ machen wird, zuvor den Höhlenmythos vorträgt, der seine ganze Philosophie umspannt. Was bedeutet diese offenkundige Übertretung der Selbstbeschränkung? Muß sie nicht als Unausweichlichkeit des Einmündens in den Mythos gesehen werden, als Eingeständnis des Mißerfolgs der konstruktiven Bewältigung des Problems der Gerechtigkeit? Für dieses muß darauf bestanden werden, das eigene Leben wie von einem Standpunkt jenseits seiner selbst her zu betrachten, um es nicht mit seinem äußeren Erfolg zu identifizieren. Nur der Mythos kann diese Außenpunkte gewähren, indem er von der Erlösung der Lebensschicksale wie von Totengericht und Unterwelt spricht, also von Präexistenz und Postexistenz. Der *Mythos* löst die Aporie des *Logos* auf. Er tut es um den Preis, dessen Gewißheit nicht gewähren zu können.

(a. a. O., 111–112)

Georges Sorel (1847–1922), Der Mythos der Gewalt (1906)[178]

Carl Schmitt, dessen Position im Ersten Teil behandelt ist, knüpft nicht nur an die Gegenaufklärer des 19. Jahrhunderts in Frankreich und Spanien an, sondern auch an Sorel. **Während seines ganzen Lebens war der Kampf gegen Individualismus und Rationalismus der Aufklärung für Sorel bestimmend.** Der Aufklärung machte er zum Vorwurf, einen Auflösungsprozeß bewirkt zu haben. Liberalismus und Demokratie ließen keine Begeisterung der Massen zu. Deshalb bekämpfte Sorel die bürgerliche Demokratie und das Bürgertum. Der **Generalstreik war für ihn das revolutionäre Kampfmittel**, das die bürgerliche Gesellschaft zerstören sollte. Nach Sorels Meinung wird ein Entscheidungskampf stattfinden, in dem das Bestehende untergehen und die Arbeiterbewegung über die bürgerliche Kultur siegen wird. Befähigt dazu werden die Arbeiter durch den **revolutionären Mythos der Gewalt. Mythos bedeutet** nicht Dichtung, nicht Gegensatz zur Wissenschaft, sondern **Bilder, die in phantastischer Weise das Kommende vorwegnehmen.** Die Massen bringen unbewußt solche Mythen hervor. Die Arbeiterklasse schafft sich den Mythos des Generalstreiks.

Im Verlaufe dieser Studien [‚Über die Gewalt'] hatte ich etwas festgestellt, was mir so einfach erschien, daß ich es nicht für erforderlich gehalten hatte, dabei lange zu verweilen: die Menschen, die an den großen sozialen Bewegungen teilnehmen, stellen sich ihre bevorstehende Handlung in Gestalt von Schlachtbildern vor, die den Triumph ihrer Sache sichern. Ich schlug vor, diese Bildungen, deren Kenntnis für den Histori-

---

[178] G. Sorel, Über die Gewalt, übers. von L. Oppenheimer, Frankfurt a. M. 1969; Aus der Einleitung: Brief Sorels an Daniel Halévy (zu seiner Schrift), 9–59.

ker von so hoher Bedeutung ist, als *Mythen* zu bezeichnen: der Generalstreik der Syndikalisten[179] und Marx' katastrophenhafte Revolution sind Mythen. Ich habe als bedeutsame Beispiele von Mythen diejenigen angeführt, die durch das Urchristentum, durch die Reformation, die Revolution [gemeint: Französische Revolution], die Anhänger Mazzinis[180] aufgestellt wurden; ich wollte zeigen, daß man nicht versuchen darf, derartige Systeme von Bildern zu analysieren, so wie man eine Sache in ihre Bestandteile zerlegt: daß man sie vielmehr als ein Ganzes historischer Kräfte nehmen und sich insbesondere davor hüten muß, die nachher vollzogenen Taten mit den Vorstellungen zu vergleichen, die vor der Handlung gegolten hatten.

Ich hätte noch ein weiteres Beispiel geben können, das vielleicht noch schlagender ist: die Katholiken verloren inmitten der härtesten Prüfungen niemals den Mut, weil sie sich die Geschichte der Kirche als eine Folge von Schlachten vorstellten, die zwischen Satan und der durch Christus gestützten Hierarchie begonnen hatten; jede neu auftauchende Schwierigkeit ist eine Episode dieses Krieges und muß am Ende auf den Sieg des Katholizismus hinauslaufen.

Zu Beginn des 19. Jahrhunderts belebten die Verfolgungen durch die Revolution diesen Mythos des Satanskampfes von neuem, dem Joseph de Maistre[181] beredte Worte lieh; diese Verjüngung erklärt zum großen Teil die religiöse Renaissance, die zu dieser Zeit hervortrat. Wenn hingegen heute der Katholizismus so bedroht ist, so liegt das großenteils daran, daß der Mythos der streitenden Kirche zu verschwinden neigt. Die Literatur der Kirche hat selbst sehr viel dazu beigetragen, ihn lächerlich zu machen; so empfahl im Jahre 1872 ein belgischer Schriftsteller, die Teufelsbeschwörungen wieder zu Ehren zu bringen, die ihm als ein wirksames Mittel erschienen, um die Revolutionäre zu bekämpfen. Viele gebildete Katholiken geraten in Schrecken, wenn sie die Feststellung machen, daß die Ideen Josephs de Maistre zur Begünstigung der Unwissenheit des Klerus beigetragen haben, da dieser es nämlich vermied, sich mit einer fluchwürdigen Wissenschaft in Verbindung zu halten; der Satansmythos erscheint ihnen daher als gefährlich, und sie ziehen seine lächerlichen Seiten ans Licht; jedoch begreifen sie nicht immer seine geschichtliche Tragweite. [...]

---

[179] Syndikalismus: revolutionäre Bewegung, radikaler Gewerkschaftssozialismus um die Jahrhundertwende, vor allem in den romanischen Ländern.

[180] Giuseppe Mazzini (1805–1872), italienischer Agitator, der für eine Befreiung Italiens und eine Republik Italien eintrat.

[181] (1754–1821), staatsphilosophischer Schriftsteller, Vertreter des kirchlichen Absolutismus, Traditionalist.

Indem ich den Ausdruck Mythos anwendete, glaubte ich einen glücklichen Fund getan zu haben, weil ich derart jede Diskussion mit den Leuten abwies, die den Generalstreik einer Kritik im einzelnen unterwerfen wollen und Einwände gegen seine praktische Möglichkeit häufen. Es scheint nun aber im Gegenteil, daß ich eine recht schlechte Idee gehabt habe: denn die einen sagen mir, daß die Mythen lediglich den primitiven Gesellschaften zukommen, während andere sich einbilden, daß ich der modernen Welt als Triebkräfte Träume nach Art derer geben will, die Renan[182] zum Ersatz der Religion für tauglich hielt. Man ist sogar noch weitergegangen und hat behauptet, daß meine Theorie der Mythen ein Advokatenbeweis, eine falsche Wiedergabe der wahren Meinungen der Revolutionäre, ein „intellektualistischer Sophismus" wäre.

(a. a. O., 30–32)

Solange es keine von den Massen aufgenommenen Mythen gibt, kann man unbegrenzt von Empörungen sprechen, ohne doch jemals irgendeine revolutionäre Bewegung hervorzurufen; dieser Umstand gibt dem Generalstreik eine so große Bedeutung und macht ihn zugleich für die Sozialisten, die sich vor einer Revolution fürchten, so verhaßt; sie tun alles, was sie können, um das Vertrauen zu erschüttern, das die Arbeiter in ihre Vorbereitungen zur Revolution setzen; und um das zu erreichen, bemühen sie sich, die Idee des Generalstreiks, die noch allein bewegenden Wert besitzen kann, lächerlich zu machen. Eines der großen Mittel, die sie hierfür verwenden, besteht darin, daß sie ihn als Utopie darstellen: und das wird ihnen ziemlich leicht, weil es nur selten Mythen gegeben hat, die von jeder utopischen Beimischung vollkommen frei waren.

Die revolutionären Mythen der Gegenwart sind allerdings beinahe rein; sie erlauben es, die Handlungen, Gefühle und Ideen der Volksmassen, die sich zu einem Entscheidungskampf bereiten, zu verstehen; sie sind keine Beschreibungen von Dingen, sondern Ausdrücke von Wollungen. Dagegen ist die Utopie Erzeugnis einer intellektuellen Arbeit; sie ist das Werk von Theoretikern, die sich nach Beobachtung und Erörterung der Tatsachen bemühen, ein Muster aufzustellen, mit dem man die bestehenden Gesellschaften vergleichen kann, um das Gute und Schlechte zu messen, das sie enthalten. Sie ist eine Zusammenstellung von Institutionen, die zwar erdacht sind, aber doch mit wirklichen Institutionen eine Verwandtschaft aufweisen, die groß genug ist, um den Juristen Erwägungen darüber zu erlauben. Sie ist eine auseinandernehmbare Konstruktion, innerhalb derer gewisse Teile so zugeschnitten sind, daß sie (mittels gewisser Korrekturen der Anpassung) in eine bevorstehende Gesetzgebung übergehen können. – Während unsere gegenwärtigen Mythen die Men-

---

[182] Ernest Renan (1823–1892), französischer Historiker und Orientalist, der ein viel beachtetes Buch über ‚Das Leben Jesu' (1863) und eine Geschichte des Christentums schrieb.

schen dazu führen, sich auf einen Kampf vorzubereiten, um das Bestehende zu zerstören, ist es stets die Wirkung der Utopie gewesen, die Geister auf Reformen hinzulenken, die durch teilweise Umänderung ins Werk gesetzt werden können; man darf sich daher nicht wundern, wenn so viele Utopisten geschickte Staatsmänner werden konnten, nachdem sie eine größere Erfahrung im politischen Leben erworben hatten. – Ein Mythos kann nicht widerlegt werden, da er im Grunde das gleiche ist wie die Überzeugung einer Gruppe, da er der Ausdruck dieser Überzeugungen in der Sprache der Bewegung ist, und da es folglich nicht angeht, ihn in Teile zu zerlegen, wie sie bei einem Plane historischer Beschreibungen Verwendung finden könnten. (a. a. O., 40–42)

II.2.4.2. Religionen im modernen Staat

II.2.4.2.1. Zivilreligion

Unbestritten war für die meisten Menschen im Altertum, aber auch im Mittelalter bis in die Neuzeit, daß die Religion die letzte Legitimation bildete auch für die politisch-staatliche Ordnung. Für eine wie große Bedrohung die Kritik an der im griechischen Stadtstaat Athen geltenden Religion galt, kann man, wie wir gesehen haben, am Prozeß des Sokrates ersehen. Dies zeigen auch Platons „Richtlinien für die Götterlehre", aber auch die Aussagen von Kritias (s. oben S. 28–32 und 140–146). Die zentrale Bedeutung der Religion für die Politik im Mittelalter wird deutlich etwa an der Aussage Thomas von Aquins über die Aufgaben des Fürsten: *„Da also der letzte Zweck eines guten Lebens, das wir jetzt führen, die himmlische Seligkeit ist, so gehört es zu dem Amt eines Königs, für ein gutes Leben des Volkes nach der Erwägung zu sorgen, inwieweit ihm zur Erreichung der himmlischen Seligkeit Bedeutung zukommt, damit er, was dazu förderlich ist, anordnet, und das Gegenteil, soweit das eben möglich ist, verbietet. Was aber der Weg zur wahren Glückseligkeit ist und was die Hindernisse sind, die sich vor ihr auftürmen, das kann er aus der Heiligen Schrift erkennen."*[183]

Das Problem der Zivilreligion ist verschieden von der vormodernen Einheit von Religion und Staat. Wie im Ersten Teil aus-

---

[183] Thomas von Aquin, Über die Herrschaft der Fürsten, übers. von F. Schreyvogl, Stuttgart 1975, 57–58.

führlich dargestellt, setzt Zivilreligion den modernen Staat, die Unterscheidung von Religion und Staat und die Zugehörigkeit der Staatsbürger eines Staates zu unterschiedlichen Religionen voraus. Für **Hobbes** und **Rousseau** hat der Staat nicht zum Ziel die Verwirklichung des höchsten Gutes, sondern die Verhinderung des größten Unglücks, d. h. des Bürgerkriegs und der Unfreiheit.

Thomas Hobbes (1588–1679), „Religion ist in jedem Staate Gesetz" (141–143)

Um die folgende Stelle richtig zu verstehen, in der Hobbes über Religion, Glauben, Kirche und Kult in einem Staat spricht, muß man sich folgendes klarmachen: Hobbes versucht das Verhältnis von Staat und Religion in einer Situation zu klären, wo in der Situation des konfessionellen Bürgerkrieges in England ein Kampf aller gegen alle stattfand. **Religion,** Glauben, Zugehörigkeit zu einer bestimmten Kirche und Kult **drückten in einem Staat nicht aus, was religiösen Menschen gemeinsam ist und was sie eint, sondern das, was sie trennt**, ja gegeneinander mobilisiert und Krieg führen läßt. Selbsterhaltung, Sicherung des Friedens und der Einheit kann dann nur durch einen mächtigen Souverän garantiert werden. Daher darf nach Meinung von Hobbes der Staat nicht weltanschaulich neutral sein und verschiedene Religionen tolerieren (so bestimmt Kant das Verhältnis von Staat und Religion), sondern der Souverän muß weltliche und religiöse Macht in seiner Person vereinigen. **Es ist von diesem Ansatz aus verständlich, warum der Souverän im Staat den öffentlichen Kult festlegen muß.**

Von der Religion[184]

Religion ist der äußere Kult der Menschen, welche Gott aufrichtig ehren. Es verehren aber Gott die aufrichtig, welche nicht nur an seine Existenz glauben, sondern ihn auch für den allmächtigen und allwissenden Schöpfer und Lenker aller Dinge und außerdem für das Wesen halten, welches alles Glück und Unglück nach seinem Ermessen verteilt. Die Religion schlechthin, d. h. die natürliche, zerfällt also in zwei Teile, der eine von ihnen ist der Glaube, d. h. die Überzeugung, daß Gott existiert und alles

---

[184] Th. Hobbes, Vom Menschen (1658), 14. Kapitel, in: Vom Menschen – Vom Bürger, hrsg. von G. Gawlick, Hamburg 1977, 43–48.

lenkt, der andere ist der Kult. Jener erste, der Glaube an Gott, pflegt ‚Frömmigkeit' gegen Gott genannt zu werden. Wer diesen Glauben hat, wird notwendig streben, Gott in allen Dingen zu gehorchen, ihm im Glück danken, im Unglück zu ihm beten; das sind die eigentlichen Werke der Frömmigkeit; in ihnen sind Liebe und Furcht enthalten, die uns Gott lieben und fürchten heißen. [...]

Wenn sich der Glaube über die Gewißheit hinaus, daß Gott alles erschaffen hat und lenkt, auf Dinge bezieht, welche die menschliche Fassungskraft übersteigen, so ist er bloße Annahme, die lediglich in der Autorität ihrer Verkünder wurzelt. Diesen zu glauben haben wir nur Anlaß, wenn wir zuvor die Überzeugung haben, daß sie ihr Wissen selber in übernatürlicher Weise empfangen haben. In bezug auf übernatürliche Dinge glauben wir also niemandem, von dem wir nicht zuvor annehmen, daß er irgendeine übernatürliche Tat vollbracht habe. Mag jemand zur Bekräftigung seiner Lehre sich auf Wunder berufen; wenn er selber keine vollbracht hat: wer wird ihm glauben wollen? Wenn man jedem beliebigen Menschen ohne Wunder glauben müßte, warum sollten wir, da sie in ihren Lehren voneinander abweichen, dem einen mehr als dem anderen glauben? Der wichtigste und gottgefälligste Teil der Religion, der Glaube, darf also nicht von beliebigen Menschen abhängen, außer wenn sie Wunder verrichtet haben.

Wenn die Religion, abgesehen von der natürlichen Frömmigkeit, von Privatpersonen nicht abhängt, so muß sie, da es Wunder schon längst nicht mehr gibt, von den Gesetzen des Staates abhängen. Religion ist daher nicht Philosophie, sondern in jedem Staate Gesetz; und darum ist sie nicht zu erörtern, sondern zu erfüllen. Kein Zweifel kann darüber bestehen, daß man ehrerbietig von Gott denken und ihn lieben, fürchten und verehren müsse. Das ist den Religionen bei allen Völkern gemeinsam. Strittig ist nur, worüber Menschen verschieden denken; eben deshalb gehört es nicht zum Glauben an Gott. [...]

Da nun Gott lieben dasselbe ist wie seinen Geboten gehorchen, und Gott fürchten dasselbe wie fürchten, daß man etwas gegen seine Gebote tut, so entsteht die weitere Frage, woher man wisse, was Gott befohlen hat. Als Antwort kann darauf gegeben werden: Gott habe eben dadurch, daß er den Menschen die Vernunft verlieh, ihnen dies Gebot gegeben und dies Gesetz in aller Herzen eingemeißelt: daß nämlich niemand einem anderen etwas antun solle, was er für unbillig halten würde, wenn es ihm von einem anderen geschähe. In diesem Gebot ist die ganze Gerechtigkeit und der bürgerliche Gehorsam enthalten. Wer würde, wenn er im Staate mit der höchsten Vollmacht zur Regierung und Gesetzgebung vom Volke betraut würde, es nicht für unbillig halten, wenn seine Gesetze von irgendeinem Untertanen mißachtet, sein Ansehen nicht anerkannt oder auch nur in Zweifel gezogen würde? Wenn du König wärest, würdest du dies für unbillig halten; also hast du in dem Gesetze die sichere Richtschnur deiner Handlungen. Das aber ist auch ein göttliches Gesetz, das befiehlt, den höchsten Gewalten, d. h. den Gesetzen der höchsten Gebieter zu gehorchen. [...]

Kult treiben, d. h. pflegen und verehren, besagt im eigentlichen Sinne, daß wir, was immer, durch Pflichterfüllung und Anstrengung, so gut wir können, zu unserem Besten zu beeinflussen suchen. So pflegen wir die Erde, damit sie uns reichere Frucht trägt; einflußreiche Menschen verehren wir, um uns zu Einfluß oder zu irgendwelchem Schutze zu verhelfen; so verehren wir auch Gott, damit er uns gnädig sei. Gottesdienst heißt also die Werke verrichten, die Zeichen der Frömmigkeit gegen Gott sind. Diese sind Gott angenehm, und durch sie allein können wir uns Gott gnädig stimmen. Es sind aber diese Werke meistens von derselben Art wie die, durch die wir anderen Menschen unsere Verehrung bezeugen, nur daß wir für Gott das Beste wählen. Andere Zeichen der Frömmigkeit können wir natürlicherweise nicht geben.

Der Kult ist nun entweder privat oder öffentlich. Privat ist der Kult, den die einzelnen Menschen nach eigenem Gutdünken ausüben; öffentlich der, den sie auf Geheiß des Staates ausüben. Der private wiederum wird entweder von einem einzelnen im geheimen ausgeübt oder von mehreren gemeinsam. Jener ist ein Zeichen aufrichtiger Frömmigkeit; denn wozu dient Heuchelei dem, den niemand sieht als nur der Eine, der auch die Heuchelei durchschaut? Der gemeinschaftliche Kult dagegen kann erheuchelt sein und auf eigennützigen Nebenabsichten beruhen. Beim geheimen Kulte gibt es keine Zeremonien. Zeremonien nenne ich diejenigen Zeichen der Frömmigkeit von Handlungen, die nicht aus der Natur der Handlung entspringen, sondern vom Staat willkürlich vorgeschrieben sind. [...]

Öffentlicher Kult kann nicht ohne Zeremonien sein; denn öffentlicher Kult ist der, welcher auf Befehl des Staates als Zeichen der Verehrung, die man Gott entgegenbringt, von allen Bürgern, und zwar an bestimmten Stellen und zu bestimmten Zeiten, ausgeübt wird. Das Recht zu entscheiden, was geziemend ist, was nicht, steht beim öffentlichen Gottesdienst nur dem Staate zu. Zeremonien als Zeichen der Frömmigkeit von Handlungen fließen nicht nur, wie bei dem rein vernünftigen Kult, aus der Natur der Handlung selber, sondern können auch vom Staate willkürlich festgesetzt werden. Daher vieles sich im Gottesdienst bei einem Volke finden muß, was bei einem anderen nicht ist, so daß bisweilen der Kult der einen von den anderen verlacht wird. Einen von Gott unmittelbar angeordneten Kult hat es niemals gegeben außer bei den Juden, da er selbst ihr König war. Bei den anderen Völkern waren die Zeremonien zwar bei einigen vernünftiger als bei anderen, bei allen indessen gebot die Vernunft, die durch das staatliche Gesetz angeordneten Zeremonien auszuüben.

Jean-Jacques Rousseau (1712–1778),
„Die Dogmen der bürgerlichen Religion"[185] (149–153)

Wie die Gesellschaft, die eine allgemeine oder eine besondere ist, kann man die auf sie bezogene Religion gleichfalls in zwei Arten einteilen, nämlich in die Religion des Menschen und in die des Bürgers. Erstere ist ohne Tempel, Altäre und Riten, beschränkt auf den rein inneren Kult des obersten Gottes und die ewigen Pflichten der Moral, ist die reine und einfache Religion des Evangeliums, der wahre Gottesglaube und das, was man das göttliche Naturrecht nennen kann. Die andere, in nur einem Land zugelassen, gibt ihm seine Götter, seine eigenen Schutzherren; sie hat ihre Dogmen, Riten, ihren äußeren, gesetzlich vorgeschriebenen Kult; für sie ist alles, ausgenommen die eine Nation, die ihr anhängt, ungläubig, fremd und barbarisch; sie dehnt die Pflichten und Rechte des Menschen nur so weit aus, wie ihre Altäre reichen. Die Religionen der ersten Völker waren alle solcherart; man kann ihnen den Namen eines bürgerlichen oder positiven Gottesrechts geben.

Es gibt eine dritte, ziemlich bizarre Art von Religion, die die Menschen dadurch, daß sie ihnen zwei Gesetzgebungen, zwei Häupter und zwei Vaterländer gibt, widersprüchlichen Pflichten unterwirft und sie daran hindert, gleichzeitig fromm und Staatsbürger sein zu können. Solcherart ist die Religion der Lamas, solcherart die der Japaner, und solcherart ist das römische Christentum. Man könnte sie Priesterreligion nennen. Aus ihr erwächst eine Art gemischtes und mit der Gesellschaft unverträgliches Recht, das keinerlei Namen hat.

Diese drei Arten von Religion haben bei politischer Betrachtung alle ihre Fehler. Die dritte ist so offensichtlich schlecht, daß es Zeit vergeuden hieße, es auch noch aufzeigen zu wollen. Alles, was die soziale Einheit zerstört, taugt nichts. [...]

Das Recht, das der Gesellschaftsvertrag dem Souverän über die Untertanen gibt, geht, wie ich ausgeführt habe, nicht über die Grenzen des öffentlichen Nutzens hinaus. Die Untertanen sind dem Souverän über ihre Ansichten nur insoweit Rechenschaft schuldig, als diese für das Gemeinwesen erheblich sind. Nun ist es ja für den Staat sehr wohl wichtig, daß jeder Bürger eine Religion hat, die ihn seine Pflichten lieben heißt; aber die Dogmen dieser Religion interessieren den Staat und seine Glieder nur insoweit, als sie sich auf die Moral beziehen und auf die Pflichten, die derjenige, der sie [die Religion] bekennt, gegenüber den anderen zu erfüllen gehalten ist. Darüber hinaus mag jeder Anschauungen hegen, wie es ihm gefällt, ohne daß dem Souverän eine Kenntnis davon zustünde.

---

[185] J.-J. Rousseau, Gesellschaftsvertrag (1762), hrsg. von H. Brockard, Stuttgart 1977, 145–147, 150–153.

Denn in der anderen Welt besitzt er keinerlei Befugnis, und es ist auch nicht seine Sache, welches das Los der Untertanen in einem künftigen Leben sei, vorausgesetzt, daß sie in diesem hier gute Bürger sind.

Es gibt daher ein rein bürgerliches Glaubensbekenntnis, dessen Artikel festzusetzen dem Souverän zukommt, nicht regelrecht als Dogmen einer Religion, sondern als Gesinnung des Miteinander, ohne die es unmöglich ist, ein guter Bürger und ein treuer Untertan zu sein. Ohne jemand dazu verpflichten zu können, sie zu glauben, kann er jeden aus dem Staat verbannen, der sie nicht glaubt; er kann ihn nicht als Gottlosen verbannen, sondern als einen, der sich dem Miteinander widersetzt und unfähig ist, die Gesetze und die Gerechtigkeit ernstlich zu lieben und sein Leben im Notfall der Pflicht zu opfern. Wenn einer, nachdem er öffentlich ebendiese Dogmen anerkannt hat, sich so verhält, als ob er sie nicht glaube, soll er mit dem Tode bestraft werden; er hat das größte aller Verbrechen begangen, er hat vor den Gesetzen gelogen.

Die Dogmen der bürgerlichen Religion müssen einfach, gering an Zahl und klar ausgedrückt sein, ohne Erklärungen und Erläuterungen. Die Existenz der allmächtigen, allwissenden, wohltätigen, voraussehenden und sorgenden Gottheit, das zukünftige Leben, das Glück der Gerechten und die Bestrafung der Bösen sowie die Heiligkeit des Gesellschaftsvertrags und der Gesetze – das sind die positiven Dogmen. Was die negativen Dogmen anbelangt, so beschränke ich sie auf ein einziges: die Intoleranz; sie gehört jenen Kulten an, die wir ausgeschlossen haben. Meiner Meinung nach täuschen sich diejenigen, die einen Unterschied machen zwischen der bürgerlichen Intoleranz und der religiösen Intoleranz. Diese beiden Arten von Intoleranz sind nicht zu trennen. Es ist unmöglich, mit Menschen in Frieden zu leben, die man für unselig hält; sie lieben hieße, Gott, der sie straft, hassen; man muß sie unbedingt bekehren oder sie bedrängen. Überall, wo die religiöse Intoleranz zugelassen wird, kann es nicht ausbleiben, daß sie irgendeine bürgerliche Auswirkung hat; und sobald diese eintritt, ist der Souverän nicht mehr Souverän, nicht einmal im Weltlichen; von dem Augenblick an sind die Pfaffen die wahren Herren und die Könige nur mehr ihre Beamten. Heute, wo es eine ausschließliche Staatsreligion nicht mehr gibt noch geben kann, muß man alle jene tolerieren, die ihrerseits die anderen tolerieren, sofern ihre Dogmen nicht gegen die Pflichten des Bürgers verstoßen. Wer aber zu sagen wagt „Es gibt kein Heil außerhalb der Kirche", muß aus dem Staat ausgestoßen werden, es sei denn, der Staat ist die Kirche und der Fürst der Pontifex. Ein solches Dogma ist nur gut in einer theokratischen Regierung, in jeder anderen bringt es Verderben.

Rousseaus Aussagen zur Zivilreligion (franz. ‚réligion civile') zeigen in aller Klarheit, daß es bei der Zivilreligion nicht um die wahre Religion geht, auch nicht um die wahre Politik. **Die Zivilreligion hat allein die Funktion, die religiöse Gleichheit im Staat zu sichern, dafür zu sorgen, daß die Menschen mit verschiedenen privaten religiösen Überzeugungen alle ohne Ausnahme „gute Bürger und treue Untertanen" sind.** Die Menschen sollen ihre „Pflichten lieben", die Moral, d. h. die Pflichten „gegenüber den anderen erfüllen". Und zwar sollen sie „die Gesetze und die Gerechtigkeit" so „ernstlich" lieben, daß sie auch bereit sind, ihr „Leben im Notfall der Pflicht zu opfern". Alles andere ist gleichgültig. Dies glaubt Rousseau sichern zu können durch **die vier positiven Dogmen**: Glaube an die Existenz Gottes, an ein zukünftiges Leben, an das Glück der Gerechten und die Bestrafung der Bösen, an die Heiligkeit des Gesellschaftsvertrags und der Gesetze und **das eine negative Dogma**: Verbot der Intoleranz.

Ein Beispiel für das heutige Verständnis von Zivilreligion gibt das ausführliche Zitat von Hermann Lübbe im Ersten Teil (S. 81). Die Problematik einer Zivilreligion heute ist im Ersten Teil dargestellt.

II.2.4.2.2. Totalitärer Fundamentalismus – das Beispiel: Islamischer Gottesstaat

Die Bestimmungen des Verhältnisses von Staat und Religion im Islamischen Staat nach den Vorstellungen Khomeinis widersprechen elementaren Bedingungen des modernen Rechts- und Verfassungsstaates.

Imam Ruhullah Al-Musavi Al-Khomeini (1902–1989), Das islamische Regime (1970)[186]

Der spätere Ajatollah Khomeini (1902–1989), der nach dem Sturz des Schahs und der sog. ‚Islamischen Revolution' 1979 die Macht in Iran übernahm, hat während seines Exils in Frankreich in seinem Buch ‚Islamische Herrschaft' dargestellt, was die Prinzipien islamischer Herrschaft sind. Das Buch ist entstanden aus Vorträgen, die

---

[186] Imam Khomeini, Islamic Government, in: Islam and Revolution, translated and annotated by Hamid Algar, Berkeley 1981. (übersetzt von R. Dölle-Oelmüller)

er 1970 vor Studenten der Religionswissenschaften gehalten hat, die später Einfluß in der muslimischen Gesellschaft haben sollten. Khomeini hat drei Ziele: 1. Er macht die Notwendigkeit der Einrichtung islamischer politischer Institutionen klar, d. h. **die Notwendigkeit der Unterordnung politischer Macht unter islamische Ziele, Vorschriften und Kriterien**; 2. er verdeutlicht den Studenten ihre Pflichten für die Errichtung eines islamischen Staates; 3. er entwickelt ein Aktionsprogramm für die Errichtung eines islamischen Staates. **„Islamischer Staat" bedeutet nach Khomeini, daß die religiösen Führer im Islamischen Staat Legislative, Exekutive und Jurisdiktion in ihrer Hand vereinigen.** „Der religiöse Führer (‚faqih', pl. ‚fuqaha') ist, kurz gesagt, der religiöse Experte im vollen Sinne des Wortes." Er beherrscht: „Gesetze, Rechtsprechung des Islam, Lehren und Institutionen und Moral des Glaubens" (a. a. O., 84). Jeder Muslim „wird das Regime des *faqih* [...] als notwendig und selbstevident anerkennen" (ebd. 27). Die „Notwendigkeit" eines islamischen Staates begründet Khomeini mit dem notwendigen Kampf der absoluten Wahrheit der den Muslimen verkündeten göttlichen Wahrheit gegen Judentum und Christentum, gegen westliche Modernisierung, Menschenrechte und Demokratie.

Von Anfang an mußte sich die geschichtliche Bewegung des Islam streiten mit den Juden; diese waren es nämlich, die als erste eine anti-islamische Propaganda einführten und mit verschiedenen Tricks durchsetzten. Wie man sehen kann, wird diese Aktivität bis heute fortgesetzt. Später schlossen sich ihnen andere Gruppen an, die in gewisser Hinsicht noch satanischer waren als sie. Diese neuen Gruppen begannen ihre imperialistische Durchsetzung der muslimischen Länder vor dreihundert Jahren, und sie hielten es für notwendig, an der Ausrottung des Islam zu arbeiten, um ihre äußersten Ziele zu erreichen. Es war nicht ihre Absicht, die Menschen dem Islam zu entfremden, um das Christentum unter ihnen zu verbreiten; denn die Imperialisten haben in Wahrheit keinen religiösen Glauben, gleich ob christlichen oder islamischen. (a. a. O., 27)

Zu der Zeit, als der Westen ein Reich der Finsternis und Dunkelheit war – mit Bewohnern, die im Zustand der Barbarei lebten, und Amerika noch von halbwilden Rothäuten bevölkert war – und als die zwei großen Reiche von Iran und Byzanz unter der Herrschaft von Tyrannei, Klassenprivilegien und Diskriminierung waren und die Mächtigen alle unterdrückten ohne eine Spur von Recht oder Herrschaft im Interesse des Volkes, da sandte Gott, der Erhabene und Allmächtige, durch seinen Würdigsten Propheten (Friede und Gnade sei mit ihm) Gesetze, die uns wegen ihrer

Größe in Erstaunen versetzen. Er stiftete Gesetze und Praxis für alle menschlichen Angelegenheiten und legte Verfügungen nieder für die Menschen, die sich erstrecken von der Zeit, bevor das Embryo Gestalt annimmt, bis zu der Zeit, nachdem der Mensch ins Grab gesenkt ist. In genau derselben Art und Weise gibt es Gesetze, die die Pflichten des Kultus für die Menschen festlegen, und ebenso gibt es Gesetze, Praktiken und Normen für die Angelegenheiten der Gesellschaft und der Herrschaft. Das islamische Gesetz ist ein progressives, sich weiterentwikkelndes und umfassendes Rechtssystem. Alle die voluminösen Bücher, die von frühester Zeit an in verschiedenen Bereichen des Rechts gesammelt sind, z. B. Rechtsverfahren, soziale Transaktionen, Strafrecht, Vergeltung, internationale Beziehungen, Regelungen über Krieg und Frieden, privates und öffentliches Recht, sind alle zusammen enthalten ein Muster der Gesetze und Verfügungen des Islam. Es gibt kein einziges Thema im menschlichen Leben, für das der Islam nicht Vorschriften vorgesehen und Normen etabliert hat. (a. a. O., 29–30)

Die islamische Herrschaft entspricht keiner anderen Form der Herrschaft. Sie ist z. B. keine Tyrannei, wo das Oberhaupt des Staates willkürlich über Besitz und Leben der Menschen verfügen kann. [...] Das islamische Regime ist weder tyrannisch noch absolut, sondern konstitutionell. Allerdings nicht im üblichen Verständnis, d. h. gegründet auf der Zustimmung zu den Gesetzen in Übereinstimmung mit der Meinung der Mehrheit. Es ist konstitutionell in dem Sinne, daß die Regierenden an bestimmte Bedingungen in der Regierung und Verwaltung des Landes gebunden sind, wie sie im Koran und der Sunna[187] vom Propheten Mohammed festgelegt wurden. Diese Gesetze und Verordnungen des Islam müssen beachtet und praktiziert werden. Deshalb kann die islamische Herrschaft definiert werden als Herrschaft göttlichen Rechts über die Menschen.

Der fundamentale Unterschied zwischen einer islamischen Herrschaft einerseits und konstitutionellen Monarchien und Demokratien andererseits ist dieser: während die Repräsentanten des Volkes oder der Monarch in solchen Regimen die Exekutive und Legislative ausüben, steht im Islam die legislative Gewalt und die Kompetenz, Gesetze zu erlassen, ausschließlich Gott dem Allmächtigen zu. Der Heilige Gesetzgeber des Islam ist die einzige legislative Gewalt. Niemand sonst hat das Recht, die Legislative zu verkörpern, und kein Gesetz darf angewendet werden außer dem Gesetz des göttlichen Gesetzgebers. (a. a. O., 55)

Es ist ein geltender Grundsatz, daß „der *faqih* [religiöse Führer] Autorität besitzt über den [weltlichen] Herrscher". Wenn der Herrscher dem Is-

---

[187] Sunna (arab. Weg, Regel), Inbegriff der Lebensgewohnheiten, der religiösen und rechtlichen Auffassungen Mohammeds, die von den Muslimen als Norm und Ideal für das Handeln anerkannt werden sollen.

lam angehört, muß er sich notwendig dem *faqih* unterwerfen, ihn über die Gesetze und Vorschriften des Islam befragen, um sie zu erfüllen. Da dies so ist, sind die wahren Herrscher die *fuqaha* [religiösen Führer] selbst, und die Herrschaft sollte offiziell ihnen zukommen und ihnen auferlegt werden, nicht denen, die verpflichtet sind, der Leitung der *fuqaha* zu folgen wegen ihrer Unkenntnis des Rechts. (a. a. O., 60)

[Khomeini betont die Notwendigkeit der religiösen Unterweisung.] Diese Pflicht ist besonders wichtig unter den gegenwärtigen Umständen; denn die Imperialisten, die unterdrückerischen und heimtückischen Herrscher, die Juden, Christen und Materialisten versuchen alles, um die Wahrheiten des Islam zu verzerren und die Muslime in die Irre zu führen. [...] Wir erleben im Augenblick, daß die Juden (möge Gott sie strafen) den Koran verfälschen und Veränderungen im Koran vorgenommen haben bei Neudrucken in den besetzten Gebieten. Es ist unsere Pflicht, dieser heimtückischen Verfälschung des Koran zu begegnen. Wir müssen protestieren und das Volk aufklären, daß die Juden und ihre ausländischen Hintermänner sich gegen die wirklichen Grundlagen des Islam verschworen haben und wünschen, die jüdische Herrschaft auf der ganzen Welt zu etablieren. Sie sind eine listige und einflußreiche Gruppe von Menschen. Ich fürchte – Gott bewahre uns! –, daß sie eines Tages ihr Ziel erreichen und daß die Teilnahmslosigkeit einiger von uns es einem Juden erlauben wird, eines Tages über uns zu herrschen. Möge Gott uns niemals einen solchen Tag sehen lassen! (a. a. O., 127)

II.2.4.2.3. Pseudowissenschaft als Religionsersatz – das Beispiel: Scientology

Am Beispiel der Scientology-Bewegung, der inzwischen durch mehrere Gerichtsurteile in Deutschland der Status einer Religionsgemeinschaft aberkannt ist, erläutere ich, was zur Zeit in der Öffentlichkeit als nicht nur harmlose neue Religionen und neue Sekten diskutiert wird. Über die Kritik der gefährlichen wirtschaftlichen, psychologischen, sozialen und politischen Interessen und Folgen dieser Bewegung, die nach dem Ende der Ost-West-Konfrontation Einfluß gewinnt, erfahren wir fast täglich durch die Medien. Ich beschränke mich auf einige vom Gründer der Bewegung Lafayette Ron Hubbard (1911–1986) und in offiziellen Verlautbarungen der Scientology-Organisation formulierte weltanschauliche Ziele der Bewegung.[188]

---

[188] Ich habe einige zentrale Aussagen von Scientology zusammengestellt. Die Bücher des Sektengründers L. R. Hubbard sind durchgängig in einem pseu-

[Selbstverständnis von Scientology] – Scientology sieht sich nicht als „monotheistische Offenbarungsreligion, sondern [...] in der Tradition der gnostischen Erlösungsreligionen". (Die Scientology Kirche in Deutschland. Informationen und Selbstverständnis, München 1985, 15)

Der Unterschied zum Christentum: „Der Hauptunterschied besteht darin, daß im Christentum der Mensch durch das Werk Jesu Christi und die Gnade Gottes erlöst wird, während in der Scientology ‚von innen' durch rechtes Erkennen, Denken und Handeln erlöst wird." (L. R. Hubbard, Das Handbuch für den Ehrenamtlichen Geistlichen, Kopenhagen 1983, 220)

„Die Scientology verbessert Gesundheit, Intelligenz, Fähigkeit, Verhalten, Geschicklichkeit und äußeres Erscheinen von Leuten, gleichgültig, ob sie von ausgebildeten Scientologen oder von anderen angewendet wird. Sie ist eine präzise und exakte Wissenschaft, die für ein Zeitalter der exakten Wissenschaften entworfen wurde. Die Scientology wird von einem Auditor an Individuen bzw. an kleinen oder großen Gruppen von Leuten angewandt." (L. R. Hubbard, Scientology. Die Grundlagen des Denkens, Kopenhagen ^{6}1983, 16)

Auditieren „bedeutet sowohl zuhören wie Berechnungen anstellen".

„Jedes menschliche Wesen ist eine unsterbliche Geistseele – Thetan –, die den Körper bewohnt." [Durch „Engramme", d. h. Eindrücke, auch aus dem früheren Leben, wird der Mensch behindert. Diese Behinderungen sollen im „Auditing" in immer teuren Kursen analysiert und gelöscht werden können. Wenn sie gelöscht sind, ist der Mensch ein „Clear", Geklärter. Durch weitere Vervollkommnung, d. h. durch weitere Kurse, soll der Zustand des „Operating Thetan" (OT) erreicht werden,] „die Verwirklichung der völligen seelischen Freiheit, der vollkommenen Erlösung. Der Geist (Thetan) ist befreit vom ewigen Kreislauf des Geborenwerdens und Sterbens." (Scientology Kirche, a. a. O., 19 und 23)

---

dowissenschaftlichen Jargon geschrieben und stellen statt klarer Argumentationszusammenhänge durchweg Behauptungen auf, ohne sie zu begründen. Es liegt mir im folgenden daran, zentrale Lehren, die zu den Standardargumenten der Scientologen gehören, durch Zitate zu belegen. Eine genaue Darstellung der Inhalte und Methoden sowie der gefährlichen Folgen auch für das sittliche und politische Handeln geben die beiden Aufsätze in: H. M. Baumgartner (Hrsg.), Verführung statt Erleuchtung. Sekten – Scientology – Esoterik, Düsseldorf ^{2}1994: H. M. Baumgartner, Scientology in der Kritik. Zur Anthropologie und Ethik einer inhumanen Praxis, a. a. O., 90–126; R. Dölle-Oelmüller, Scientology – eine moderne Wissenschaft vom Menschen? Eine philosophische Stellungnahme, a. a. O., 127–163.

[Der Mensch ist gut.] – „Der Mensch ist ein bewußt empfindendes, vernunftbegabtes Wesen. Dieses Merkmal beruht auf seiner Fähigkeit, Probleme zu lösen, indem er Situationen wahrnimmt oder gestaltet und sie versteht." „Es ist nun eine merkwürdige Tatsache, daß – obwohl ‚jedermann weiß' (und welch eine schreckliche Menge von Fehlinformationen bringt *diese* Art Behauptung in Umlauf), daß ‚Irren menschlich ist' – der bewußt empfindende, vernunftbegabte Teil des Geistes, der die Lösung von Problemen wie ein Computer errechnet, indem er denkt, und der den Menschen zum Menschen macht, *völlig unfähig ist zu irren.*"

„Und die Grundabsichten dieses Geistes sowie die Grundnatur des Menschen, wie sie beim Clear feststellbar sind, sind konstruktiv und gut, ausnahmslos konstruktiv und ausnahmslos gut, wobei die Lösungen nur modifiziert werden durch Beobachtung, Erziehung und Gesichtspunkt.
Der Mensch ist gut.
Entfernen Sie seine Grundaberrationen [Abweichungen vom vernünftigen Denken, ‚fixe Ideen'], und mit ihnen verschwindet das Böse, das die Scholastiker und die Moralisten so gern hatten. Der einzige Teil, der vom Menschen abgetrennt werden kann, ist der ‚böse' Teil. Und wenn er abgetrennt wird, steigern sich Persönlichkeit und Lebenskraft des Menschen. Und er ist froh, den ‚bösen' Teil gehen zu sehen, denn er war *körperlicher Schmerz.*"
„Jeder Mensch kann ein Clear werden, sofern er nicht das Unglück hatte, daß ihm ein großer Teil seines Gehirns entfernt oder daß er mit einem stark mißgebildeten Nervensystem geboren wurde." (L. R. Hubbard, Dianetik. Die moderne Wissenschaft der geistigen Gesundheit, 1990, 30–32)

[Überleben und Wiedergeburt] – „Das Ziel des Lebens kann als unendliches Überleben betrachtet werden. Wie sich beweisen läßt, gehorcht der Mensch als eine Lebensform in all seinen Handlungen und Absichten dem einen Befehl: ‚ÜBERLEBE!'" (Dianetik, a. a. O., 34)

In der Para-Scientology wird viel von der „Zeit zwischen zwei Leben" und anderen Phänomenen gesprochen, die man früher mit den Begriffen Himmel und Hölle zu beantworten versuchte. Es ist jedoch eindeutig erwiesen, daß der Thetan unsterblich ist, den Tod nicht wirklich erleben kann und ihn durch Vergessen vortäuscht. Es ist entsprechend, daß der Thetan nochmals lebt und daß er ängstlich darum bemüht ist, für die Zukunft etwas zu schaffen, um etwas zu haben, zu dem er zurückkehren kann. Daraus ergibt sich auch die Besorgnis um Sex. Es müssen weitere Körper für das nächste Leben da sein. […]
Die Tatsache, daß das, was nach unserem jetzigen Leben kommt, unser nächstes Leben ist, ändert die allgemeine Vorstellung vom Schicksal des geistigen Wesens vollständig. Das steht in keinster Weise im Widerspruch zu den Glaubensgrundsätzen, denn die Religionen haben keine

genauen oder übereinstimmenden Aussagen darüber gemacht, ob man sofort in einen Himmel oder in eine Hölle kommt. Es ist sicher, daß ein Mensch die Auswirkungen der Zivilisation, die er teilweise mitgeschaffen hat, in seinem nächsten Leben erfährt. Mit anderen Worten, das Individuum kommt zurück. Der Mensch hat eine Verantwortung für das, was heute geschieht, denn morgen wird er die Folgen erleben." (Scientology, a. a. O., 77–78)

[„Ethik" und Umgang mit Kritik] – „Ethik besteht aus den Handlungen, die der einzelne auf sich nimmt, um optimales Überleben für sich und andere auf allen Dynamiken zu erreichen. Ethische Handlungen sind Überlebenshandlungen. Ohne die Anwendung von Ethik werden wir nicht überleben." (L. R. Hubbard, Einführung in die Ethik der Scientology, Kopenhagen 1989, 17) Sie hat die Aufgabe, „Gegenabsichten aus der Umgebung zu entfernen. Wenn man das erreicht hat, wird der Zweck, Fremdabsicht aus der Umgebung zu entfernen." (a. a. O., 153) „Unethisch" ist „eine Aktion oder Situation, in die der einzelne verwickelt ist, die im Widerspruch zu den Idealen und Interessen seiner Gruppe steht, [...] die das allgemeine Wohlergehen einer Gruppe beeinträchtigt und sie in der Erreichung ihrer Ziele behindert." (Das Handbuch für den Ehrenamtlichen Geistlichen, a. a. O., 393)

„Diejenigen, die die Scientology kritisieren oder abfällige Bemerkungen darüber machen, können einer eingehenden Überprüfung ihrer vergangenen Taten oder Absichten nicht standhalten. [...] Wir fanden niemals Kritiker der Scientology, die keine kriminelle Vergangenheit hatten. Immer und immer wieder beweisen wir das. [...] Die Art, wie wir die jetzige Situation handhaben, ist die Einfachheit selbst und wir werden gewinnen. Langsam, aber sicher, erteilen wir den Gottlosen eine Lektion. Sie sieht so aus: ‚Wir sind keine Vollzugsbehörde, aber wir interessieren uns für die strafbaren Handlungen jener Leute, die danach trachten, uns zu stoppen. Wenn sie sich der Scientology in den Weg stellen, werden wir sofort nach ihren strafbaren Handlungen schauen, und wir werden sie finden und bloßlegen. Wenn sie uns aber in Ruhe lassen, werden auch wir sie in Ruhe lassen.'
Das ist sehr einfach und leicht zu verstehen. Und hüten Sie sich davor, unsere Fähigkeit – das auch auszuführen – zu unterschätzen." (L. R. Hubbard, Die Kritiker der Scientology, in: Freiheit – unabhängige Zeitung für Menschenrechte, hrsg. von der Scientology Kirche Deutschland, Nr. 14, 7. Jg., München, Juli/August 1979, 4.)

[Gesellschaft und Staat] – „Die Scientology möchte folgendes erreichen: eine Zivilisation ohne Geisteskrankheit, ohne Kriminalität und ohne Krieg, eine Zivilisation, in der sich der Mensch entsprechend seinen Fähigkeiten und seiner Rechtschaffenheit entwickeln kann, eine Zivilisation, in der der Mensch die Möglichkeit hat, sich zu höheren Ebenen zu

entwickeln." „Wir streben keine Revolution an. Wir streben lediglich eine Evolution zu höheren Daseinsebenen des einzelnen und der ganzen Gesellschaft an." (L. R. Hubbard, Scientology, a. a. O., 132)

„Eine ideale Gesellschaft wäre eine Gesellschaft nichtaberrierter Menschen – Clears –, die in einer nichtaberrierten Kultur leben; denn sowohl der einzelne als auch die ganze Gesellschaft bzw. deren Kultur können aberriert sein. Die Aberrationen der Kultur dringen in die grundsätzlichen und besonderen Überlegungen, die der Mensch über sein Verhalten anstellt, als irrationale Faktoren ein, und zwar über Erziehung und Ausbildung sowie über die gesellschaftlichen Bräuche und das Rechtswesen. Es genügt nicht, als einzelner nicht aberriert zu sein, wenn man in den Schranken einer Gesellschaft, die eine Kultur aus vielen unvernünftigen Vorurteilen und Sitten entwickelt hat, leben muß. [...]
Nur in einer Gesellschaft von nichtaberrierten Menschen mit einer Kultur, aus der alle Unvernunft entfernt wurde, kann der Mensch für seine Handlungen wirklich verantwortlich sein, dann und nur dann. Doch aufgrund der gegebenen Situation müssen wir einen kleinen Teil der Verantwortung jetzt übernehmen. Ein Mensch *muß* nicht seinen Engrammen unterliegen.
Vielleicht werden in ferner Zukunft nur dem Nichtaberrierten die Bürgerrechte verliehen. Vielleicht ist das Ziel irgendwann in der Zukunft erreicht, wenn nur der Nichtaberrierte die Staatsbürgerschaft erlangen und davon profitieren kann. Dies sind erstrebenswerte Ziele, deren Erreichung die Überlebensfähigkeit und das Glück der Menschheit erheblich zu steigern vermögen." (Dianetik, a. a. O., 486–487)

Die Kritik und Distanz zu den traditionellen Religionen Europas nehmen zu. Vielen scheinen heute die Angebote und Antworten vor allem synkretistischer ‚Religionen' und asiatischer Weisheitslehren plausibler zu sein als die des jüdisch-christlichen Monotheismus. Die Abwendung von den traditionellen und die Zuwendung zu neuen Religionen mit und ohne Gott geht in zwei Richtungen:

– Totale Kritik jeder Vernunft und Wissenschaft in der neuen Mythenfreundlichkeit und das Eintauchen in das ganz Andere der Vernunft durch Meditation. Hierbei beruft man sich vor allem auf sogenannte asiatische Meditationsformen, ohne die authentischen asiatischen Religionen zu kennen.

– Suche nach einer Religion, die ‚moderner' ist als die alten, die die Ergebnisse der modernen Naturwissenschaften und Religion miteinander vereinbart. Zu dieser Gruppe zählt sich Scientology. **Scientology bezeichnet sich selbst als „moderne Religion"**, die auf der Grundlage einer **„modernen Wissenschaft** der geistigen

Gesundheit"[189] jeden Menschen befähigen soll, volle geistige Freiheit und Unsterblichkeit zu erlangen. **Diese Pseudowissenschaft, bei der das Kriterium für Wissenschaftlichkeit „Einfachheit" und „Funktionieren" ist und die auf alle Fragen der Menschen „einfache Antworten" verspricht**[190]**, erfüllt nicht die elementarsten Kriterien einer Wissenschaft.**

Auch Scientology versteht sich als Religion ausdrücklich nicht in der jüdisch-christlichen Tradition, sondern in der der ostasiatischen Religionen, besonders des Buddhismus, Taoismus, Hinduismus und der Veden.

Scientologen gehen aus von der Möglichkeit der Selbsterlösung des Menschen. Sie „glauben: Daß der Mensch grundsätzlich gut ist". Ursache für Unglück und Leiden sind Ereignisse, sog. „Engramme" (Einschreibungen in den Geist), die dem Menschen in diesem oder einem früheren Leben zugefügt sind durch die Eltern oder die Umwelt. In einer eigens entwickelten Technologie, dem sog. ‚Auditing' (das Kritiker zu Recht als Gehirnwäsche bezeichnen) geht es darum, diese unbewußten Erlebnisse bewußt zu machen und zu durchschauen, d. h. dann, sich von den Leiden durch die „Engramme" zu befreien. Er kann ein „Clear" werden und allein durch eigene Anstrengung völlig frei werden. Der Selbsterlösungsanspruch der Scientologen gründet letztlich auf der **Vorstellung von der völligen ‚Machbarkeit' des Menschen durch bestimmte Verhaltenstechnologien.** Viele sind gerade für Scientology anfällig wegen der beanspruchten Wissenschaftlichkeit und der Einfachheit der Heilserlangung.

Nicht nur der Einzelne, auch gesellschaftliche Gruppen schaffen sich nach Scientology durch Selbsterhaltungs- und Überlebensstrategien ihre eigene (heute mit dem Modewort so bezeichnete) Identität. Sie kreisen um diese Identität, die den Unterschied zu dem Anderen, zum Fremden, Außenstehenden, Ausländer, Feind, zu anderen ethnischen, politischen oder weltanschaulichen Gruppen festschreibt. **Der Andere ist dann notwendig der Feind, der meine Identität bedrohen will.** Dies erklärt sowohl den scientologischen Begriff von ‚Ethik' wie auch das Vorgehen gegen Kritiker, die

---

[189] So der Untertitel des Buches ‚Dianetik' (L. R. Hubbard, Dianetik, Voborg 1990), das von Scientology selbst als „grundlegend" bezeichnet wird und angeblich in 16 Millionen Exemplaren verkauft und in 26 Sprachen erhältlich ist.

[190] Dianetik, a. a. O., 11–12.

nicht als Menschen mit anderen Überzeugungen betrachtet werden, sondern als ,,suppressive persons", als ,,destruktive", ,,unterdrückerische" und ,,antisoziale Persönlichkeiten" oder schlicht als Kriminelle oder Gottlose, die man ausschalten muß. Notwendig sei, ,,diesen Gottlosen eine Lektion" zu erteilen. Hier kann keine Rede sein von der Achtung der in der Verfassung garantierten Grundrechte und Menschenrechte, z. B. der Gewissensfreiheit und Religionsfreiheit.

Gefährlich sind nicht die erklärten Ziele von Scientology: eine freie Gesellschaft, Ächtung des Krieges, Beseitigung der Feindschaft zwischen den Nationen, Lösung politischer Probleme allein durch Vernunft. Diese Ziele wird jeder nur begrüßen können. Erst wenn man die Prämissen betrachtet und das, was *inhaltlich* unter den Zielen und den Wegen, sie zu erreichen, verstanden wird, zeigt sich, wie bedenklich die politischen Vorstellungen sind.

Die Aussagen über das technisch beherrschbare Individuum und das individuelle Handeln werden auf politische Systeme und politisches Handeln übertragen: der Begriff der Kontrollvernunft, die Verharmlosung bzw. Negierung des sittlich Bösen und des Leidens, die ‚Therapie' der Gesellschaft durch Technologie; **eine ,,funktionierende" Gesellschaft soll geschaffen werden**. Bedenklich ist vor allem, daß die Scientologen eine ,,geklärte" Gesellschaft, eine Gesellschaft von ,,Clears" anstreben. Das bedeutet konkret, sie streben eine Gesellschaft an, in der alle Menschen Scientologen sind und nur den Scientologen ,,Bürgerrechte verliehen" werden.

Ein fundamentales Problem aller Staaten und Gesellschaften ist heute evidentermaßen der Schutz von Minderheiten bzw. die Gewährung von elementaren Menschenrechten unabhängig von der jeweiligen Weltanschauung oder Religion einer Gruppe. **Die von Scientology erstrebte Verknüpfung der Bürgerrechtsfähigkeit mit einer bestimmten Weltanschauung, der Scientology, ist die radikale Aufhebung dessen, was die ganze Geschichte der Menschenrechte und die modernen Rechts- und Verfassungsstaaten bisher erreicht haben und erreichen wollen.** Die Ausgrenzung der Menschen und Gruppen mit anderen Überzeugungen als Feinde, die man bekämpfen muß, läßt ein gewaltfreies Zusammenleben verschiedener Gruppen mit verschiedenen letzten Gründen ihres Denkens und Handelns als unmöglich erscheinen. Dies ist aber die elementare Voraussetzung für das Zusammenleben der verschiedenen Menschen und Gruppen in demokratisch verfaßten Staaten.

> Die ausgewählten Texte dieses Kapitels und die Ausführungen des entsprechenden Kapitels im Ersten Teil lieferten verschiedene, zum Teil entgegengesetzte Argumente für die gegenwärtig kontrovers geführten Diskussionen der folgenden religionsphilosophischen bzw. religionspolitischen Fragen:
> – Gibt es gegenwärtig für die Bürger bzw. Menschen in den real existierenden Staaten eine gemeinsame, Einheit schaffende religiöse oder zivilreligiöse Überzeugung?
> – Welche Argumente sprechen für und welche gegen eine Unterscheidung oder Trennung von Staat und Religion in modernen Staaten?
> – Sind Menschen- und Grundrechte in modernen Staaten ohne religiöse Begründung haltlos und unverbindlich?
> – Ist im sittlichen und politischen Handeln alles erlaubt, wenn Gott bzw. eine verbindliche Religion tot ist?
> – Wiederkehr von Religion umfaßt heute sicher sehr verschiedene religiöse Bewegungen. Aber stimmt heute noch Nietzsches Diagnose: *„Es scheint mir, daß zwar der religiöse Instinkt mächtig im Wachsen ist – daß er aber gerade die theistische Befriedigung mit tiefem Mißtrauen ablehnt."* (Jenseits von Gut und Böse § 53) Arbeiten nicht auch heute Menschen, religiöse Gruppen sowie Kirchen und Gemeinden an dem Problem: Wie kann man heute glaubwürdig über den einen monotheistischen Gott sprechen?

II.2.4.3. Leiden und Katastrophen, Tod und Untergang

Immer mehr Menschen, auch solche, die ihrer Herkunft nach Juden, Christen und Muslime sind, verstehen sich heute als religionslos und gottlos. Eines ihrer Argumente lautet immer wieder: Gott und die Religionen geben keine überzeugenden Antworten auf die grauenvollen Erfahrungen von Leiden und Katastrophen, Tod und Untergang. Die allgemeine Theodizeefrage, die schon Epikur stellte, bleibt ungelöst. Es gibt auch keine Antwort auf die Fragen, die sich angesichts des industriell betriebenen Mordens stellen, für die der Name Auschwitz steht, auch keine auf die Fragen, die sich angesichts der Leiden und Unmenschlichkeiten stellen, über die wir fast täglich durch die Medien informiert werden.

Menschen, auch solchen, die auch heute in einer Welt, als ob es Gott nicht gäbe, auf Gott setzen, bleibt oft nur wie Hiob, wenn angesichts ihrer Erfahrungen von Leiden ihre zu einfachen Gottes- und Religionsvorstellungen zerbrechen, vor Gott die Klage und Frage.

„Es bleibt uns nur die Frage" (Elie Wiesel) – ohne Gott und vor Gott.

Die Ausführungen im Ersten Teil und die dort abgedruckten ausführlichen Zitate von Romano Guardini, Emmanuel Levinas, Paul Ricœur, Elie Wiesel und Dietrich Bonhoeffer (S. 93–96) sowie die im Zweiten Teil abgedruckten Texte von Epikur (S. 146), Hiob (S. 517–152), Kant (S. 185–188) und Freud (S. 168–170) stellen einige Antwortversuche auf die unvermeidliche allgemeine Theodizeefrage aus Geschichte und Gegenwart dar. Im folgenden kommen Autoren zu Wort, die versuchen, ohne Gott und mit Gott eine Antwort auf die Erfahrungen von Leiden und Katastrophen, Tod und Untergang zu geben.

– „In der Revolte übersteigert sich der Mensch im andern, von diesem Gesichtspunkt aus ist die menschliche Solidarität eine metaphysische." – „Die metaphysische Revolte ist die Bewegung, mit der ein Mensch sich gegen seine Lebensbedingung und die ganze Schöpfung auflehnt." – „Da die Weltordnung durch den Tod bestimmt wird, ist es vielleicht besser für Gott, wenn man nicht an ihn glaubt und dafür mit aller Kraft gegen den Tod ankämpft, ohne die Augen zu dem Himmel zu erheben, wo er schweigt." (Camus)

– „Wer aber vom Gottesbegriff nicht einfach lassen will – [...] – der muß, um nicht aufgeben zu müssen, ihn neu überdenken und auf die alte Hiobsfrage eine neue Antwort suchen." – „Aber Gott schwieg [in Auschwitz]. Und da sage ich nun: nicht weil er nicht wollte, sondern weil er nicht konnte, griff er nicht ein." – „All dies ist Gestammel. [...] Auch jede Antwort auf die Hiobsfrage kann nicht mehr als das sein." (Jonas)

Albert Camus (1913–1960),
Aus: Der Mensch in der Revolte (1951)[191]

Was ist ein Mensch in der Revolte? Ein Mensch, der nein sagt. Aber wenn er ablehnt, verzichtet er doch nicht, er ist auch ein Mensch, der ja sagt aus erster Regung heraus. Ein Sklave, der sein Leben lang Befehle erhielt, findet plötzlich einen neuen unerträglich. Was ist der Inhalt dieses ‚Nein'? Es bedeutet zum Beispiel: ‚das dauert schon zu lange', ‚bis hierher und nicht weiter', ‚sie gehen zu weit' und auch ‚es gibt eine Grenze, die sie nicht überschreiten werden'. Im ganzen erhärtet dieses ‚Nein' das Bestehen einer Grenze. Dieselbe Vorstellung einer Grenze findet man in dem Gefühl des Revoltierenden, daß der andere ‚übertreibe', daß er sein Recht über eine Grenze erstrecke, jenseits welcher ein anderes Recht ihm entgegentritt und es beschränkt. So ruht die Bewegung der Revolte zu gleicher Zeit auf der kategorischen Zurückweisung eines unerträglich empfundenen Eindringens wie auf der dunkeln Gewißheit eines guten Rechts, oder genauer auf dem Eindruck des Revoltierenden, ‚ein Recht zu haben auf ...'. Die Revolte kommt nicht zustande ohne das Gefühl, irgendwo und auf irgendeine Art selbst Recht zu haben. Insofern sagt der Sklave im Aufstand zugleich ja und nein. Er bestätigt gleichzeitig mit der Grenze alles, was er jenseits von ihr vermutet und schützen will. Er demonstriert hartnäckig, daß es in ihm etwas gibt, das ‚die Mühe lohnt', das beachtet zu werden verlangt. In gewisser Weise stellt er der Ordnung, die ihn bedrückt, eine Art Recht entgegen, nicht bedrückt zu werden über das hinaus, was er zulassen kann.(a. a. O., 14)

Es gibt nur Identifikation mit dem Schicksal und Parteiergreifung. Das Individuum stellt demnach nicht an sich den Wert dar, den es verteidigen will. Um ihn zu bilden, bedarf es mindestens aller Menschen. In der Revolte übersteigert sich der Mensch im andern, von diesem Gesichtspunkt aus ist die menschliche Solidarität eine metaphysische. Nur handelt es sich im Augenblick um jene Art von Solidarität, die in Ketten erwacht.
(a. a. O., 16)

Die Freiheit hat nicht in gleichem Grade zugenommen wie das Bewußtsein, das der Mensch von ihr erlangt hat. Aus dieser Beobachtung kann man nur eines ableiten: die Revolte ist die Tat des unterrichteten Menschen, der das Bewußtsein seiner Rechte besitzt. Aber nichts erlaubt uns zu sagen, es handle sich nur um die Rechte des Individuums. Im Gegenteil scheint es, als handle es sich auf Grund der oben erwähnten Solidarität um ein mehr und mehr erweitertes Bewußtsein, welches das Menschengeschlecht im Laufe seiner Abenteuer von sich selbst gewinnt. In

---

[191] A. Camus, Der Mensch in der Revolte, übers. von J. Streller, Reinbek bei Hamburg 1969.

Wirklichkeit stellt sich der Untertan des Inka oder der Paria das Problem der Revolte nicht, denn es wurde für sie durch eine Tradition gelöst, bevor sie es sich noch stellen konnten. Die Antwort darauf war das Heilige. Wenn man in der Welt des Heiligen das Problem der Revolte nicht antrifft, so deshalb, weil man in Tat und Wahrheit dort gar keine wirkliche Problematik findet, da alle Antworten mit einem einzigen Mal erteilt sind. Die Metaphysik ist durch den Mythus ersetzt. Es gibt keine Fragen mehr, es gibt nur noch Antworten und ewige Kommentare, die dann freilich metaphysisch sein können. Doch bevor der Mensch in das Heilige eintritt, und damit er dort überhaupt eintritt, oder sobald er es verläßt, und damit er es überhaupt verläßt, ist er ganz Frage und Revolte. Der Mensch in der Revolte steht vor oder nach dem Heiligen, hingegeben der Forderung nach einer menschlichen Ordnung, in der alle Antworten menschlich, d. h. vernunftgemäß formuliert sind. Von dem Augenblick an ist jede Frage, jedes Wort Revolte, während in der Welt des Heiligen jedes Wort ein Gnadenakt ist. So wäre es möglich zu zeigen, daß es für den Geist des Menschen nur zwei mögliche Welten geben kann: diejenige des Heiligen (oder um in der Sprache des Christentums zu sprechen: der Gnade), oder diejenige der Revolte. Verschwindet die eine, kommt das dem Antritt der andern gleich, obwohl letztere mit bestürzenden Formen zutage treten kann. Auch hier stehen wir vor dem Alles oder Nichts. Die Aktualität des Problems der Revolte ist dadurch allein begründet, daß ganze Gesellschaften sich heute vom Heiligen distanzieren wollen. Wir leben in einer entheiligten Geschichte. (a. a. O., 20)

Die metaphysische Revolte ist die Bewegung, mit der ein Mensch sich gegen seine Lebensbedingung und die ganze Schöpfung auflehnt. Sie ist metaphysisch, weil sie die Ziele des Menschen und der Schöpfung bestreitet. Der Sklave protestiert gegen das Leben, das ihm innerhalb seines Standes bereitet ist, der metaphysisch Revoltierende gegen das Leben, das ihm als Mensch bereitet ist. Der aufständische Sklave behauptet, daß es in ihm etwas gäbe, welches mitnichten die Behandlung seines Herrn erdulde; der metaphysisch Revoltierende erklärt sich von der Schöpfung betrogen. Für den einen wie für den andern handelt es sich nicht nur um eine Verneinung schlechthin. In beiden Fällen wird in der Tat ein Werturteil abgegeben, in dessen Namen der Revoltierende die Billigung seiner Lebensbedingung verweigert. [...]

Indem sie protestiert, was der Tod an Unvollendetem und das Böse an Zerrissenem ins Dasein bringen, ist die Revolte die begründete Forderung einer glücklichen Einheit gegen das Leid des Lebens und des Sterbens. Wenn die allgemein gewordene Todesstrafe die Lebenslage der Menschen bestimmt, so ist die Revolte in einem Sinn ihre Zeitgenossin. Zu gleicher Zeit, da der Revoltierende sich gegen seine Sterblichkeit verwahrt, weigert er sich, die Macht anzuerkennen, die ihn darin leben läßt. Wer metaphysisch revoltiert, ist also nicht unweigerlich ein Gottesleug-

ner, wie man glauben könnte, aber er ist notwendigerweise ein Gotteslästerer. Nur lästert er zuerst im Namen der Ordnung, indem er in Gott den Vater des Todes und den größten Skandal aufdeckt. [...]
Die Geschichte der metaphysischen Revolte kann somit nicht mit derjenigen des Atheismus verwechselt werden. Unter einem bestimmten Gesichtspunkt fällt sie sogar zusammen mit der heutigen Geschichte des religiösen Gefühls. Der Revoltierende fordert eher heraus, als daß er leugnet. Am Anfang wenigstens beseitigt er Gott nicht, er spricht einzig als Ebenbürtiger mit ihm. Doch handelt es sich nicht um ein höfliches Zwiegespräch. Es handelt sich um eine Polemik mit dem Wunsch zu siegen. Der Sklave fordert zu Beginn Gerechtigkeit und am Ende die Herrschaft. Es drängt ihn, nun seinerseits zu herrschen. Der Aufstand gegen sein Leben wächst zu einem maßlosen Feldzug gegen den Himmel aus mit dem Ziel, von dort einen König als Gefangenen einzubringen, dessen Thronverlust und Todesurteil man nacheinander aussprechen wird. Die Rebellion des Menschen endet als metaphysische Revolution. [...] Ist der Thron Gottes einmal umgestürzt, erkennt der Aufrührer, daß es nun an ihm ist, jene Gerechtigkeit, jene Ordnung und Einheit, die er vergeblich auf seiner Lebensstufe gesucht hat, mit eigenen Händen zu erschaffen und damit die Absetzung Gottes zu rechtfertigen. Dann wird eine verzweifelte Anstrengung beginnen, falls nötig um den Preis des Verbrechens, das Reich des Menschen zu gründen. Das wird nicht ohne schreckliche Folgen geschehen, deren wir erst einige kennen.

(a. a. O., 22–24)

Für Camus ist die Welt, das Universum sinnleer. Leiden, Tod, Böses und Unterdrückung lassen es als unmöglich erscheinen, diese Welt als Schöpfung Gottes zu betrachten. Deshalb protestiert der metaphysisch Revoltierende „gegen das Leben, das ihm als Mensch bereitet ist [und] erklärt sich von der Schöpfung betrogen". In Solidarität mit den anderen Menschen versucht er, in „einem maßlosen Feldzug gegen den Himmel" „das Reich der Gnade zu ersetzen durch das der Gerechtigkeit" (a. a. O., 48). Daß die Gründung dieses „Reichs des Menschen [...] mit schrecklichen Folgen" verbunden ist, betont Camus ausdrücklich. Wenn Gott vom Himmel gestoßen ist, ist für Camus ebenso wie für Nietzsche alles zusammengebrochen, was auf dem Glauben an den Schöpfergott beruhte, „zum Beispiel unsre ganze europäische Moral" (Nietzsche). Die Geschichte des zeitgenössischen Nihilismus beginnt für Camus damit, daß **nach dem Sturz des „Heiligen" alles erlaubt ist. Die Frage, die die Revolte stellt, ist, ob man neue „Verhaltensregeln" finden kann**. Camus sieht die schlimmen Folgen, die in unserem Jahrhundert dann entstanden sind, wenn Menschen versuchten, „jene Gerechtigkeit, jene Ordnung und Einheit" politisch zu realisieren. *„Sobald hingegen der Geist der Revolte, das ‚Alles ist erlaubt' und ‚Alles oder Keiner' gutheißend, danach strebt, die Schöpfung neu zu machen, um das Reich und die Göttlichkeit der Menschen zu sichern, sobald die metaphysische Revolution sich vom Sittlichen zum Politischen erstrecken wird, beginnt ein neues Unternehmen von unberechenbarer Tragweite, dem gleichen Nihilismus entsprossen. [...] Denn der Sozialismus ist nicht nur die Arbeiterfrage, sondern vor allem die Frage des Atheismus und seiner Verkörperung in der Gegenwart, die Frage nach dem Turm von Babel, der ohne Gott erbaut wird, nicht um von der Erde aus den Himmel zu erreichen, sondern um den Himmel zur Erde niederzuziehen. [...] Alles ist erlaubt, und in dieser umwälzenden Minute haben sich die Jahrhunderte des Verbrechens vorbereitet. Von Paulus bis Stalin haben die Päpste, die sich für Cäsar entschieden, die Bahn den Cäsaren geöffnet, die sich nur für sich selbst entscheiden. Die Einheit der Welt, die sich nicht mit Gott gebildet hat, versucht, sich gegen Gott zu bilden."* (ebd. 51–52) Camus legitimiert mit der Revolte ausdrücklich nicht die Ideologien dieses Jahrhunderts und ihre totalitären Konsequenzen und geschichtlichen Folgen. Er unterscheidet die metaphysische Revolte von der Revolution: *„Die Geschichte ist zweifellos eine der Grenzen des Menschen; in diesem Sinn hat der Revolutionär recht. Aber der Mensch setzt in seiner Revolte seinerseits der Geschichte eine Grenze."* (ebd. 203)

Eine andere Antwort auf Leiden und Katastrophen, Tod und Untergang gibt Camus in seinem **Roman ‚Die Pest'**[192], wobei Pest die Metapher für alles Leiden, Tod und Untergang der Menschen ist. Angesichts des Untergangs und der Sinnleere der Welt lehnt sich der Mensch nicht in der Revolte gegen die Sinnlosigkeit auf, sondern **der Arzt Rieux kämpft** mit aller Aufopferung, deren er fähig ist, **in Solidarität mit den Leidenden gegen die Schöpfung, gegen den abwesenden und schweigenden Gott**; d. h. er kämpft für die Leidenden und Sterbenden. *„Da die Weltordnung durch den Tod bestimmt wird, ist es vielleicht besser für Gott, wenn man nicht an ihn glaubt und dafür mit aller Kraft gegen den Tod ankämpft, ohne die Augen zu dem Himmel zu erheben, wo er schweigt."* (a. a. O., 105) Dies ist die Lehre, die er aus dem „Elend" gewonnen hat.

---

[192] A. Camus, Die Pest, rororo 15, Hamburg 1950.

Wegen des Leidens der Menschen, vor allem wegen des Leidens der unschuldigen Kinder wird er sich (wie auch Iwan Karamasow bei Dostojewski) „bis in den Tod hinein weigern, die Schöpfung zu lieben, in der Kinder gemartert werden" (ebd. 176) In einer Welt, in der es nur „Geißeln" oder „Opfer" gibt, stellt sich Tarrou wie Rieux „auf die Seite der Opfer". Rieux möchte „ohne Heldentum" und „Heiligkeit" versuchen, „ein Mensch zu sein", was Tarrou gleichsetzt mit, „ein Heiliger ohne Gott" zu sein (ebd. 206–207).

Hans Jonas (1903–1993),
Der Gottesbegriff nach Auschwitz (1984)[193]

Jonas, dessen Mutter in Auschwitz getötet wurde, schreibt zur Wahl dieses Themas für seinen Vortrag: *„Ich wählte es mit Furcht und Zittern. Aber ich glaubte es jenen Schatten schuldig zu sein, ihnen so etwas wie eine Antwort auf ihren längst verhallten Schrei zu einem stummen Gott nicht zu versagen."* (a. a. O., 7) **Unglaubwürdig sind für ihn die alten jüdischen Erklärungen für Leiden** als Heimsuchung Gottes oder als Zeugnis für die Verheißung der Erlösung. Nach Auschwitz kann Jonas sich Gott auch nicht als Herrn der Natur und Geschichte vorstellen, die Welt nicht als göttliche Schöpfung. Daher kann er auch nicht mehr von einem ‚Gottesgericht' sprechen, weder im Sinne einer Anklage noch im Sinne einer Rechtfertigung vor dem „Gerichtshof der Vernunft". Er kann von diesem Gott nur noch erzählen in „einem selbsterdachten Mythos – jenem Mittel bildlicher, doch glaublicher Vermutung, das Plato für die Sphäre jenseits des Wißbaren erlaubte". Der Mythos erzählt, wie Gott durch die Schöpfung sich all seiner Allmacht bewußt entäußert hat. Daher kann er in das Leiden der Natur und der Menschen nicht eingreifen. **Er ist nicht der allmächtige, sondern der ohnmächtige Gott.** Er ist, damit seine Schöpfung gelingt und damit er selbst am Ende bestehen kann, auf die guten Werke der 36 Gerechten angewiesen. Jonas versucht in seinem Vortrag eine neue Antwort auf die „Hiobsfrage" zu geben, die „seit je die Hauptfrage der Theodizee" war. Seine Antwort ist nicht wie im biblischen Buch Hiob die Berufung der „Machtfülle des Schöpfergottes", son-

---

[193] H. Jonas, Der Gottesbegriff nach Auschwitz. Eine jüdische Stimme, Frankfurt a. M. 1987.

dern die dieser entgegengesetzte, die „seiner Machtentsagung". **Seine „Antwort" nennt Jonas, ganz im Sinne der negativen Theologie, „ein Stammeln vor dem ewigen Geheimnis".** „Jede Antwort auf die Hiobsfrage kann nicht mehr als das sein." Trotzdem muß, auch nach Jonas, die Hiobsfrage als die Hauptfrage der „allgemeinen [Theodizee] wegen der Existenz des Übels in der Welt" immer wieder neu gestellt und neu beantwortet werden. Sie muß auch heute an Gott gestellt werden von dem, der „vom Gottesbegriff nicht einfach lassen will – und dazu hat selbst der Philosoph ein Recht."

Was hat Auschwitz dem hinzugefügt, was man schon immer wissen konnte vom Ausmaß des Schrecklichen und Entsetzlichen, was Menschen anderen Menschen antun können und seit je getan haben? Und was im besonderen hat es dem hinzugefügt, was uns Juden aus tausendjähriger Leidensgeschichte bekannt ist und einen so wesentlichen Teil unserer kollektiven Erinnerung ausmacht? Die *Hiobs*frage war seit je die Hauptfrage der Theodizee – der allgemeinen wegen der Existenz des Übels in der Welt überhaupt, der besonderen in der Verschärfung durch das Rätsel der Erwählung, des angeblichen Bundes zwischen Israel und seinem Gott. Was diese Verschärfung betrifft, unter der auch unsere jetzige Frage steht, so konnte anfangs noch – von den biblischen Propheten – der Bund selber zur Erklärung berufen werden: Das Bundesvolk war ihm untreu geworden. In den langen Zeiten der Treue danach aber war nicht mehr heimgesuchte Schuld die Erklärung, sondern die Idee der Zeugenschaft, diese Schöpfung der Makkabäerzeit, die der Nachwelt den Begriff des Märtyrers vermachte. Ihm gemäß dulden das Ärgste gerade die Unschuldigen und Gerechten. So gingen im Mittelalter ganze Gemeinden mit dem *Sch'ma Jisrael*, dem Bekenntnis der Einheit Gottes auf den Lippen, in den Schwert- und Flammentod. Der hebräische Name dafür ist *Kiddusch-haschem*, ‚Heiligung des Namens', und die Gemordeten hießen ‚Heilige'. Durch ihr Opfer leuchtete das Licht der Verheißung, der endlichen Erlösung durch den kommenden Messias.

Nichts von alledem verfängt mehr bei dem Geschehen, das den Namen ‚Auschwitz' trägt. Nicht Treue oder Untreue, Glaube oder Unglaube, nicht Schuld und Strafe, nicht Prüfung, Zeugnis und Erlösungshoffnung, nicht einmal Stärke oder Schwäche, Heldentum oder Feigheit, Trotz oder Ergebung hatten da einen Platz. Von alledem wußte Auschwitz nichts, das auch die unmündigen Kinder verschlang, zu nichts davon bot es auch nur die Gelegenheit. Nicht um des Glaubens *willen* starben jene dort (wie immerhin noch die Zeugen Jehovas), und nicht *wegen* ihres Glaubens oder irgendeiner Willensrichtung ihres Personseins wurden sie gemordet. Dehumanisierung durch letzte Erniedrigung und Entbehrung ging dem

Sterben voran, kein Schimmer des Menschenadels wurde den zur Endlösung Bestimmten gelassen, nichts davon war bei den überlebenden Skelettgespenstern der befreiten Lager noch erkennbar. Und doch – Paradox der Paradoxe – war es das alte Volk des Bundes, an den fast keiner der Beteiligten, Töter und selbst Opfer, mehr glaubte, aber eben gerade dieses und kein anderes, das unter der Fiktion der Rasse zu dieser Gesamtvernichtung ausersehen war: die gräßlichste Umkehrung der Erwählung in den Fluch, der jeder Sinngebung spottete. Also besteht doch ein Zusammenhang – perversester Art – mit den Gottsuchern und Propheten von einst, deren Nachfahren so aus der Zerstreuung ausgelesen und in die Vereinigung des gemeinsamen Todes versammelt wurden. Und Gott ließ es geschehen. Was für ein Gott konnte es geschehen lassen?

Hier ist nun einzuschalten, daß bei dieser Frage der Jude theologisch in einer schwierigeren Lage ist als der Christ. Denn für den Christen, der das wahre Heil vom Jenseits erwartet, ist diese Welt ohnehin weitgehend des Teufels und immer Gegenstand des Mißtrauens, besonders die Menschenwelt wegen der Erbsünde. Aber für den Juden, der im Diesseits den Ort der göttlichen Schöpfung, Gerechtigkeit und Erlösung sieht, ist Gott eminent der Herr der *Geschichte*, und da stellt ‚Auschwitz' selbst für den Gläubigen den ganzen überlieferten Gottesbegriff in Frage' Es fügt in der Tat, wie ich soeben zu zeigen versuchte, der jüdischen Geschichtserfahrung ein Niedagewesenes hinzu, das mit den alten theologischen Kategorien nicht zu meistern ist. Wer aber vom Gottesbegriff nicht einfach lassen will – und dazu hat selbst der Philosoph ein Recht –, der muß, um ihn nicht aufgeben zu müssen, ihn neu überdenken und auf die alte Hiobsfrage eine neue Antwort suchen. Den ‚Herrn der Geschichte' wird er dabei wohl fahren lassen müssen. Also: Was für ein Gott konnte es geschehen lassen?

Hier greife ich zurück auf einen früheren Versuch, den ich [...] einmal gewagt habe, [...]. Damals half ich mir mit einem selbsterdachten *Mythos* – jenem Mittel bildlicher, doch glaublicher Vermutung, das Plato für die Sphäre jenseits des Wißbaren erlaubte. [...]

Im Anfang, aus unerkennbarer Wahl, entschied der göttliche Grund des Seins, sich dem Zufall, dem Wagnis und der endlosen Mannigfaltigkeit des Werdens anheimzugeben. Und zwar gänzlich: Da sie einging in das Abenteuer von Raum und Zeit, hielt die Gottheit nichts von sich zurück; kein unergriffener und immuner Teil von ihr blieb, um die umwegige Ausformung ihres Schicksals in der Schöpfung von jenseits her zu lenken, zu berichtigen und letztlich zu garantieren. Auf dieser bedingungslosen Immanenz besteht der moderne Geist. Es ist sein Mut oder seine Verzweiflung, in jedem Fall seine bittere Ehrlichkeit, unser In-der-Welt-Sein ernst zu nehmen: die Welt als sich selbst überlassen zu sehen, ihre

Gesetze als keine Einmischung duldend, und die Strenge unserer Zugehörigkeit als durch keine außerweltliche Vorsehung gemildert. Dasselbe fordert unser Mythos von Gottes In-der-Welt-Sein. Nicht aber im Sinne pantheistischer Immanenz: Wenn Gott und Welt einfach identisch sind, dann stellt die Welt in jedem Augenblick und jedem Zustand seine Fülle dar, und Gott kann weder verlieren noch auch gewinnen. Vielmehr, damit Welt sei, und für sich selbst sei, entsagte Gott seinem eigenen Sein; er entkleidete sich seiner Gottheit, um sie zurückzuempfangen von der Odyssee der Zeit, beladen mit der Zufallsernte unvorhersehbarer zeitlicher Erfahrung, verklärt oder vielleicht auch entstellt durch sie. In solcher Selbstpreisgabe göttlicher Integrität um des vorbehaltlosen Werdens willen kann kein anderes Vorwissen zugestanden werden als das der *Möglichkeiten*, die kosmisches Sein durch seine eigenen Bedingungen gewährt: Eben diesen Bedingungen lieferte Gott seine Sache aus, da er sich entäußerte zugunsten der Welt. (a. a. O., 10–17)

[Solange die physikalische und biologische Evolution ohne den Menschen verlief, konnte „in der Unschuld des Lebens vor dem Erscheinen des Wissens die Sache Gottes nicht fehlgehen" (ebd. 20).]

Die Heraufkunft des Menschen bedeutet die Heraufkunft von Wissen und Freiheit, und mit dieser höchst zweischneidigen Gabe macht die Unschuld des bloßen Subjekts sich selbst erfüllenden Lebens Platz für die Aufgabe der Verantwortung unter der Disjunktion von Gut und Böse. Der Chance und Gefahr dieser Vollzugsdimension ist die nun erst offenbar gewordene göttliche Sache hinfort anvertraut, und ihr Ausgang schwankt in der Waage. Das Bild Gottes, stockend begonnen vom physischen All, solange in Arbeit – und unentschieden gelassen – in den weiten und dann sich verengernden Spiralen vormenschlichen Lebens, geht mit dieser letzten Wendung, und mit dramatischer Beschleunigung der Bewegung, in die fragwürdige Verwahrung des Menschen über, um erfüllt, gerettet oder verdorben zu werden durch das, was er mit sich und der Welt tut. (a. a. O. 22–23)

[Der in dem „hypothetischen Mythos" von Jonas dargestellte Gott ist ein leidender, werdender, sich sorgender Gott. „Dieser sorgende Gott [ist] kein Zauberer, der im Akt des Sorgens zugleich auch die Erfüllung seines Sorgeziels herbeiführt." (ebd. 31) Er ist kein allmächtiger Gott.]

Nach Auschwitz können wir mit größerer Entschiedenheit als je zuvor behaupten, daß eine allmächtige Gottheit entweder nicht allgütig oder (in ihrem Weltregiment, worin allein wir sie erfassen können) total unverständlich wäre. Wenn aber Gott auf gewisse Weise und in gewissem Grade verstehbar sein soll (und hieran müssen wir festhalten), dann muß sein Gutsein vereinbar sein mit der Existenz des Übels, und das ist es nur, wenn er nicht *all*-mächtig ist. Nur dann können wir aufrechterhalten, daß er verstehbar und gut ist und es dennoch Übel in der Welt gibt. Und da wir sowieso den Begriff der Allmacht als zweifelhaft in sich selbst befanden, so ist es dieses Attribut, das weichen muß.

Bis hierher hat unser Argument um die Allmacht nicht mehr getan, als für jede in Kontinuität mit dem jüdischen Erbe stehende Theologie den Grundsatz aufzustellen, daß Gottes Macht als begrenzt anzusehen ist durch etwas, dessen Existenz aus eigenem Recht und dessen Macht, aus eigener Autorität zu wirken, er selbst anerkennt. Das ließe sich nun auch als lediglich ein Zugeständnis von Gottes Seite interpretieren, das er widerrufen kann, wann es ihm beliebt, das heißt also als Zurückhaltung einer Macht, die er unverkürzt besitzt, aber um des Eigenrechts der Schöpfung willen nur verkürzt gebraucht. Doch das würde nicht genügen, denn bei dem wahrhaft und ganz einseitig Ungeheuerlichen, das unter seinen Ebenbildern in der Schöpfung dann und wann die einen den schuldlos andern antun, dürfte man wohl erwarten, daß der gute Gott die eigene Regel selbst äußerster Zurückhaltung seiner Macht dann und wann bricht und mit dem rettenden Wunder eingreift. Doch kein rettendes Wunder geschah; durch die Jahre des Auschwitz-Wütens schwieg Gott. Die Wunder, die geschahen, kamen von Menschen allein: die Taten jener einzelnen, oft unbekannten Gerechten unter den Völkern, die selbst das letzte Opfer nicht scheuten, um zu retten, zu lindern, ja, wenn es nicht anders ging, hierbei das Los Israels zu teilen. Von ihnen werde ich noch einmal sprechen. Aber Gott schwieg. Und da sage ich nun: nicht weil er nicht wollte, sondern weil er nicht konnte, griff er nicht ein. Aus Gründen, die entscheidend von der zeitgenössischen Erfahrung eingegeben sind, proponiere ich die Idee eines Gottes, der für eine Zeit – die Zeit des fortgehenden Weltprozesses – sich jeder Macht der Einmischung in den *physischen* Verlauf der Weltdinge begeben hat; der dem Aufprall des weltlichen Geschehens auf sein eigenes antwortet nicht „mit starker Hand und ausgestrecktem Arm", wie wir Juden alljährlich im Gedenken an den Auszug aus Ägypten rezitieren, sondern mit dem eindringlich-stummen Werben seines unerfüllten Zieles. (a. a. O., 39–42)

Verzichtend auf seine eigene Unverletzlichkeit erlaubte der ewige Grund der Welt zu sein. Dieser Selbstverneinung schuldet alle Kreatur ihr Dasein und hat mit ihm empfangen, was es von Jenseits zu empfangen gab. Nachdem er sich ganz in die werdende Welt hineingab, hat Gott nichts mehr zu geben: Jetzt ist es am Menschen, ihm zu geben. Und er kann dies tun, indem er in den Wegen seines Lebens darauf sieht, daß es nicht geschehe, oder nicht zu oft geschehe, und nicht seinetwegen, daß es Gott um das Werdenlassen der Welt gereuen muß. Dies könnte wohl das Geheimnis der unbekannten ‚sechsunddreißig Gerechten' sein, die nach jüdischer Lehre der Welt zu ihrem Fortbestand niemals mangeln sollen und zu deren Zahl in unserer Zeit manche der erwähnten ‚Gerechten aus den Völkern' gehört haben möchten: daß kraft der Überwertigkeit des Guten über das Böse, die wir der nichtkausalen Logik der dortigen Dinge zutrauen, ihre verborgene Heiligkeit es vermag, zahllose Schuld aufzuwiegen, die Rechnung einer Generation gleichzustellen und den Frieden des unsichtbaren Reiches zu retten.

Meine Damen und Herren! All dies ist Gestammel. Selbst die Worte der großen Seher und Beter, der Propheten und Psalmisten, die außer Vergleich stehen, waren ein Stammeln vor dem ewigen Geheimnis. Auch jede Antwort auf die Hiobsfrage kann nicht mehr als das sein. Die meine ist der des Buches Hiob entgegengesetzt: Die beruft die Macht*fülle* des Schöpfergottes; meine seine Macht*entsagung*. Und doch – seltsam zu sagen – sind beide zum Lobe: Denn der Verzicht geschah, daß wir sein könnten. Auch das, so scheint mir, ist eine Antwort an Hiob: daß in ihm Gott selbst leidet. Ob sie wahr ist, können wir von keiner Antwort wissen. (a. a. O., 47–49)

Anklagen und Klagen wegen Leiden und Katastrophen, Tod und Untergang sind weder nur ein hochspekulatives theoretisches Problem noch auch nur ein Thema für die ‚Frommen'. Sie sind für ‚Fromme' und ‚Unfromme', für Junge und Alte bedrängend, wenn sie und weil sie die Dimensionen menschlichen Handelns sprengen. Sie stellen die letzten Voraussetzungen des Lebens infrage. Nach meinen Erfahrungen waren nicht selten diese und andere Texte zur Theodizeefrage Anlaß zu Diskussionen mit Schülern, Studenten und Lehrern, die nachdenklich machten.

II.2.5. Negative Theologie

Zu den Ausführungen und zahlreichen Texten und Zitaten aus Geschichte und Gegenwart zum Verständnis von ‚negative Theologie in der Philosophie' im Ersten Teil werden hier zwei ausführlichere Texte ergänzend angefügt. Der eine ist von Karl Rahner, einem der bedeutendsten katholischen Theologen und Konzilsberater beim Zweiten Vatikanischen Konzil (1962–1965). Der andere ist eine der chassidischen Erzählungen, die Martin Buber (1878–1965), einer der bedeutendsten jüdischen Religionsphilosophen, herausgegeben hat.

Karl Rahner (1904–1984),
Erfahrungen eines katholischen Theologen (1984)[194]

Erfahrungen eines katholischen Theologen. Ich meine damit weder sehr persönliche und intime Erfahrungen, die in eine eigentliche Biographie hineingehören, die nie geschrieben werden wird. Ich meine auch nicht oder nicht in erster Linie kirchliche, kirchenpolitische und klerikale Erfahrungen, die als meine mir zu unbedeutend erscheinen und darum heute nicht berichtet werden sollen. Ich meine Erfahrungen eines Theologen oder besser gesagt, eines Menschen, der beauftragt war, ein Theologe zu sein, aber nicht so recht weiß, ob er diesem Auftrag gerecht geworden ist, wobei sich der Zweifel darüber nicht einmal so sehr von einer allgemeinen menschlichen Unzulänglichkeit nährt, als vielmehr von der Überforderung, die jedem theologischen Bemühen wesentlich innewohnt, weil es von der Unbegreiflichkeit Gottes reden muß.

Die erste Erfahrung, von der ich sprechen will, ist die Erfahrung, daß alle theologischen Aussagen, wenn auch noch einmal in verschiedenster Weise und verschiedenem Grad, analoge Aussagen sind. An sich ist das eine Selbstverständlichkeit für jede katholische Theologie. [...] aber ich meine, dieser Satz wird faktisch doch immer wieder bei den einzelnen theologischen Aussagen vergessen, und das Erschrecken über dieses Vergessen ist die Erfahrung, von der ich reden will. Ich fange ganz simpel an. Für ein ganz primitives schulmäßiges Verständnis des Begriffes der Analogie ist ein analoger Begriff dadurch gekennzeichnet, daß eine Aussage über eine bestimmte Wirklichkeit mit Hilfe dieses Begriffes zwar legitim und unvermeidlich ist, aber in einem gewissen Sinne immer auch gleichzeitig zurückgenommen werden muß, weil die bloße Zusage dieses Begriffes auf die gemeinte Sache hin allein und ohne gleichzeitige Rücknahme, ohne diese seltsame und unheimliche Schwebe zwischen Ja und Nein, den wirklich gemeinten Gegenstand verkennen würde und letztlich irrig wäre. Aber diese geheime und unheimliche, zur Wahrheit einer analogen Aussage notwendige Zurücknahme wird meistens nicht deutlich gemacht und vergessen. [...] Das vierte Laterankonzil[195] sagt

---

[194] In: A. Raffelt (Hrsg.), Karl Rahner in Erinnerung. Mit Beiträgen von Franz Kardinal König, Karl Lehmann, Johann Baptist Metz, Karl H. Neufeld, Albert Raffelt, Karl Rahner, Roman Siebenrock, Herbert Vorgrimler, Düsseldorf 1994, 134–148.
Den Vortrag ‚Erfahrungen eines katholischen Theologen' hat Karl Rahner wenige Wochen vor seinem Tod auf einer Tagung der Katholischen Akademie der Erzdiözese Freiburg anläßlich seines 80. Geburtstages gehalten.

[195] Das vierte Laterankonzil (1215) verneint die Möglichkeit der adäquaten Erkenntnis Gottes, *„quia inter creatorem et creaturam non potest similitudo notari, quin inter eos maior sit dissimilitudo notanda"* [weil zwischen Schöpfer und Geschöpf keine Ähnlichkeit festgestellt werden kann, so daß zwischen ihnen eine größere Unähnlichkeit festgestellt werden muß].

ausdrücklich, man könne über Gott von der Welt aus, also von jedwedem denkbaren Ausgangspunkt der Erkenntnis aus nichts an Inhaltlichkeit positiver Art sagen, ohne dabei eine radikale Unangemessenheit dieser positiven Aussage mit der gemeinten Wirklichkeit selbst anzumerken. Aber im praktischen Betrieb der Theologie vergessen wir das immer wieder. Wir reden von Gott, von seiner Existenz, von seiner Persönlichkeit, von drei Personen in Gott, von seiner Freiheit, seinem uns verpflichtenden Willen usf.; wir müssen dies selbstverständlich, wir können nicht bloß von Gott schweigen, weil man dies nur kann, wirklich kann, wenn man zuerst geredet hat. Aber bei diesem Reden vergessen wir dann meistens, daß eine solche Zusage immer nur dann einigermaßen legitim von Gott ausgesagt werden kann, wenn wir sie gleichzeitig auch immer wieder zurücknehmen, die unheimliche Schwebe zwischen Ja und Nein als den wahren und einzigen festen Punkt unseres Erkennens aushalten und so unsere Aussagen immer auch hineinfallen lassen in die schweigende Unbegreiflichkeit Gottes selber. [...] Wenn man den gemeinten theologischen Grundsatz [„von der Analogheit aller theologischen Begriffe"], dieses theologische Grundaxiom wirklich radikal realisieren würde, dann müßte dem Hörer dieser theologischen Aussagen deutlich werden, welche ungeheuren Dimensionen der göttlichen und kreatürlichen Wirklichkeit von solchen Aussagen inhaltlich nicht erfüllt, sondern stumm leer bleiben. Wir sagen zum Beispiel: mit dem Tode kommt der Mensch in seine Endgültigkeit seiner sittlichen Verfassung, seines Verhältnisses zu Gott, kommt vor das Gericht Gottes. Das alles ist wahr, aber es sagt von der gemeinten Wirklichkeit in einer teils sehr formal abstrakten Redeweise, teils in rührend naiven Vorstellungen unendlich wenig über die Konkretheit dessen aus, was damit gemeint ist. Man sollte gewiß diese Leerräume unseres Wissens und Glaubens nicht mit den Naivitäten modernen Spiritismus ausfüllen, schon darum weil solche Ausfüllungen letztlich höchst uninteressant sind. Aber man sollte eben wissen, daß mit solchen Aussagen auch bekannt wird und gleichzeitig vergessen gemacht wird, daß in sehr vieler Hinsicht solche Aussagen Leerräume für uns eröffnen und zugleich verschleiern, obwohl sie erfüllt sind, und uns unbekannt bleiben. [...] In der Theologie sagt man vieles und dann hört man auf und meint gegen seine eigenen Grundüberzeugungen, daß man jetzt wirklich am Ende sei und aufhören könne, daß die paar Aussagen, die man gemacht hat, die allen metaphysischen und existentiell radikalen Durst stillenden Aussagen seien und nicht (wie es in Wahrheit ist) die Aufforderung zu merken, daß man mit all diesen Aussagen letztlich nur in jene antwortlose Aporie geraten solle, die nach Paulus 2 Kor 4, 8[196] die Existenz des Menschen ausmacht. Ich möchte hier und kann hier nicht

---

[196] „In allem werden wir bedrängt, aber nicht in die Enge getrieben, in Zweifel versetzt, aber nicht in Verzweiflung."

über die Unbegreiflichkeit Gottes und damit der wahren Sache der Theologie ausführlicher reden, ich möchte nur die Erfahrung bezeugen, daß der Theologe erst dort wirklich einer ist, wo er nicht beruhigt meint, klar und durchsichtig zu reden, sondern die analoge Schwebe zwischen Ja und Nein über dem Abgrund der Unbegreiflichkeit Gottes erschreckt und selig zugleich erfährt und bezeugt. (a. a. O., 134–138)

Aber ich will nur noch von einer Erfahrung etwas zu sagen versuchen, [...] von der Erfahrung der Erwartung des ‚Kommenden'. Wenn wir als Christen das Ewige Leben bekennen, das uns zuteil werden soll, ist diese Erwartung des Kommenden zunächst keine besonders seltsame Sache. Gewöhnlich spricht man ja mit einem gewissen salbungsvollen Pathos über die Hoffnung des Ewigen Lebens und fern sei mir, so etwas zu tadeln, wenn es ehrlich gemeint ist. Aber mich selber überkommt es seltsam, wenn ich so reden höre. Mir will scheinen, daß die Vorstellungsschemen, mit denen man sich das Ewige Leben zu verdeutlichen sucht, meist wenig zur radikalen Zäsur passen, die doch mit dem Tod gegeben ist. Man denkt sich das Ewige Leben, das man schon seltsam als ‚jenseitig' und ‚nach' dem Tod weitergehend bezeichnet, zu sehr ausstaffiert mit Wirklichkeiten, die uns hier vertraut sind als Weiterleben, als Begegnung mit denen, die uns hier nahe waren, als Freunde und Friede, als Gastmahl und Jubel und all das und ähnliches als wie aufhörend und weitergehend. Ich fürchte, die radikale Unbegreiflichkeit dessen, was mit Ewigem Leben wirklich gemeint ist, wird verharmlost und was wir unmittelbare Gottesschau in diesem Ewigen Leben nennen, wird herabgestuft zu einer erfreulichen Beschäftigung neben anderen, die dieses Leben erfüllen; die unsagbare Ungeheuerlichkeit, daß die absolute Gottheit selber nackt und bloß in unsere enge Kreatürlichkeit hineinstürzt, wird nicht echt wahrgenommen. Ich gestehe, daß es mir eine quälende, nicht bewältigte Aufgabe des Theologen von heute zu sein scheint, ein besseres Vorstellungsmodell für dieses Ewige Leben zu entdecken, das diese genannten Verharmlosungen von vornherein ausschließt.

(a. a. O., 147–148)

Erzählung der Chassidim: ‚Vielleicht' [197]

Einer der Aufklärer, ein sehr gelehrter Mann, der vom Berditschewer gehört hatte, suchte ihn auf, um auch mit ihm, wie er's gewohnt war, zu disputieren und seine rückständigen Beweisgründe für die Wahrheit sei-

---

[197] M. Buber, Die Erzählungen der Chassidim, Zürich [12]1992.
Der Chassidismus ist eine bedeutende religiöse Bewegung im Judentum Mittel- und Osteuropas im 18. und 19. Jahrhundert. Sie hat ihren Niederschlag gefunden vor allem in Erzählungen.

nes Glaubens zuschanden zu machen. Als er die Stube des Zaddiks [der Gerechte, Fromme] betrat, sah er ihn mit einem Buch in der Hand in begeistertem Nachdenken auf und nieder gehen. Des Ankömmlings achtete er nicht. Schließlich blieb er stehen, sah ihn flüchtig an und sagte: „Vielleicht ist es aber wahr." Der Gelehrte nahm vergebens all sein Selbstgefühl zusammen – ihm schlotterten die Knie, so furchtbar war der Zaddik anzusehn, so furchtbar sein schlichter Spruch zu hören. Rabbi Levi Jizschak aber wandte sich ihm nun völlig zu und sprach ihn gelassen an: „Mein Sohn, die Großen der Thora [hebr. Lehre; die fünf Bücher Mose], mit denen du gestritten hast, haben ihre Worte an dich verschwendet, du hast, als du gingst, drüber gelacht. Sie haben dir Gott und sein Reich nicht auf den Tisch legen können, und auch ich kann es nicht. Aber, mein Sohn, bedenke, vielleicht ist es wahr." Der Aufklärer bot seine innerste Kraft zur Entgegnung auf; aber dieses furchtbare „Vielleicht", das ihm da Mal um Mal entgegenklang, brach seinen Widerstand.

(a. a. O., 363–364)

III. Literaturhinweise

Eine Auswahl von kommentierten Allgemeinen Darstellungen, Text- und Aufsatzsammlungen zum Thema ‚Religionsphilosophie' gibt der bibliographische Anhang von W. Oelmüller, R. Dölle-Oelmüller, J. Ebach, H. Przybylski, Diskurs: Religion, a. a. O. (Anm. 7), 334–366. Außerdem werden hier zu den in dem Band behandelten Autoren auf das Thema des Bandes bezogene Kurzbiographien gegeben und möglichst unterschiedliche Interpretationen genannt und kommentiert. Der ‚Bibliographischbiographische Anhang' kann als Ergänzung der folgenden Liste dienen.

Die schmale Literaturliste berücksichtigt vor allem Sammelbände, in denen verschiedene Autoren zu Wort kommen und die damit einen Einblick in die gegenwärtigen Diskussionen ermöglichen.

Lexika

Historisches Wörterbuch der Philosophie, hrsg. von J. Ritter, K. Gründer, Basel, Stuttgart 1971 ff.
Handbuch philosophischer Grundbegriffe, hrsg. von H. Krings, H. M. Baumgartner, Ch. Wild, München 1973/74
Die Religion in Geschichte und Gegenwart, hrsg. von K. Galling, Tübingen ³1957. Ungekürzte Studienausgabe 1986
Lexikon für Theologie und Kirche, hrsg. von J. Höfer, K. Rahner, Freiburg ²1957
Herders Theologisches Taschenlexikon, hrsg. von K. Rahner, Freiburg, Basel, Wien 1972

Literatur

Berger, K., 1996: Wie kann Gott Leid und Katastrophen zulassen? Stuttgart
Höhn, H.-J. (Hrsg.), 1996: Krise der Immanenz. Religion an den Grenzen der Moderne, Fischer Taschenbuch 12960, Frankfurt a. M. (Beiträge von K. Gabriel, P. Koslowski, G. Küenzlen, Th. Luckmann, H. Lübbe, N. Luhmann, O. Marquard, J. B. Metz, W. Oelmüller, Th. Rentsch, R. Schieder, H. Schrödter, H. Waldenfels)

Metz, J. B. (Hrsg.), 1995: „Landschaft aus Schreien". Zur Dramatik der Theodizeefrage, Mainz
(Beiträge von H. H. Henrix, J. B. Metz, G. Neuhaus, W. Oelmüller, J. Reikerstorfer)

Oelmüller, W., 1979: Die unbefriedigte Aufklärung. Beiträge zu einer Theorie der Moderne von Lessing, Kant und Hegel. Mit einer neuen Einleitung, stw 263, Frankfurt a. M.

Oelmüller, W., 1994: Philosophische Aufklärung. Ein Orientierungsversuch, München

Oelmüller, W. (Hrsg.), Kolloquien zur Gegenwartsphilosophie: Religion und Philosophie, Paderborn u. a.:
1984: 1. Wiederkehr von Religion?
1986 (1): 2. Wahrheitsansprüche der Religionen heute
1986 (2): 3. Leiden
(Beiträge von H. M. Baumgartner, N. Bolz, R. Dölle-Oelmüller, J. Ebach, C.-F. Geyer, F. Kambartel, P. Koslowski, H. Krings, H. Lübbe, O. Marquard, L. Oeing-Hanhoff, W. Oelmüller, W. Pannenberg, H. Peukert, R. Piepmeier, T. Rendtorff, Th. Rentsch, D. Rössler, J. Rüsen, D. Schellong, A. Schwan, M. Sommer, R. Spaemann, J. Taubes, B. Waldenfels, W. Ch. Zimmerli, R. St. Zons)

Oelmüller, W. (Hrsg.), 1990: Theodizee – Gott vor Gericht? München
(Beiträge von C.-F. Geyer, P. Koslowski, O. Marquard, J. B. Metz, W. Oelmüller)

Oelmüller, W. (Hrsg.), [2]1994: Worüber man nicht schweigen kann. Neue Diskussionen zur Theodizeefrage, München
(Beiträge von J. Adriaanse, H. M. Baumgartner, W. Brändle, R. Dölle-Oelmüller, J. Ebach, E.-F. Geyer, F. Hermanni, P. Koslowski, H. Lübbe, O. Marquard, J. B. Metz, A. A. Michailov, E. Nordhofen, W. Oelmüller, M. M. Olivetti, Th. Pröpper, G. Sauter, G. De Schrijver, R. Spaemann, W. Sparn, R. St. Zons)

Oelmüller, W., Dölle-Oelmüller, R. (Hrsg.), 1977–1991, Philosophische Arbeitsbücher 1–8, UTB, Paderborn u. a.
[5]1995: 1: Diskurs: Politik, UTB 723
[5]1995: 2: Diskurs: Sittliche Lebensformen, UTB 778
[3]1995: 3: Diskurs: Religion, UTB 895
[2]1995: 6: Diskurs: Metaphysik, UTB 1277
[3]1993: 7: Diskurs: Mensch, UTB 1378
1991: 8: Diskurs: Sprache, UTB 1615

Oelmüller, W., Dölle-Oelmüller R., 1996: Grundkurs: Philosophische Anthropologie, UTB 1906, München

Olivetti, M. M. (Hrsg.), Biblioteca dell' ‚Archivio di Filosofia', Padova:
1988: Teodicea Oggi?
1994: Filosofia della rivelazione
1996: Philosophie de la réligion entre éthique et ontologie
(Beiträge in italienischer, französischer, englischer, deutscher Spra-

che u. a. von S. Avineri, H. J. Adriaanse, O. Bayer, B. Casper, I. U. Dalferth, E. Grassi, J. Greisch, M. Henry, W. Jaeschke, K. Kienzler, H. Lübbe, J.-L. Marion, St. Mosès, W. Oelmüller, M. M. Olivetti, A. Pannenberg, A. Peperzak, D. Z. Phillips, A. Plantinga, P. Ricœur, G. De Schrijver, J. Simon, D. Sölle. R. Swinburne, X. Tilliette, V. Vitiello, E. Wyschogrod)

IV. Namensregister

Adeimantos 141 f.
Adorno, Theodor W. 37, 100, 102 f., 194
al-Turabi, Hassam 78
Anaxagoras 139
Anytos 137
Aristophanes 27
Aristoteles 22, 27, 33, 46, 68, 197
Augustinus 22, 47

Barth, Karl 21
Bauer, Bruno 68
Baumgartner, Hans Michael 215
Berger, Klaus 18
Bloch, Ernst 22
Blumenberg, Hans 66 f., 71 f., 192 f., 197–199
Boccacio, Giovanni 53, 178
Bonhoeffer, Dietrich 96, 222
Buber, Martin 101, 104, 232, 235
Büchner, Georg 92
Burckhardt, Jacob 6, 87, 106

Camus, Albert 222 f., 225 f.
Capra, F. 76
Cäsar 226
Cassirer, Ernst 193
Celan, Paul 108
Churchill, Winston 82
Comte, Auguste 6, 21, 43 f., 63, 154 f., 159 f., 173
Creuzer, Friedrich 195

Darwin, Charles 41
de Maistre, Joseph 203
Derrida, Jacques 103
Descartes, René 128

Dilthey, Wilhelm 70, 77
Dionysos Areopagita 34, 103 f.
Dostojewski, Fjodor Michailovič 92, 227
Durkheim, Émile 22

Ebach, Jürgen 21, 123 f., 127, 150, 153
Engel, Friedrich 22
Epikur 68, 92, 134 f., 146–148, 153, 221 f.
Euhemeros 22

Feuerbach, Ludwig 21 f., 36, 68, 154 f., 160, 162, 164 f., 167, 170, 173
Fontane, Theodor 89, 172
Freud, Sigmund 21 f., 36, 154 f., 162, 168, 170 f., 173, 194, 222
Friedrich Wilhelm II. 188

Gehlen, Arnold 22, 71
Glaukon 141
Gorgias 25
Guardini, Romano 93, 222

Habermas, Jürgen 100 f.
Hegel, Georg Wilhelm Friedrich 22, 31 f., 61, 64, 68, 110, 117
Heidegger, Martin 67 f., 73, 94
Heine, Heinrich 58
Heraklit 67 f.
Hesiod 22 f., 122 f., 129, 132 f., 135, 141 f., 144, 201
Hiob 5, 37 f., 45, 60 f., 88, 93, 98, 107, 134, 148, 151–153, 174, 187–190, 222, 227–229, 232

Hippias 25
Hitler, Adolf 74
Hobbes, Thomas 22, 45 f., 49, 58, 62 f., 80, 206
Hölderlin, Johann Christian Friedrich 67 f.
Homer 22 f., 123, 129, 135, 141, 144, 201
Horkheimer, Max 100
Hubbard, Lafayette Ron 77, 214–219
Husserl, Edmund 94

Jean Paul 196
Jesaja 21 f., 36, 122, 134, 148–151, 178
Jesus 43, 93, 191
Jonas, Hans 60, 222, 227 f., 230
Jünger, Ernst 73

Kant, Immanuel 22, 32, 47, 57–64, 87, 107, 110, 117, 174, 184, 188–191, 200, 206, 222
Khomeini 211 f., 214
Kierkegaard, Søren 22
Kolakowski, Leszek 109
Kollwitz, Käthe 81
Kopernikus, Nikolaus 41
Koselleck, Reinhart 81
Kritias 21–23, 28 f., 134 f., 140 f., 146 f., 205

Laktanz 146
Langenhorst, Georg 38
Leibniz, Gottfried Wilhelm 60, 91, 107, 147
Lessing, Gotthold Ephraim 48–52, 56–58, 89 f., 97 f., 174, 178, 188, 191
Levinas, Emmanuel 94 f., 101–103, 222
Lübbe, Hermann 22, 81, 211
Luckman, Thomas 22
Luhmann, Niklas 22, 66, 123
Luther, Martin 22
Lykon 137

Marc Aurel 105
Marquard, Odo 17, 66 f.
Marx, Karl 6, 21 f., 43 f., 63, 68, 124, 154 f., 163 f., 167, 171, 173, 203
Matthäus 191
Mazzini, Giuseppe 203
Meletos 137
Metz, Johann Baptist 18, 38, 99
Mohammed 43, 213
Mose 36 f., 43, 105, 124 f., 127 f., 148 f., 191, 236
Mursilis 22

Nestle, Wilhelm 38
Nietzsche, Friedrich 22, 67–70, 77, 103, 109, 154 f., 165, 167, 173, 221, 225

Ovid 133

Parmenides 34
Pascal, Blaise 22, 46–49, 111, 174–176, 178, 191
Paulus 22, 34, 226, 234
Platon 22 f., 25, 27–34, 68, 84, 129, 134–136, 138, 141 f., 144–147, 166 f., 198–200, 205, 227, 229
Plotin 34
Postman, Neil 70, 109
Prodikos 22, 25
Proklos 34
Protagoras 22, 24–26, 33

Rahner, Karl 232 f.
Reimarus, Elise 178
Reimarus, Hermann Samuel 52
Renan, Ernest 204
Ricœur, Paul 95, 222
Rosenberg, Alfred 72
Rousseau, Jean-Jacques 22, 46, 58, 63, 80, 206, 209–211
Ruge, Arnold 68

Sachs, Nelly 108

Schelling, Friedrich Wilhelm
    Joseph 196
Schlegel, Friedrich 194
Schmitt, Carl 72 f., 106, 202
Sokrates 23, 26–29, 33, 134–141,
    146 f., 200 f., 205
Sophokles 5, 64, 87, 134
Sorel, Georges 192 f., 202
Spinoza, Baruch 110
Stalin, Josef 226
Stirner, Max 68
Stone, Oliver 74

Strauß, David Friedrich 68

Thomas von Aquin 22, 35, 205

Vico, Giambattista 194

Weber, Max 22, 69, 109
Wiesel, Elie 95 f., 222

Xenophanes 21–24, 33 f., 129,
    134–136, 139, 144, 150, 162,
    197
Xenophon 27

UTB FÜR WISSENSCHAFT

Auswahl Fachbereich
Theologie/Religionswissenschaft

905 Moeller:
Geschichte des Christentums in
Grundzügen
(Vandenhoeck). 6. Aufl. 1996.
DM 34.80, öS 258.–, sFr. 34.80

1046 Mühlenberg: Epochen
der Kirchengeschichte
(Quelle & Meyer). 2. Aufl. 1991.
DM 29.80, öS 221.–, sFr. 29.80

1253 Strecker/Schnelle:
Einführung in die
neutestamentliche Exegese
(Vandenhoeck). 4. Aufl. 1994.
DM 24.80, öS 184.–, sFr. 24.80

1302 Schweitzer: Geschichte der
Leben-Jesu-Forschung
(J.C.B. Mohr). 9. Auf. 1984.
DM 37.80, öS 280.–, sFr. 37.80

1336 Joest: Dogmatik, Band 1
(Vandenhoeck). 4. Aufl. 1995.
DM 28.80, öS 213.–, sFr. 28.80

1343 Harnisch: Die Gleichniserzählungen Jesu
(Vandenhoeck): 3. Aufl. 1995.
DM 29.80, öS 221.–, sFr. 29.80

1355 Wallmann: Kirchengeschichte
Deutschlands seit der Reformation
(J.C.B. Mohr). 4. Aufl. 1993.
DM 12.80, öS 95.–, sFr. 12.80

1382 Scharfenberg: Einführung
in die Pastoralpsychologie
(Vandenhoeck). 1994. ND d. 2. Aufl.
DM 29.80, öS 221.–, sFr. 29.80

1400 Grane:
Die Confessio Augustana
(Vandenhoeck). 5. Aufl. 1996.
DM 22.80, öS 169.–, sFr. 22.80

1413 Joest: Dogmatik, Band 2
(Vandenhoeck). 4. Aufl. 1996.
DM 32.80, öS 243.–, sFr. 32.80

1446 Conzelmann: Grundriß der
Theologie des Neuen Testaments
(J.C.B. Mohr). 5. Aufl. 1992.
DM 27.80, öS 206.–, sFr. 27.80

1486 Baldermann:
Einführung in die Bibel
(Vandenhoeck). 4. Aufl. 1993.
DM 29.80, öS 221.–, sFr. 29.80

1488/89/90 Weber:
Gesammelte Aufsätze zur
Religionssoziologie 1–3
(J.C.B. Mohr). 9. Aufl./7. Aufl./
8. Aufl. 1988.
DM 25.80, öS 191.–, sFr. 25.80
DM 29.80, öS 221.–, sFr. 29.80
DM 29.80, öS 221.–, sFr. 29.80

1530 Aland (Hrsg.): Lutherlexikon
(Vandenhoeck). 4. Aufl. 1983.
DM 32.80, öS 243.–, sFr. 32.80

1577 Rudolph: Die Gnosis
(Vandenhoeck). 1994. ND d. 3. Aufl.
DM 39.80, öS 295.–, sFr. 39.80

1578 Fraas: Die Religiosität
des Menschen
(Vandenhoeck). 2. Aufl. 1993.
DM 36.80, öS 272.–, sFr. 36.80

Preisänderungen vorbehalten.

Das UTB-Gesamtverzeichnis erhalten Sie bei Ihrem Buchhändler oder direkt von UTB, Postfach 80 11 24, 70511 Stuttgart.